Marianne Sägebrecht
Meine Jahreszeiten

Marianne Sägebrecht

Meine Jahreszeiten

Und die Moral von der Geschicht'!

25 Zeichnungen von
Michael Heininger

Mit 45 Fotos
und 12 Meditationstableaus

nymphenburger

Meiner geliebten Familie
und allen Menschen dieser Erde

Bildnachweis:

Irene Young: 83; Bettina Flitner: 95; Twentieth Century Fox: 131;
Michael Mcdermitt: 139; Sönke Tollkühn: 177;
Isabel Rupert: 201; Sandor Domonkos: 242

Alle weiteren Fotos stammen aus der privaten Sammlung
von Marianne Sägebrecht, die Rechte liegen bei der Autorin.

Der Verlag konnte in einzelnen Fällen die Inhaber der Rechte an den
reproduzierten Fotos nicht zweifelsfrei ausfindig machen. Er bittet, ihm
bestehende Ansprüche mitzuteilen.

Die Ratschläge in diesem Buch sind von der Autorin sorgfältig erarbeitet und geprüft,
dennoch kann keine Garantie übernommen werden. Ebenso ist eine Haftung des
Autors bzw. des Verlags und seiner Beauftragten für Personen-, Sach und Vermögens-
schäden ausgeschlossen.

Ähnlichkeit mit lebenden Personen ist reiner Zufall,
der es auf einen Vorfall abgesehen hat. (M. S.)

© 2010 nymphenburger in der
F. A. Herbig Verlagsbuchhandlung GmbH, München
Alle Rechte vorbehalten
Umschlaggestaltung: Wolfgang Heinzel
Umschlagbild: picture-alliance
© Condo Survivo Marianne Sägebrecht
Bei Interesse wenden Sie sich bitte an den Nymphenburger Verlag
Herstellung und Satz: VerlagsService Dr. Helmut Neuberger
& Karl Schaumann GmbH, Heimstetten
Druck und Bindung: GGP Media GmbH, Pößneck
Printed in Germany
ISBN 978-3-485-01303-1

www.nymphenburger-verlag.de

Inhalt

Vorwort 7

Januar 9
Eine Schwalbe macht doch einen Sommer 10 · Der Holunder 31

Glaube 38

Februar 41
Alles hat seine Zeit 42 · Der Ingwer 64

März 71
Wenn zwei eine Reise tun 72 · Der Apfel 98

April 105
Eine sanfte Heldin 106 · Die Minze 119

Mai 127
Wer sich in Gefahr begibt, kommt nicht gleich um 128
Der Spitzwegerich 149

Liebe 156

Juni 157
Die Sunville-Sage 158 · Die Zitrone 168

Juli 173
Willkommen in Teufels Küche 174 · Der Rosmarin 188

August 193
Alles, was recht ist 194 · Die Esskastanie 205

September 211
Auf dem Weg zur inneren Einkehr 212 · Die Rose 225

Vorsehung 232

Oktober 235
Laudatio auf Marianne Sägebrecht 236
Eine pädagogische Kräuterwanderung 244

November 249
Ab ins Archiv, Mutantalus 250 · Heilsame Ratschläge 254

Dezember 283
Wir bleiben 284

Epilog 287

Liebe Leser,

nach meinem letzten Buch, »Mein Leben zwischen Himmel und Erde«, ging ich nach vier Jahren noch einmal mit der Idee schwanger, Ihnen ein Weiteres in den Schoß zu legen, um, zusammen mit meinen Überlebenssuppen-Aufzeichnungen, einen dreiteiligen Themenabriss zu komplettieren. Ein Film, in dem ich mit großem Erfolg die Rolle der Himmelsfrau Holle verkörpern durfte, war der Auslöser, ihr die Patenschaft für mein neues Buch anzubieten. Die Welt der Frau Holle ist ganzheitlich im Wechsel der Jahreszeiten verankert und mit altem Wissen bereichert.

Die Verbindung zwischen Natur, Mensch und Schöpfer herzustellen und als Mittlerin die Hand schützend über die Menschenkinder zu halten, ohne das kausale Prinzip von Ursache und Wirkung zu übergehen, sind die an Frau Holle übertragenen Aufgaben, die sie liebevoll, aber gerecht in die Tat umsetzt. Es hatte einen besonderen Reiz für mich, der guten alten Frau Holle meine Märchen, mit dem Wachsen und Werden von Marianne alias Marie, im Siebenjahresrhythmus aus ihrer Position erzählen zu lassen. Die Sinnhaftigkeit der Geschehnisse, oft erst Jahre später verstanden, spielt in meinen Geschichten eine große Rolle.

Bitte treten Sie ein in die Welt meiner wahren Märchen, entdecken Sie meine Lieblingspflanzen mit ihrer einmaligen Heilkraft. Erfreuen Sie sich an den Kräuter-Rezepten aus meiner geheimen Schatzkiste, die bald auch die Ihren sein können und lassen Sie sich von meinen Meditationsbildern zu einer stillen Reise in Ihre Innenwelt verleiten. Mein neues Buch möchte Sie ansprechen, überraschen, aber auch inspirieren und unterhalten.

Gute Reise

Ihre Marianne Sägebrecht

Januar

»Ich finde den Weg zu mir selbst, indem ich mich
immer wieder auf den Weg mache.«
(M.S.)

Eine Schwalbe macht doch einen Sommer

Heute war für das Mariechen ein wohlgemuter Apriltag angesagt. Die unentschlossene Frühjahrssonne hatte der fröhlichen Maid schon ein kostenloses Bad beschert. Die kleine Marie hatte es sich schon mal auf einer Wiese, die vollbestückt mit sattgelben Märzenbechern und lilafarbenen Krokussen punktete, auf der alten Pferdedecke ihres geliebten Großvaters bequem gemacht. An die auf sie wartende Einschulung in den anstehenden Herbsttagen mochte sie heute gar nicht erst denken und an den damit verbundenen Abschied von Opa und Oma schon gleich gar nicht. Jetzt waren Osterferien angesagt. Der Rest der Großfamilie, Tante, Onkel mit Kinderschar waren zum Zelten aufgebrochen und so konnte sich nun Marie wie zu Hause fühlen und ihrem geliebten Großvater Franz wie eine Große, vor allem in seinem Gartenreich, zur Seite stehen. Aber auch Großmutter Philomena verlangte im Haushalt ihren Tribut beim Kochen, Putzen und Wäschewaschen und der konnte sich sehen lassen. Bis zum Sommerende hatte der Familienrat einem Aufenthalt der kleinen, traurigen Marie zugestimmt. Darum hatte Maries Mutter Agnes inständig gebeten. Das kleine selbstbewusste Mädchen konnte sich einfach nicht mit ihrem Stiefvater anfreunden, der seit ein paar Monaten Tisch und Bett mit Mutter Agnes und das tägliche Leben auch mit ihren beiden Kindern teilen sollte. Seit sie sich erinnern konnte, hatte sich Marie Nacht für Nacht wohlig an den warmen Rücken ihrer Mutter gekuschelt. Sie war doch ihr bester Freund, ja auf sie war immer Verlass gewesen und jetzt das. Einmal hatte er schon die Hand gegen Marie erhoben, als sie wieder mal nicht parieren wollte, wie er es immer zu nennen pflegte. »Ich kann dich ja nicht mal zum Zweikampf bitten von Mann zu Mann, du bist mir ja viel zu groß und wuchtig«, schimpfte Marie mutig, die kleinen Hände zu Fäusten geballt, zu ihrem großen neuen Feind hinauf. Da lachte er aus vollem Halse auf sie herunter und steckte die verräterische Hand schnell in seine Hosentasche, denn Mutter Agnes war gerade ahnungsvoll um die Ecke geflitzt. Die aufgewühlten Worte »Du bist nicht mein Fleisch und Blut, du hast mir nichts zu sagen, mein Vater blieb im Krieg« aus dem Munde der zitternden Marie, hatten doch tatsächlich zur ersten Backpfeife auf das unberührte Wänglein des kleinen Mädchens geführt. Nie war  Marie in ihren sechs Lebensjahren geschlagen worden. Ein Fluss von Tränen wollte nie mehr versiegen.

Marie fühlte sich nach diesem Malheur von der ganzen Welt verlassen und hatte sich schon mal in die Büsche geschlagen und die ganze Nacht lang frierend und schlotternd im Schilf ihres geliebten Bachufers versteckt. Mutter Agnes hatte sie am nächsten Morgen wieder aufgestöbert. Sie sah wohl für die beiden Kampfhähne noch keinen Silberstreif am Horizont und ergatterte bei der Großfamilie ihres Vaters Franz, mit der sie schon die ersten drei Lebensjahre ihres bemerkenswerten Mariechens verbringen durfte, einen sicheren, liebevollen Platz, das wusste sie wohl. All diese Gedanken ratterten Marie durch den Kopf, als sie es sich auf ihrer Decke so gemütlich gemacht hatte. Eine große Sehnsucht nach Mutter Agnes fegt plötzlich wie ein Abendsturm durch ihr kleines Herz und sie versucht sich den geliebten Geruch ihrer Mutter mit geschlossenen Augen vorzuriechen. Aber heute will es nicht klappen, denn das erdige Parfüm von Großvaters Decke geht, zumindest heute, als Gewinner hervor. Doch als der Duft eines frühreifen Veilchens frech in Mariechens riechfreudige Nase steigt, sind alle Sorgen im Nu entschwunden. Ein verliebtes Sonnenstrahlen-Paar, das auf ihrem gewieften Näschen herumtanzt, entlockt aus Mariechens Brust ein so kräftiges Hatschi, dass Cleo, ein zierliches Schwalbenmädchen, von seinem bis dahin sicheren Kuschelplätzchen auf Maries Schulter herunterpurzelt und rücklings in ihrer adretten Küchenschürze landet. Flugs hat Marie ihre erschreckte Schutzbefohlene wieder auf zwei dünne Vogelbeinchen gestellt. »Ach, meine treue Prinzessin aus Mesopotamien, morgen schreiben wir Gründonnerstag. Großmutter hat uns doch ausgesandt, um alles essbare, bereits sprotzende Grün für unsere morgige Kräutersuppe zu sammeln. Jetzt müssen wir uns aber sputen«, meint Marie besorgt, während sie die vor Angst bibbernde, kleine Schwalbe mit einem Schwupp zurück auf ihre kräftige Mädchenschulter befördert. »Alles Grün dürfen wir aber nicht abrupfen«, ruft die kleine Schwalbe ängstlich von ihrem Hochsitz herunter. »Klar wie Bohne«, beruhigt sie die erfahrene Marie. »Wir pflücken Brennnessel-, Löwenzahn- und Huflattichblätter, aber auch über Brunnenkresse, Kerbelkraut und schöne grüne Grashalme wird sich Großmutter freuen« – als sich aufregender Besuch ankündigt.

»Es ging ein Rabe über eine grüne Weide, da verrenkt er sich ein Bein. Da kam der Herr Jesus Christ, schmierts ein mit Schmalz und Teer, da ging es wieder hin und her«, tönt die sonore Stimme des zahmen Raben Jonathan über den Wiesengrund. Vorsichtig hüpft er auf einem Bein. Das zweite hatte Großvater vor ein paar Tagen fürsorglich geschient. Beim Mähen der Wiese war es dem Gärtner aus Leidenschaft nicht gelungen, das Rabenfindelkind von seinem quirligen Redefluss während eines Mähvorgangs abzubringen. Jonathan ist sehr gläubig und liebt es, Tier und Mensch mit Zitaten und philosophischen Ergüssen in Erstaunen zu versetzen. Seine weisen Ratschläge weiß Großvater immer

sehr zu schätzen. Als der pfiffige Rabe jedoch überraschend ein gerade erdachtes Hustenrezept von Wacholderbeeren, Zuckerbrot und Wermut vor seine Füße legen wollte, war die gerade ausholende Sense davon so gar nicht begeistert. Das hätte ja ganz böse enden können. »Cuosum, zinioba«, rief Jonathan wie immer bei Gefahr aus voller Kehle. Er rettete sich im letzten Moment, trotz angebrochenem Bein, auf einen alten Baumstumpf. Großvater nahm erst mal einen kräftigen Schluck von seinem selbstgebrannten Zwetschgenschnaps. Vorhin hatte sich Jonathan schnell, wenn auch humpelnd, auf den Weg gemacht, um sich persönlich vom Zustand seiner kleinen Seelenfreundin Cleo in Kenntnis zu setzen. »Gott grüß euch, liebe Freunde«, das ist sein Begrüßungsspruch, flötet er bei seiner Ankunft. Er hüpft auf einen kleinen Ast des Apfelbaums und fängt an zu predigen. »Frisch ist unsere Wund, heilsam der Tag, glückselig sei unsere Stund. Morgen ist ein heiliger Tag, Freunde, Gründonnerstag: Dies Viridium nennen wir auch den Tag der Grünen.«
»Ich verstehe immer nur Bahnhof«, jammert Marie.
»Nur nicht so hastig, ich bin doch gerade dabei, es euch zu erklären«, kontert der Rabe und bringt sich in eine bequemere Redefluss-Position auf dem Weidenkorb-Henkel. »Ja, die Geschichte der Viridies liegt schon einige hundert Jahre zurück. Sie waren Sünder, und was für Sünder! Sie durften erst nach einer vierzigtägigen Buße wieder zum Abendmahl gehen und waren damit frei von Sünde – auf alle Fälle bis zum nächsten Sündenfall.«
»Ja, und das Hühnerei, das am Gründonnerstag gelegt wird, nennt man das Ablassei. Es verfügt über geheimnisvolle Kräfte und diente auch schon früher zur besonderen Stärkung der Kranken und der Manneskraft«, setzt jetzt Mariechen noch eins drauf. Das hatte ihr Großvater vor ein paar Tagen bei einer Pirsch durch den gerade anspießenden Kräutergarten und bei der Besichtigung seines neugebauten Hühnerstalls verraten. Handgedrechselte Hühnersitze und offene Klappe zur Beduftung des zugehörigen neuen Gewächshauses auf dreihundertfünfzig

Quadratmetern Pflanzfläche platziert, das konnte sich sehen lassen. »Condo survivo« hatte der schlaue Gärtner über den Eingang seiner Hühner-Pflanzen-Minivilla geschrieben und Marie hatte es ausgemalt. Großmutter fand das alles wieder einmal spinnös, wie sie zu sagen pflegte. Marie und ihren gefiederten Freunden fiel es immer schwerer, vor ihr den Stolz über Opas Erfindungen zu verbergen. »Ja, wollt ihr euch mal tummeln, ihr lahmen Enten, wo bleibt denn mein ganzer Grünkram?«, schnarrt da gerade die markige Stimme der Großmutter über den Hof, überschlägt sich zweimal und landet potzblitz beim knospenden Apfelbaum, unter dem es sich gerade die Freunde fürs Leben gemütlich gemacht haben.

»Gott grüße dich, liebste Herrin des Hauses«, säuselt Jonathan mit hoher Stimme gegen die Haustüre. »Auf, auf, Gemeinde«, ermuntert der Rabe jetzt die kleinen Faulpelze. »Ihr wisst doch, dass mit unserer Großmutter nicht gut Kirschen essen ist und sie ihre viel geachteten Brennnesseln auch nicht nur zum Essen verwenden muss. Das brennt wie Feuer auf der Haut und treibt den Menschen die alte Wintersunlust aus den Poren. Aber dafür bist du noch zu unbedarft, Mariechen. Probatum est. Hurtig, hurtig, ich werde euch beim Pflücken zur Hand gehen.« Gesagt, getan. Doch vorher legt er ein selbstgeflochtenes, bezauberndes Krönchen aus Schlüsselblumen auf den Baumstumpf. »Dieses himmlische Gebilde werde ich unserer Großmutter unbemerkt auf ihrem Haupte platzieren und all ihre Bitternis wird bis zum Abend weggezaubert sein, ihr werdet Regenwürmer staunen, Kinder. Aber jetzt dalli, dalli, ran an den grünen Jungbrunnen, Tantus veri, rupfen, zupfen, was das Grünzeug hält, ich assistiere euch«, verspricht er mit starkem Ton und humpelt schon mal voraus auf die dritte Etage der angelegten Kräuterspirale. Da hält es Mariechen und Cleo nicht mehr auf dem Hosenboden. Fleißig wie die Bienen füllen sie den mitgegebenen Weidenkorb, wie es die Großmutter angeschafft hat. Jonathan bringt noch Schafgarben- und Gierschstängel aus dem Wiesenrand mit in die Sammlung ein, was erst Marie gar nicht passt, aber dann

nach Cleos Fürbitte doch im Korb landen darf. Cleo steuert noch Spitzwegerichblätter und ein paar erste Gänseblümchen samt Stängel bei. Diese Zutaten werden nun im Gegenzug wiederum von Jonathan abgesegnet. »Willst du werden kein Greis, nimm doch einfach Ehrenpreis«, rezitiert Jonathan belustigt und wirft dabei einen kräftigen Ehrenpreiszweig in hohem Bogen auf das gut gefüllte Körbchen der Großmutter.
Während diese am Gartentor mit wilden Gesten um ihre Lieferung bittet, gelingt es Jonathan doch tatsächlich, ihr das filigrane Schlüsselblumen-Krönchen aufzusetzen.
»Na, dann wolln wir mal sehn, was es mit den Prophezeiungen von Jonathan so auf sich hat«, resümiert Marie.
»Vielleicht mutiert ja unsere strenge Herrin dann zu einer süßen Zuckerpuppe«, bringt die kleine Schwalbe ins Spiel und schüttelt sich bei dieser Vorstellung vor Lachen. Dabei plumpst sie schon wieder rückwärts in den Kräuterkorb, gerade als sich Großvater zusammen mit dem altbekannten Jägersmann, Herrn Grünspan, auf das Wohnhaus zubewegt. »Wir griffen an die Gewehre, Oculi, da flogen sie, palmarum, rarum, pling, zing, da lagen sie, mausetot«, tönt es aus seinem Mund, als er Großvater von seinem Halali-Fest berichtet. Jonathan erhebt sich mit einem Aufschrei in die Lüfte und versteckt sich unter einem großen Wipfel der alten Fichte. Flink fischt nun Marie ihr Schwalbenkind aus dem gefüllten Kräuterkorb und lässt es behutsam in ihre große Schürzentasche gleiten, wo sich Cleo erst einmal vor Schreck tot stellt. Großer Schreck für alle, denn über eine Schnur, die der Jägersmann über seinen Arm gespannt hat, sind drei Schnepfenvögel aufgereiht, mausetot, wie schon vorgeprahlt. Großmutter ist über die unerwartete Lieferung beglückt und tauscht sie gegen fünf Flaschen feinstem Honigwein ein.
Marie hat den Korb mit ihren duftenden Kräuterschätzen auf der Hausbank abgestellt und baut sich nun mutig vor dem Jäger auf. Mit ihrer linken Hand bedeckt sie schützend die zitternde kleine Schwalbe. »Wissen Sie nicht, Herr Grünspan, dass wir in der Karwoche sind? Da soll man nicht singen, nicht pfeifen, kein

Tier töten und auch nicht viel trinken, weil ja unser Jesus Christus so viel Durst am Kreuz leiden hat müssen. Das hat mich mein Großvater so gelehrt. Und jetzt steht er da und rührt sich nicht vom Fleck!«, wettert sie zu den beiden großen Männern hinauf. Großvater windet sich wie ein stummer Aal, findet Marie. Großmutter klemmt die toten Schnepfen unter ihre Achsel und ruft: »Das gibt Arbeit, Marie, du wirst mir beim Rupfen helfen, damit wir diesen Schmaus heute noch in die Röhre bekommen, denn morgen ist Gründonnerstag, dann ist's Sense damit. Ran an die Arbeit, Mädchen, keine Müdigkeit vorschützen!«

Das kleine Herz der Schwalbe schlägt wie wild unter Maries schützender Hand.

»Nein und abermals nein!! Da kannst du dich auf den Kopf stellen und mit deinem Popo wackeln, ich werde die armen Vögel nie rupfen, niemals. Das kannst du dir abschminken«, erwidert Marie plötzlich ganz ruhig und verschwindet an Großmutter und Großvater vorbei in den Garten hinaus.

»Da hätten sich diese Schnepfen-Weiber halt einen Tag später in Afrika auf den Weg machen sollen. Schlechter Astrologe, nicht mein Problem«, lästert Herr Grünspan auf seinem Weg in die gemütliche Küche, wo schon eine leckere Brotzeit seiner harrt. Großmutter ist über Maries Abgang gar nicht erbost wie sonst. Sie schüttet sich aus vor Lachen, als sie die erlegten Vögel in die Ecke pfeffert. »Abschminken soll ich mich, ich kann nicht mehr, ich glaub, ich lach mich tot«, prustet sie auf den Küchentisch, während sie für sich und den Jägersmann eine kräftige Dosis Honigwein ins Glas und sich dann hinter die Binde kippt. Großvater glaubt seinen Augen nicht zu trauen. Als er das welke Schlüsselblumenkränzchen auf dem Haar seiner Angetrauten entdeckt, macht er sich schnellstens aus dem Staub, um seiner kleinen Enkelin Marie eine gehörige Portion Trost zu spenden.

»Lass uns die lahmen Vögel rupfen und schnellstens in die Röhre hieven, Philomena«, schmeichelt der immer noch hungrige Jägersmann um die überdrehte Großmutter herum.

»Na, dann prostata«, antwortet Philomena beschwingt, kippt ein nächstes Glas hinunter und greift einem angehenden Vogelbraten ins Gefieder. Herr Grünspan stopft sich schon mal ein Pfeifchen und macht es sich in Großvaters Lehnstuhl gemütlich. Dessen Besitzer ist heute schon der Appetit vergangen. Er hat sich schon die Bettdecke über seine Ohren gezogen. Zwei Kriege nahmen ihm seine Brüder und seinen jungen Sohn. Seine Seele hatte großen Schaden genommen. Über seine schrecklichen Erlebnisse und den Waffengang in seiner Soldatenzeit mochte Franz nicht mehr sprechen. Seine ganze Liebe und Zuwendung gehörte jetzt seinen Pflanzen und Tierkameraden und seinen Enkeln. Die kleine Marie hatte schon immer die Begabung, seine Seele zum Schwingen und sein Herz zum Lachen zu bringen, auch wenn er wieder einmal stundenlang bei seiner Gartenarbeit nicht zu sprechen war, gab es eine geheimnisvolle Verbindung, die wohl schon in Maries ersten Lebensjahren geschlossen worden war. Sein zweites Weib hat wohl die Hosen an, aber die hatte er nach all den gebieterischen Feldmarschallen gerne freiwillig an sie abgegeben. »Wenigstens ist sie eine gute Köchin. Zwar ein gebieterisches, aber auch ein treues, sauberes Weibsbild, nach deren Pfeife wir halt einfach tanzen um des lieben Friedens willen. Das ist es, was ich will«, resümiert Franz vor sich hin. »Nach all den Reparationen, Inflationen, Wirtschaftskrisen und Kriegshandlungen will ich nur noch meinen Frieden.«

»So wie jeder Krieg einmal ganz klein begonnen hat, so beginnt auch unser Friede im Kleinen, Großvater, und zwar im ganz Kleinen«, schnarrt da plötzlich die Stimme von Jonathan in das müde Opa-Ohr. Er ist mutig vom Baum heruntergeflattert und in das offene Fenster seines Beschützers gestiegen. »So lange du Kriege verurteilst, wird es sie geben, so oft du Gewalt bekämpfst, wirst du sie erleben. Wir müssen beginnen, friedlich zu denken, zu fühlen, das braucht weitaus mehr Mut, als in den Krieg zu ziehen«, stellt der Rabe jetzt mal frech in den Raum. Das Reizwort verfehlt seine Wirkung nicht.

»Ich glaub, dich hat wohl heute der Hafer gestochen, wo hast du denn diesen Blödsinn aufgeschnappt, hast wohl wieder dem alten, skurrilen Professor Gandius mit seinen spinnösen Ideen deine Aufwartung gemacht«, poltert Großvater, während er sich wieder in seine abgetragene Hose zwängt. »Schau mal lieber nach deinen Freunden Marie und Cleo, die sich draußen irgendwo versteckt haben, das hätte ich ja selbst jetzt beinahe verschwitzt.« »Ich war im Feld des Ersten Weltkriegs, ich weiß, wovon ich nicht spreche, was weißt denn du Grünschnabel schon?«, schimpft Großvater vor sich her.

»Marie und Cleo sitzen in deinem warmen Condo-Gewächshaus, ich hab sie schon gefunden und getröstet, Großvater. Du sollst nach ihnen sehen, denn alleine trauen sie sich heute nicht mehr zu Philomena«, versucht ihn nun Jonathan zu beschwichtigen. »Ich muss heute Nacht noch zur Wetterfrosch-Konferenz von Frau Holle, meiner eigentlichen Chefin, wie du ja weißt. Aufmüpfige Trolle zur Räson bringen, Satelliten-Chaos, Störsender, Vogel-in-Not-Beratung, Nistplatz-Verluste, Windministerkonferenz, Energie-Missbrauch und, und, und. Unser Plansoll für diesen Monat ist übervoll, Großvater. Da hab ich mich wieder auf was eingelassen. Findet ja alles nur zu den Schlafestunden der Menschen statt.« Plappert und plappert der sendungsbewusste Rabenjüngling, während er sich in Startposition auf dem Fenstersims bringt. »Weißt du, Großvater, was Frau Holle gestern Nacht zufällig gesagt hat? Wenn keiner in den Krieg ziehen würde, dann könnte auch keiner stattfinden!« Sagt's und fliegt davon.

Gott sei Dank hat Großvater das nicht gehört, er sitzt nämlich gerade auf seinem Lokus.

Im gemütlichen Gewächshaus-Condo haben sich Marie und Cleo unter einem blühenden Zitronenbäumchen häuslich eingerichtet. Die wärmende Decke hat sich über das erschöpfte Mädchen gelegt und eine kleine Extramulde am oberen Ende für das Schwalbenkind angeboten. Drei kleine Apfelbutzen zeugen davon, dass sich Jonathan schon vor seinem nächtlichen Amtsantritt um die beiden Ausreißer bemüht hat. Eine kleine Regenwurmbrotzeit für Schwälbchen Cleo hat auch schon stattgefunden. Ein überlebender Wurm versucht gerade Reißaus zu nehmen, als Großvater bei dem rührenden Anblick beschließt, den selig Entschlafenen ihre Ruhe in diesem schützenden Ambiente zu gewähren. Schnell legt er Mariechen noch ein Kissen unters Köpfchen und stellt eine Thermoskanne mit Lindenblütentee an das Schlaflager.

Die rotbackige Großmutter fuhrwerkt währenddessen in ihrer bratenduftenden Küche, um die sündigen Leckerbissen doch noch vor Mitternacht auf den Essenstisch bringen zu können. Der alkoholgeschwängerte Jägersmann macht ein kleines Nikkerchen. Großmutter Philomena waltet und schaltet in ihrem Element – immer noch bei bester Laune. Das Schlüsselblumengesteck, in den Mülleimer verbannt, vertrocknet traurig vor sich hin, als Großvater bei seiner Haus- und Hofgeneralin seinen Rapport abliefert. Mariechen sei schon bei der Zählung ihrer Himmelsschafherde, im eigenen Bette, versteht sich. Er ginge nun auch zu Bett. Das findet nur kaum Gehör. Gesagt, getan, doch mag der weitgereiste Gärtnersmann heute keinen rechten Schlaf zu finden. Zu viele Gedanken toben respektlos in ihm. Wie würde es seiner willensstarken Enkelin nach ihrer Rückkehr zu Mutter Agnes und dem gestrengen Stiefvater ergehen? Auch die Zukunft des Schwalbenmädchens Cleo nagte an Opas Herzen. Maries Kater Karlo hatte das geschwächte, halb erfrorene

Vögelchen Anfang des letzten November nach Hause gebracht und ihr vor die Füße gelegt. Gab das eine Aufregung! Mutter Agnes, damals noch alleinerziehend, stimmte sofort mit Marie überein, das arme Vogelkind ohne Wenn und Aber im trauten Heim überwintern zu lassen. Wie war Cleo dankbar, denn bis zur Rückkehr ihrer Schwalbenbrüder aus ihrem Winterquartier in Mesopotamien würde sie sich dort bestimmt in Sicherheit wiegen können. Mariechens kleines Schwesterchen wollte sich ausschütten vor Lachen, als Cleo plötzlich im Sturzflug von der Gardinenstange auf Theresias Mittelscheitel Kurs nahm und zielsicher zur Landung ansetzte. Seite für Seite werden Hanni und Nanni von einem kleinen, fleißigen Schwalbenschnabel entblättert, und das an kalten Wintertagen. Marie wusste das zu schätzen. Auch bei Mutter Agnes machte sich Cleo über die Wintermonate unentbehrlich. Großvaters lanolingeladene Schafwolle wurde ungewaschen auf dem Spinnrad der Mutter einer großen dicken Spule anheimgegeben. Cleo sorgte schnabelweis für eine gradlinige Aufnahme des kräftigen Wollfadens. »Das Lanolin muss in der Socke erhalten bleiben, um über Nacht die strapazierten Fußsohlen zu beglücken. Diese Socken sind heilend für einzelne Organe über die Reflexzonen der Fußsohlen«, versuchte Mutter Agnes so manche Socke einer ungläubigen Apothekerin aufs Auge zu drücken. Diese heißen Tipps kamen natürlich aus Opas Schatzkiste, zum Leidwesen von Oma, die dieser Theorie wieder mal gar nichts abgewinnen konnte.
»Das stinkt dann doch nach lanoliertem Schweizer Käse«, moserte Oma und machte um diese Socken immer einen großen Bogen.
»Eben nicht«, trumpfte nun Großvater Franz mit seinem althergebrachten Wissen auf. Seine Mutter Corona, Kräuterfrau und Heilerin, hatte sein kleines Wissensrückgrat schon in jungen Jahren nach ihrem Gusto gestärkt. »Diese Wunderstumpen helfen bei Rheuma, Husten, Fieber und Muskelkrämpfen. Nach einer Jahressaison wäscht man zum ersten Mal, sie werden Normalos und das nächste ungewaschene Heiler-Paar entert die gute

Stube.« Damit wusste Agnes in diesen schweren Nachkriegszeiten oft eine Kundin zu überzeugen. Schon hatten sich wieder einige Moneten in ihrer ausgewaschenen Spar-Socke versammelt. An das Vogelkrägelchen wollte man dem Schwalbenmädchen, als dann Stiefvater Alfons über die Schwelle des Frauendomizils trat. Der aufgebrachten Marie gelang es gerade noch, Cleo aus dem flüssigen Pfannkuchenteig herauszufischen, in den sie der Grobian kopfüber getaucht hatte, nur so zum Spaße, wie er meinte. Das ging nun auch Agnes über die Hutschnur und den Plan, für ihre Tochter Marie samt Schwalbe Cleo um Asyl bei Großvater zu bitten, setzte sie sehr schnell in die Tat um.
So werden die beiden Unzertrennlichen noch bis Herbstbeginn unter seinem schützenden Dachfirst verbringen können. So hatte es der Familienrat abgestimmt. Die Schwalbe Cleo wollte nach Hause, trotz besagtem Stiefvater. Sie musste doch ihr altes Plätzchen auf dem Apfelbaum in Mutter Agnes' Garten wieder einnehmen, um auf ihre vermissten Brüder Zeyn und Macmar zu warten. Sie wollten das von ihrer Mutter Patra so gelobte Land Mesopotamien finden und jetzt wartete man sehnsüchtig auf eine glückliche Rückkehr. Großvater erinnert sich noch an die Nächte, in denen Cleo immer wieder die Herzen mit ihrer traurigen Lebensgeschichte zu rühren wusste.

Der Schlaf will und will sich heute in Großvaters kleiner Schlafkoje einfach nicht einstellen. Cleos damalige Lebensbeichte geht ihm nicht mehr aus dem Sinn. Seine alte Taschenuhr zeigt bereits auf die elf.
Vor seinem geistigen Auge sieht er Patra, Cleos Schwalbenmutter, wie sie sich schon seit dem Morgengrauen mit ihren beiden Söhnen und ihrer jüngsten Tochter auf den großen Zeigern der Kirchturm-Uhr ihres Wohnorts niedergelassen hatte. Herr Staren-Ober-Sekretär, von einer glanzgefiederten, spitzschnabeligen

Sekretärin eskortiert, verteilt die markierten und datierten Ringe, ohne die kein Vogelwesen mit Überwinter-Absichten das einheimische Refugium verlassen konnte. Der hohe Vogelbeamte war mal wieder schwer von Capito, als es um die Klärung des unglückseligen Ablebens von Schwalbenvater Maco ging. Dass dieser vor ein paar Monaten von einem jagenden Bussard um sein kostbares Leben gebracht wurde, will ihm nicht in seinen Kopf. Und dann will Mutter Patra auch noch nach Mesopotamien. Er weigert sich vehement, die Ringe mit den Nummern herauszugeben. Eine sofortige Herbeirufung des Bürgermeisters scheint ihm da vonnöten.

Vor mittlerweile hunderten von wartenden Reisegenossen nahm dann das Schicksal von Cleos Familie seinen Lauf. Mit sarkastischem Gehabe machte der Herr Bürgermeister die verdatterte Dreiergruppe ob ihres Reisezieles zur Schnecke, indem er die soziale Reifung ihre Kompetenz und den geistigen Zustand von Mutter Patra in Frage stellte. »Meine Großmutter Induria kommt aus dem Land am Nil, aus Mesopotamien!«, klagt Mutter Patra. »Der damals regierende König ließ uns Mauerschwalben heiligsprechen und sein Wappen mit einem Schwalben-Pärchen schmücken. Sie fragen mich ja gar nicht, warum«, rang Mutter Patra um eine Antwort, die partout ausblieb.

»Sie müssen wissen, Herr Bürgermeister, dass sich die kleine Tochter des König Alasnams vom Lande Bassora, das zwischen Euphrat und Tigris lag, in jener Zeit von ihren Dienern losgerissen hatte und sich in dem alten Tempel der Königin Hatschepsut verlaufen hatte. Dort hatte sie sich im Keller versteckt und verirrte sich immer tiefer, bis sie sich in einem düsteren Gemach fand. Des Nachts kamen die Fledermäuse. Vor Angst versteckte sich die kleine Prinzessin in einer offenen Urne, stellt euch alle das mal vor, in der viele Goldstücke versteckt waren. Plötzlich war der Deckel der Urne zugefallen und die arme Prinzessin saß hoffnungslos im Dunkeln. Ja, hört mir denn keiner zu?«, rief Mutter Patra verzweifelt in die Vogelhorde, die sich wie wild um die zu vergebenden Ringe balgten. »Herr Bürgermeister«, schrie sie nun mit letzter Kraft, »meine Schwalben-Großmutter Induria fand das verlorene Geschöpf, informierte den Königsvater und man brachte die vor Angst schlotternde Prinzessin wieder sicher zum Palast zurück. König Alasnam war überglücklich, als auch noch die goldgefüllte Urne ihr Geheimnis preisgab. An diesem Tag wurde unsere Familie der Mauersegler-Schwalben heiliggesprochen, glaubt mir doch endlich!« Ihre Kräfte begannen zu schwinden, denn immer mehr Vogelgenossen und -genossinnen versuchten sich auf die Zeiger der alten Turmuhr zu drängen.

Der Bürgermeister zuckte nur beiläufig mit den Schultern und rief dafür lauthals in die immer mehr anwachsende Vogelgemeinde. »Hört, hört, Gemeinde. Hört nur nicht hin. Diese Schwalbenmutter mit ihren Bangerten ist überall und nirgends zu Hause, eine Zigeunerin. Sie will unseren jahrhundertealten Plan verraten, fliegen, wohin der erstbeste Impuls sie treiben würde, was für eine planlose, ketzerische Angelegenheit! Wo kämen wir denn da hin mit lauter planlosen Vogelweibern?«, geiferte er.

»Ich kenne unsere Familien-Route. Kinder vertraut mir bitte«, richtete sie jetzt die Worte an ihre zitternden Schutzbefohlenen. »Wir müssen immer nur unserem nächsten Impuls folgen und der Himmel wird über uns wachen. Am rechten Ufer des Nils werden wir leben, in den Gräbern der Könige sorgenfrei nächtigen. Der Tempel von Ramses strotzt noch von alten, genießbaren Getreidekörnern. Ich habe in meinem Traum wundersame, seltene Blumen und duftende Kräuter erleben dürfen. Köstliche Früchte hingen an den Bäumen und herrliche Gefilde sah ich in Mesopotamien. Fliegt mit uns, Brüder und Schwestern.« Afrika ist vergiftet, die Wasser vertrocknet, Bürgerkrieg überall, Tod und Verderben.« Sie wird mit ihren drei Kleinen Schwalbenkindern von hunderten von Abreisewilligen immer weiter nach unten gedrückt. Den Herrn Bürgermeister tangiert das gar nicht. Er kennt keine Platznot. Er hat es sich mittlerweile samt Spitzengefolge auf dem Kirchendach bequem gemacht und ignoriert Patra.

Großvater muss wieder an die mitfühlenden Augen seiner kleinen Enkelin Marie denken, als Cleo im Schutz der warmen Stube tränenerstickt ihre unglückliche Familiengeschichte erzählt. Die Zeiger der Turmuhr hatten sich damals mehr und mehr nach unten bewegt, als der Bürgermeister noch einmal seine Stimme erschallen ließ: »Geh heim mitsamt deiner Brut und bedenke deinen planlosen Plan noch einmal. Ihr könnt dann immer noch die morgige Nachhut bilden. Doch merkt euch gut! Befehlsverweigerer gehen nirgendwohin, verstanden?«, rief er jetzt erbost über die Häupter seiner Untertanen. Durch die große Last der Nachrückenden gelang es Mutter Patra nicht, sich länger festzuhalten. »Fliegt, Kinder, fliegt, ihr habt doch eure Stempel bereits in den Ringen, ihr werdet die Route finden. Sie ist vorgezeichnet, vertraut eurer Intuition«, bettelte sie ihre Lieben noch einmal an und stürzte kopfüber in die Tiefe. Töchterchen Cleo hielt seine Mutter fest umklammert. So zog das Schicksal sie mit in die Tiefe. In letzter Sekunde gelang den beiden Brüdern der Sprung in die Lüfte.
Verzweifelt drückte sich Cleo an ihre sterbende Mutter.
»Du musst mitfliegen, meine kleine Prinzessin, halte dich an deinen großen Bruder Macmar. Er ist stark und verlässlich, er wird dich beschützen. Konzentriert euch bei der Reise in das Land unserer Ahnen nur auf die Reise selbst, bleibt mit eurer Aufmerksamkeit immer mehr bei dem, was ihr gerade tut, statt euch auf Ereignisse und Dinge zu konzentrieren, die noch gar nicht stattgefunden haben. Vergesst nicht, was ich euch immer gesagt habe: Unsere Handlungen kommen aus dem Universum und werden auch wieder ins Universum zurückkehren«, gab die Mutter vor ihrem letzten Atemzug ihrer tapferen Tochter, die stark sein musste und jetzt ja nicht weinen wollte, mit auf den Weg. Abend für Abend wusste Cleo vor dem warmen Kamin immer wieder davon zu berichten und alle lauschten dann wie gebannt und konnten nie genug davon bekommen.
Cleos Familientragödie ging Großvater an die Nieren. Das Schwalbenkind war ja bei ihm und Mariechen im sicheren Boot.

Cleo konnte bleiben, so lange sie wollte, und ungeniert den kommenden Winter in seinem warmen Gewächshaus zusammen mit Jonathan verbringen. »Kommt Zeit, kommt Rat«, murmelt er in sein heugefülltes Schlafkissen und tritt endlich die wohlverdiente Reise in sein friedliches Traumgartenland an.

»Mühsam nährt sich das Eichhörnchen«, tönte da eine feine Stimme an Cleos Ohr. Sie hatte sich ja richtig erschrocken, denn eine kleine Haselnuss war ihr stracks auf das Köpfchen geplumpst. Die Augen kaum geöffnet, gleich wieder geschlossen vor Angst. Da saß doch ein ausgemachter Kater vor ihr auf einer Astgabel, warf Nüsse und versuchte sie aufzuheitern.
Was lagen doch für aufregende Tage hinter ihr. Ein Eichhörnchen hatte tatsächlich mitgeholfen, ihre Mutter unter einem Holunderstrauch zu begraben, wie sie es sich vor ihrem Traum von Mesopotamien immer gewünscht hatte. Der große Tross der versammelten Vögel war nach zweitägigem Gezeter und Gezwitscher gen Afrika gezogen. Und eine wohltuende Ruhe war wieder eingekehrt. Cleo hatte sich mal lieber aus Sicherheitsgründen auf den alten Apfelbaum begeben. Die Trauer um ihre Mutter machte ihr kleines Herz schwer, aber die letzten Worte ihrer geliebten Mutter beherzigte sie. Und im Hier und Jetzt war einiges los. Konnte sie diesem Kater Karlo denn trauen? Oder würde er sie mit einem Schmatz in seine hungrige Magengrube befördern. Hm?
»Schau mal in den Himmel, siehst du die Sonne«, flötete da der Kater.
»Na klar, kann ich die Sonne sehen, sie kitzelt mir sogar die Nase«, antwortete Cleo.
Karlo legte seine Pfoten auf Cleos Augen.
»Auweh zwack, das ist jetzt auch mein letztes Minütlein«, dachte Cleo angstvoll.

»Kannst du jetzt die Sonne sehen?«, fragte der Kater wieder.
»Nein, natürlich nicht, aber ich weiß trotzdem, dass sie da ist. Willst du mich auf den Arm nehmen?«
»Weißt du, was meine Herrin, die kleine Marie, immer sagt?«, machte sich jetzt Karlo interessant. »Wenn sich unsere Sonne auch wochenlang hinter einer Wolkenwand versteckt hält, wissen wir doch trotzdem, dass sie die ganze Zeit da ist. Dasselbe gilt auch für unsere Seele. Nur weil sie sich oft versteckt, heißt das noch lange nicht, dass sie nicht existiert.« Er lacht jetzt aus vollem Hals, als ein Magenknurrer Cleos um Aufmerksamkeit bittet. »Weißt du was, Cleo, meine Marie ist ein wunderbares Menschenkind. Die drei Frauen im Haus lieben Tiere von ganzem Herzen. Du musst gefüttert werden. Ich nehme dich jetzt mit und lege dich ganz unschuldig im Haus vor die Füße von Mutter Agnes. Was meinst du?«
Cleo schluckte. Auf dem Wiesenboden schlich noch ein getigerter Kater mit weißem Brustfleck herum, den Schwanz verdächtig hoch gestellt. Wie hatte ihre heimgegangene Mutter es immer formuliert? »Cleo, alles, was du tust, tu freiwillig. Sei den anderen gegenüber voller Hingabe, dann vollendest du die Dinge, weil sie deiner inneren Wahrheit entspringen.« Das ließ sich die kleine Cleo nicht zweimal flüstern. Also Augen zu und in den feuchten Katzenrachen reingelegt.

»Glück gehabt«, sagt die kleine Schwalbenmaid, als sie nach diesem Traum im gemütlichen Gewächshaus, an Mariechens Schulter, als erste erwacht und diese so lange am Ohrläppchen zupft, bis Marie ebenfalls in das erste Licht des Tages blinzelt.
»Aufstehn, Oma«, ruft Marie dann der Großmutter zu, die über dem immer noch vollgedeckten Tisch eingeschlafen war. Eine abgenagte Schnepfenkeule in ihrem Ausschnitt lässt tief blicken, und das am Gründonnerstag! »Nein, nein, wo denkst du hin Großmutter. Ich und meine beste Freundin Cleo werden darüber kein Sterbenswörtchen beim Herrn Pfarrer verlieren, Hand aufs Herz«, verspricht Marie der ertappten Sünderin, die nun wie

eine zerknitterte Grapefruit den Frühstückstisch dekoriert. »Das gibt Bonuspunkte und wieder feste Aufenthaltszeiten im Hause für Cleo und Jonathan zur Winterszeit!« Mariechen jubelt in sich hinein.

Herr Grünspan hat bereits das Weite gesucht. Großvater bereitet zum Grünen Morgen in der guten Stube schon einen herrlichen Frühstückstisch: Es gibt Bohnenkaffee, Osterschinken, Früchtemüsli, Kuchenlämmchen und viele bunte Ostereier. Hat da nicht gerade Oma Philomena unter dem Türbogen ihrem altgedienten Gatterich Franz einen Kuss mitten auf den Mund gedrückt? Mariechen traut ihren Augen nicht. Saugemütlich ist's am Frühstückstisch. Auch Cleo darf ganz allein ein Osterei vertilgen.

»Gott grüß euch, liebe Kinderlein!« Na, diese Stimme kennt man doch. Der gute Jonathan kommt von seinem nächtlichen Exkurs hereingeflattert. Auch auf seinem Teller warten schon köstliche Scheiben saftigen Osterschinkens. Dunkles duftendes Brot lässt allen das Wasser im Munde zusammenlaufen. Als Großvater mit dem stattlichen Topf, gefüllt mit duftender grüner Kräutersuppe, um die Ecke kommt, fällt bei ihm der Groschen! Gründonnerstag! »Ach was, mein Jesus Christus liebt und verzeiht seinen Sündern.« Und schiebt sich genüsslich eine Schinkenscheibe in den vorlauten Schnabel.

»Jetzt haben wir schon mit dem Sündigen angefangen, jetzt bringen wir das auch zu Ende«, sagt Großvater bestimmt und schneidet sich eine dicke Salamischeibe herunter. »Das wird vielleicht ein Osterbeicht-Fest, da hat der Herr Pfarrer einiges zu tun«, antwortet Marie und wirft einen kessen Blick auf die errötende Oma, an deren Nase sich gerade eine kleine Schnapsfahne aus Jonathans Schnabel vorbeigeschlichen hatte.

»Hier riechts so verdächtig nach Parfüm«, kommentiert Opa amüsiert nach einem Blick auf den heimgekehrten Raben und schaut versonnen auf Omas klebrigen Ausschnitt. »Christus gebietet, Christus überwindet, Christus ist uns zu gut Mensch geworden und bewahrt sie vor allem Übel, frohe Ostern,

Freunde«, schmettert Jonathan wohlgemut über die Tischrunde. »Aber nach dem Frühstück werde ich flugs in meine Koje schlüpfen. Morgen ist auch noch ein Tag. Probatum!« Doch daraus wurde nichts, denn dieser Grüne Donnerstag hatte es in sich.

»Es grünt so grün, wo Mesopotamiens Gärten blühen«, schmettert Stunden später eine fremde Stimme. Cleos großer Bruder Macmar macht in der guten Stube des Hauses seine Aufwartung. Im Schlepptau wartet er mit einer feingefiederten, stattlichen Kranich-Dame auf. Die Freude über das Wiedersehen ist groß, wie man sich vorstellen kann. Es gibt ja so viel zu berichten. Von dem abenteuerlichen Flug in das von Mutter Patra so gelobte Land Mesopotamien, das jetzt Ägypten heißt. Von den großen Gefahren beim Überfliegen der schießwütigen Italiener auf dem Flug nach dem vermeintlichen Mesopotamien. Von der Zwischenlandung in Siracusa auf Sizilien, von der Zeit, als er auf der Hinreise mit seinem Bruder Zeyn im dortigen Apollo-Tempel lebte, wo er auch seiner Verlobten Xenia, der aparten Kranich-Dame, begegnete. Er erzählt von der heilen Ankunft im jetzigen Luxor-Land, von der begeisterten Aufnahme durch den König Alarkam. Von Zeyn, der sich dort mit einer wunderschönen Schwalbenprinzessin verheiratet habe, auf drei gesunde Kinder blicke und die rückhaltlose Unterstützung des Königs Alarkam für sich in Anspruch nehmen kann, was ihm und seiner unstandesgemäßen Liebesgeschichte mit dem Kranichmädchen nicht gewährleistet wurde. Er beschreibt die vielen Bilder der Großmutter Induria, die immer noch die Wände der Paläste zieren. Er malt Cleo den Reichtum und die Schönheit des Landes aus, doch Cleo hat schon seit langem entschieden, an Großvaters, Jonathans und Maries Seite ihren Lebensabend zu verbringen. »Weißt du noch, was uns unsere liebe Mutter immer ans Herz gelegt hat?«, sagt Macmar plötzlich. »Ihr braucht nicht

wegen jeder Kleinigkeit zu kämpfen und zu streiten. Ihr könnt darauf vertrauen, dass ihr immer euren Weg finden werdet. Ihr könnt in Frieden leben, denn alles, was euch widerfährt, ist richtig und eure innere Sehnsucht wird zu ihrer Zeit Erfüllung finden.« Alle nicken bedächtig, doch Jonathan springt auf: »Sehnsucht, Erfüllung hast du gesagt, Erfüllung, beim Heiland? Das lassen wir uns nicht zweimal vorbeten, meine Freunde im Herrn. Auch ich habe die letzten Tage falsch ausgesagt. Das Frühjahrs-Semester bei Frau Holle war schon abgeschlossen, mit Bravour, war aber schon passee. Meine neue Flamme Judith wartet schon im Gewächshaus auf mich, möchte bei uns bleiben. Wäre das genehm, mein liebreizender Vormund?«, wirft er jetzt mit unschuldigem Augenaufschlag Großvater Franz auf den Teller. »Judith und ich müssen gleich ins Körbchen, damit wir uns für unsere gemeinsamen Ostertage in guter Kondition befinden«, offeriert er der staunenden Tischrunde. »Dürfte ich die Zeit bis zu unserem Rückflug hier verbringen?«, lässt nun auch der Rückkehrer Macmar seine Katze aus dem Sack.
«Ich werde auf keinen Fall mit euch zurückfliegen«, macht Cleo jetzt klar und nimmt wieder auf Maries Schulter Platz.
»Vielleicht können wir auch nicht dorthin zurück«, seufzt Macmar.
»Auf schöne gemeinsame Ostertage, ihr könnt alle hierbleiben, so lange ihr Muße habt«, erklärt Großvater großzügig, was Großmutter auf die Zimmerpalme bringt. Ihre anstehenden Einwände werden jedoch sogleich von Mariechens wissendem Finger und Opas zärtlichen Armen im Keim erstickt.
»Was sage ich immer, kommt Zeit, kommt Rat.« Damit hievt Opa sich seine widerstrebende Philomena auf den Schoß.
»Ob das mit der Parfümwolke von Jonathans neuer Liebsten zu tun hat?«, flüstert Cleo ihrem staunenden Mariechen ins Ohr, während der ausgelassene Opa seiner Oma ein Lied aus frühen Zeiten ihrer Liebe zum Besten gibt. »Ich wünsche Liebchen froh und frei, mich dir, dich mir zum Osterei!«, tönt da durch den Raum und vermischt sich mit den Osterwünschen der fröhlichen

Festtagsrunde, die sich das genüssliche Verzehren der aufgetragenen Festtagsschmankerl von niemandem mehr streitig machen lässt. Es sei denn, Ostern und Pfingsten fielen auf einen Tag, gibt Großmutter noch verschmitzt zu bedenken.

O holder schwarzer Holunder

Sambucus nigra – klingt das nicht nach brasilianischen Zaubernächten? Und doch ist es der klassische Name unseres legendären Holunderbaums, in dessen Blättern die Hüterin und Beschützerin unseres Hauses, die gute Fee Frau Holle, residiert, wenn sie sich wieder einmal aus ihrem Wolkenheim zu einer Erd-Stippvisite aufgemacht hat. Da gilt es unter den Hütern der Landschaften und der Feen-Biotope wieder für Eintracht zu sorgen und mit dem Engel der Erdheilung, Akasha, den Zwergen und Faunen zu einem Sitzungsergebnis zu kommen. Ein von gedankenlosen Menschen und skrupellosen Interessengruppen zerstörtes Naturareal muss biotopisch wieder instand gesetzt werden. Die gute Frau Holle ist erfahren genug, sich gerade in dem Holunderbaum wohnlich niedergelassen zu haben. Der Geruch der Holunderbaumblätter ist Stechmücken und weiteren Insekten ein Dorn in ihren Näschen. So meiden sie diese Sektionen. Dieses Blattwerk weiß um seine Macht, wenn es ihm, nach Aufbrühen mit heißem Wasser, wieder einmal gelingt, den aufgestauten Harn eines Weltenbürgers in die Freiheit zu entlassen. »Weißt du, meine kleine Gärtnerin, der Sud der abgekochten Rinde unseres Hollerbaums wirkt auf wundersame Weise krampflösend. Deiner Großmutter Corona, die sich als Heilerin einen Namen gemacht hatte, gelang es mit dieser Essenz, epileptische Anfälle abzufangen und durch Aktivierung von Meridianen den Betroffenen wieder in einen natürlichen Energiefluss zu entlassen«, erinnert sich mein Großvater und wirft sich stolz in seine Brust. Der begnadete Gärtner unterwies mich in einem täglichen Ritual, den Hut vor seinem Holler-Zauberstrauch zu ziehen, was in meinem Falle in eine symbolische Geste umgewandelt wurde. Damit wurde seinem zugewachsenen Freund, seinem kulinarischen Lieferanten, seiner lebenden Hausapotheke, wie er seinen Glücksstrauch immer nannte, eine traditionelle verdiente Ehrerbietung erwiesen.

In den Monaten Mai und Juni rütteln und schütteln Frau Holles Helfer die Bäume und ganze Kaskaden von cremeweißen Blüten segeln, wie eine Metapher ihres schneespuckenden Kopfkissens, der empfangenden Erde zu. Hurtig wurden diese Schätze immer von meinem Großvater aufgesammelt, gepflückt und getrocknet. Besonders schön gewachsene Blühstängel landeten in Großmutters Küche und danach als ausgebackene Hollerküchlein, in Begleitung eines delikaten Birnen-Holunder-Kompotts, auf unseren Mittagstellern.

Die getrockneten Holunderblüten stehen in Frau Holles Augen für Leidenschaft und Sympathie. Gerne bieten sie sich, gepaart mit Schafgarbe, zu einem heilsamen, schweißtreibenden Fiebertee an. »Für einen Holundersekt oder mit beerigen Nachfahren für einen feinen Likör ausgesucht zu werden, stelle die größte Ehre für die weißen Sterne-Blüten dar«, wusste Opa mitzuteilen. Wenn die saftigen, glänzenden Beerenfrüchte ab Monat September ihre Aufwartung machen, wacht Frau Holle in den ersten Nächten ihrer Reifung mit Argusaugen über ihre Schätze. Nur die in ihren Diensten stehenden Devas, Elfen, Faune und Gnome dürfen sich in der ersten Nacht an den saftigen Beeren laben. Der zweite Tag ist der Aufwartung der Vogelwelt aus den umliegenden Gebieten vorbehalten, nach Anmeldung, versteht sich. Woher ich das alles weiß? Frau Holle selbst hat es meinem Großvater in einer schlaflosen Vollmondnacht anvertraut. Eine sofortige Übermittlung an mich ließ nie lange auf sich warten.

»Dass ihr mir die heute gepflückten Beeren ja nicht roh verwendet! Immer die grünen Beeren aussortieren, die gereiften aufkochen, abtropfen lassen und den Überrest fest ausdrücken, damit kein edler Tropfen verloren geht. Erst dann könnt ihr aus eurem Beerenschatz köstliche Marmeladen, Kuchen, Säfte und süße Suppen zaubern«, gab uns Opa mit auf unseren Heimweg, den Mutter Agnes sattelfest mit dem Fahrrad antrat. Ich saß auf dem Gepäckträger. »Immer schön an Muttern festhalten, Mariannchen.« Das brauchte sie mir nicht zweimal zu sagen. Opas Tabakduft noch am Näschen, sein Bild tief im Herzen und Mamas warmer duftender Körper von meinen Ärmchen umschlungen, an so einem Tag war ich mit meiner Welt im Reinen.

Auch in heutigen Zeiten sind die alten Holunderbüsche auf einem verwilderten Nachbargrundstück im Laufe der letzten Jahre zu meinen wahren Freunden geworden. Die gute Frau Holle, die ich in meinem letzten Film verkörpern durfte, ist aus diesem Holler-Hain als Beschützerin unseres Hauses und als meine Seelenschwester gar nicht mehr wegzudenken. Die Holunderbäume werden von mir seit Jahren gehegt und gepflegt. Ich höre sie förmlich wachsen und liebe den in jedem Sommer wiederkehrenden, einzigartig an Vanille erinnernden Duft ihrer zarten Blüten. Ihre Dolden bereichern im Frühjahr mein Heim. Die Holunderblüten mit filigranen Apfelzweigen und ein paar hochgewachsenen Bergminze-Kräutern in eine lichte Glasvase gesteckt, was für ein bezaubernder Anblick – und dieses Duftwolken-Potpourri! Zur Herbstzeit macht uns der Holunderbaum seine saftigen Beeren zum Geschenk. Nach dem Willen von Frau Holle soll sie der Pflücker gerecht mit Nachbarn und den anwesenden Vögeln teilen. Denkste! Bei mir trat eine Stadtfrau, ökologisch bewusst, klappbare Obi-Leiter im Anschlag, mit Riesen-Gartenschere ganz unauffällig zum Holunderbeeren-Raubzug an. Das muss man gesehen haben. Vati positioniert sich derweilen auf seiner Motorhaube. Er liegt lauthals Schmiere, gänzlich unauffällig auffällig. Ehegespons startet Attacke. Leiter ausgefahren, Schere auf Vormarsch und schnipp und schnapp und schnapp und schnipp, schon sind die gesamten Beeren im mitgebrachten Öko-Kohlesack versunken. Kahlschlag ohne Restbestand für unsere Vogelfamilien. »Schämt euch«, rufe ich dem flüchtenden Duo erbost hinterher. Doch nicht genug geräubert. Auf der Flucht walzten sie auch noch meinen angelegten Feengarten nieder. Königskerzen, Edeldisteln, Schafgarben-, Ehrenpreis- und Goldrutenpflanzen, um nur einige zu nennen, lagen am Ende hoffnungslos darnieder. Das leise Summen der trauernden Feenwesen mischte sich mit dem aufgebrachten Tönen der einsetzenden Windböen und dem Klagelied der leer ausgegangenen hungrigen Amselsippe. Ein kräftiger Schluck von meinem selbstgebrauten Holunderlikör spendet meiner Seele erst mal Trost. Mein Körper verlangt nach einem schönen warmen Milch-und-Honig-Bad, das er nach einem zweiten kräftigen Schluck Likör auch genehmigt bekommt. Mit einem spontanen Gedichtchen lasse ich jetzt erst mal alle Fünfe gerade sein.»Oft klingt, was wahr ist, frech und roh, der Mensch ist Mensch, das ist halt so!«

Mariannes Holunder-Elixier »Seelentrost«

Eine leere 2 $^1/_2$-l-Flasche	7 getrocknete Holunderblütendolden
1 l Wasser	
350 g Kandiszucker	$^1/_2$ EL geriebene Zitronenschale
350 g Holunderbeeren	1 $^1/_2$ Liter Doppel-Korn
Saft von 1 Zitrone	3 Sternanis-Gewürze
3 Zweige Bergminze	30 g Kardamom-Kapseln
1–2-cm-Stück Ingwer	2 Stangen Zimt

Das Wasser erhitzen, den Kandiszucker darin auflösen. Man kocht die Zuckerlösung einmal kurz auf, gibt dann die Holunderbeeren, den Saft der Zitrone dazu und lässt diese Mischung für ungefähr 7 Minuten kochen. 2 Zweige der Bergminze, Ingwer, 5 getrocknete, kleingeschnittene Holunderblütendolden und die geriebene Zitronenschale hinzufügen. Diese Mixtur lässt man nun ein paarmal aufkochen, zieht den Topf zurück zum leichten Auskühlen.

In die Flasche gibt man vorab 1 ¹/₂ l Doppel-Korn, Sternanis, Kardamom und die beiden im Ganzen belassenen, getrockneten Holunderblütenstände. Die ausgekühlte Holunder-Mixtur lässt man heiß durch ein Tuch laufen, presst es fest aus und gibt den Extrakt mit Hilfe eines Trichters in die Flasche. Vor dem Verschließen gesellt man noch die Zimtstangen und den übrigen Bergminzezweig dazu, dann die Flasche verschließen. Man stellt diese für ca. 4 Wochen an einen ruhigen Platz zur Reifung. Ja, und dann gibt's kein Hinwarten mehr. Nach einer letzten Klärung der Angelegenheit, sprich Filterung des Gebräus, steht einer großzügigen Ausschüttung des wertvollen Flascheninhalts nichts mehr im Wege. Das kann ja heiter werden!

Bei Entjungferung dieses Likörs mit seinem überraschenden Gusto vergessen Sie bitte nicht, für Frau Holle und ihre Untertanen ein paar Schnapsgläschen im Garten oder auf Ihrem Balkon zu platzieren. Das lieben sie nämlich und sie alle werden es Ihnen mit großer Zuwendung und Hilfestellung danken. Na, dann mal Prosit, Gemeinde!

Mariannes Hollerküchel Olala

Diese köstliche Mehlspeise aus vergänglichen Zeiten sollte im nächsten Frühjahr auf Ihrem Esstisch jede Menge Punkte sammeln. Probieren Sie's aus – Sie werden aus dem Staunen nicht mehr herauskommen.

¹/₂ l Milch	¹/₂ TL geriebene Zitronenschale
1 abgeschabte Vanilleschote	Butterschmalz zum Ausbacken
125 g Mehl	etwa 5 schön gewachsene Holun-
3 Eier	derdolden
1 EL heiße Butter	Puderzucker
1 Prise Salz	1 EL Bienenhonig vom Feinsten
1 Prise Muskat	

Das Mark der Vanilleschote wird in der leicht erhitzten Milch aufgelöst. Das Mehl wird mit Milch, Eiern, heißer Butter, Salz und Muskat und Zitronenschale gut zu einem Teig geschlagen, der ruhig etwas dicklich sein darf.
Die Holunderdolden mit Stiel sollte man bis zu ihrer Verwendung in ein Glas mit Wasser stellen oder mit zarter Hand in ein feuchtes Tuch einwickeln. Man taucht sie im Ganzen kopfüber in den Teig. Jetzt werden die eingeteigten Dolden-Tröpfe dem heißen Schmalz anheimgegeben. Bis sie sich versehen, landen sie schon goldbraun auf einer feinen Keramikplatte, um von einer herabschneienden Puderzucker-Kaskade salonfähig gemacht zu werden. Noch ein paar Honigfäden und ihr Schicksal nimmt seinen Lauf.

Auf ein gutes Gelingen!

Hollersekt zum Verlieben

7 gutgewachsene, sonnengeküsste Zitronen	2 Stängel Zitronenminze
	6 l Wasser
7 Holunderdolden, entstielt	1 kg Zucker
2–3 Holunderblätter	$1/4$ l Apfelessig
1 Ingwer-Zehe, geschält	

Man schneidet die Zitronen in Scheiben, zerteilt die Holunderdolden und -blätter, schneidet Ingwer und die Zitronenminze klein. Den Zucker im jetzt erwärmten Wasser lösen, den Essig dazugeben und so lange rühren, bis er sich auflöst und so aus dem Staube macht. In diese Flüssigkeit legt man jetzt die Zitronenscheiben, die entstielten Holunderdolden und -blätter, die zerkleinerten Ingwer- und Minzstücke ein. Deckel drauf, dann bekommt dieses feinsinnige Konglomerat 24 Stunden, um seine Verbindungen zu knüpfen.
Nach dieser Prozedur gießt man das bibbernde, schon leicht duftende Gemisch durch ein feines Sieb ab. Jetzt erhält Flasche für Flasche (am

besten Bügelflaschen) ihre Abfüllung und wird gut verschlossen. Durch die Benutzung von kräftigen Flaschen und durch eine aufrecht stehende, kühle Aufbewahrung hat man die bald darauf eintretenden Kohlensäure-Umtriebe fest im Griff. Nach drei bis vier Wochen steht einem erfrischenden, würzigen Geschmackserlebnis in trautem Freundeskreis nichts mehr im Wege. Frau Holles zufriedene Miene mit eingerechnet. Lassen wir die Korken knallen!

»Ich glaube, also bin ich«

Schon im vierten Lebensjahr glaubte ich an den Himmelpapa. Der lebte gut in meiner reichen Innenwelt, war ururalt und trug einen langen silbernen Bart, aus dem mein täglicher Sternenhimmel purzelte. Bei ehrfurchtsgebietendem Donnergrollen kletterte ich den nächsten Stuhl hinauf und wusste gleich den erzürnten Zeigefinger Gottvaters bildhaft auszumalen. »Horcht mal, ihr Wuzzi-Menschen. Der Papa schimpft, der ist ganz sauer wegen eurer geerbten Sünden. Bei mir könnt ihr eine Beichte kaufen. Habt ihr so viel Geld für eure vielen Sünden dabei?« posaunte ich frech von der Wursttheke des Metzgerladens herunter, auf die mich die Chefin des Hauses mit einer dicken Schinkenwurstscheibe gelockt hatte. Ich verstand die Welt nicht mehr, als mich Mutter, mit hochrotem Kopf, unsanft auf dem kühlen Steinboden des Ladens zurückstellte. Ich stand zu meiner Aussage. Meinen tiefen Glauben an Gott, seinen Sohn Jesus und den Heiligen Geist mochten viele Menschen so gar nicht mit mir teilen. Besonders die heimlichen Verabredungen mit der Elfenkönigin Morgane und deren Busenfreundin Frau Holle traute ich mir erst gar nicht aus dem weiten Kinderärmel zu schütteln. Keiner würde mir glauben, dass der schwerverletzte König Arthur von der hingebungsvollen Liebe Morganes und einer kredenzten Kräuteressenz aus Frau Holles Zaubergarten wieder genesen konnte. Außer Mutter Agnes, der ich auch meine rückhaltlose Liebe zu Jesus Christus, dem Mensch gewordenen Gottessohn, anvertrauen durfte. Bei Nachfrage wollte ich nur ihn zu meinem kommenden Lebenspartner. Eine Braut Christi würde ich werden, das war messweinklar. Mit der Zeichnung einer braungewandeten

Nonne, die ich der erschreckten Mutter strahlend unter die Nase hievte, wusste ich diese fixe Idee zielsicher zu bekräftigen. Der Heilige Geist wurde zu einem speziellen Weggenossen für mich. Täglich trug er dafür Sorge, so glaubte ich, dass in Mutters Geldsäckel nie Ebbe herrschte und neben den frischen Brötchen ein sprühender Phantasie-Funkenregen aus meinem Munde auf unseren Frühstückstisch niederging, vor allem als wir mit unserer Mutter noch ein Dreimäderlhaus bildeten. »Die Seele ist zwar unsichtbar, Mama, klebt aber immer an einer anderen Seele und miteinander kleben sie den ganzen großen Himmel zusammen. Das musst du mir jetzt aber glauben«, stellte ich meiner geplagten Mutter an diesem Morgen, wie so oft, neben einem selbstgerupften Gänseblümchen ein brandneues Thema zur Debatte. »Ich will nicht an etwas Unsichtbares glauben, meine Kleine. Ich will all die Dinge berühren, sehen und schmecken. Glauben heißt nichts wissen, vor allem seit dem unglückseligen Krieg. Ich habe mit meinem kleinen Bruder und deinem so sehr geliebten Vater auch meinen Glauben verloren. Gottvater soll uns doch beschützen und nicht in Krieg und Verderben rennen lassen«, wusste jetzt Agnes aufgebracht zu bedenken. »Aber ich bin doch nach meinem Auszug aus dem Paradies jetzt ganz vogelfrei, Mama, ich werde nie in einen Krieg ziehen, nie. Mein Freund Jesus hat doch am Ölberg gesagt, dass er alle Vögel am Himmel versorgen wird, dann versorgt er auch uns Menschen. Wir müssen einfach alles miteinander teilen«, kam mir gerade wieder ein pfiffiger Gedankenblitz in den Sinn. »Potz Blitz, wo du nur immer all diese Gedanken aufsammelst. Das macht mir richtig Angst, Mädchen«, antwortete Agnes. »Jedenfalls glaube ich, dass ich aus fünf Pfund gutem Rindfleisch eine leckere, nahrhafte Suppe herausbekomme. Diese Tatsache haben wir aus unserer entbehrungsreichen Kriegszeit mit herübergenommen«, entgegnete Agnes nun bestimmt, stand auf vom Tisch und folgte ergeben dem täglichen Ruf ihrer Haushaltspflichten.
Im Hier und Jetzt bin ich mit meinen fünfundsechzig Jahren der festen Meinung, dass wir Menschen Religionen zum Überleben

wie Essen und Trinken brauchen. Mein tiefer Glaube an Gott und seine Dreifaltigkeit gibt mir Halt, Trost und Hoffnung. Mein eigenes eingegossenes Gewissen setzt meinen Maßstab für Gut und Böse. Den jahrelangen anstehenden Fragen »Wo komme ich her, wo gehe ich hin, was ist mein Sinn des Lebens« bin ich in meinem tief verankerten Glauben auf den Grund gegangen. Heute glaube ich, unabhängig von Beweisen, an einen Wechsel von Leben und Tod, genauso wie ein Wechsel von Wachen und Schlafen stattfindet. Ich glaube an das Gesetz der Polaritäten, die sich z. B. in den Gezeiten des Meeres, den Jahreszeiten, den Zeugungsprozessen manifestieren. Ich glaube an den rhythmischen Wandel und Reifeprozess einer Seele. »Wer sein Sterben nicht akzeptiert, kann auch sein Leben nicht akzeptieren«, hinterließ mein großer Mentor und Arzt in meiner Erinnerung. Und Jesus Christus machte mir bewusst, dass wir Menschen erst durch den Tod Leben zu erringen vermögen. Ich glaube an die Liebe und ihre alles versöhnende und verwandelnde Kraft. Ich glaube an die Nächstenliebe, wie sie mir Jesus Christus vorgelebt und damit gelehrt hat. Das Begreifen, von einem göttlichen Schöpfer ohne Wenn und Aber als geliebtes Menschenkind anerkannt und beschützt zu werden, stellte für mich die erste Wurzel meines persönlichen Baumes der Erkenntnis dar. So habe ich schon vor Jahren erkannt, dass ich für mein Leben und Handeln, trotz göttlichen Beistands, selbst Verantwortung übernehmen musste. Weitsichtige Einsichten und meine angeborene Toleranz für Mitglieder anderer Glaubensrichtungen haben mir im Laufe der Jahre einen wohltuendem inneren Frieden beschert, den ich gerne mit vielen Menschen teilen möchte.

»Alle Epochen, in welchen der Glaube herrschte, unter welcher Gestalt er auch wollte, sind glänzend, herzhebend und fruchtbar für die Mitwelt und Nachwelt gewesen.« (Goethe)

Februar

Das Wirken der Welt vollzieht sich immer in Kreisen
Der Himmel ist rund, die Sonne und der Mond sind beide rund,
sogar die Jahreszeiten bilden einen großen Kreis in ihrem Wechsel.
Das Leben des Menschen ist ein Kreis – von Kindheit zu Kindheit.
(Black Elk)

Alles hat seine Zeit

Vor langen Zeiten lebte weit gegen Abend ein blutjunger Mensch. Er war sehr gut, aber auch über die Maßen wunderlich. Er grämte sich unaufhörlich um nichts und wieder nichts, ging immer still für sich hin, setzte sich einsam, wenn die anderen spielten und fröhlich waren, und hing seltsamen Dingen nach. Höhlen und Wälder waren sein liebster Aufenthalt, und dann sprach er immerfort mit Tieren und Vögeln, mit Bäumen und Felsen, natürlich kein vernünftiges Wort, lauter närrisches Zeug zum Totlachen. Er blieb dabei immer mürrisch und ernsthaft, ungeachtet sich das Eichhörnchen, die Meerkatze, der Papagei und der Gimpel alle Mühe gaben, ihn zu zerstreuen und ihn auf den richtigen Weg zu weisen. Die Gans erzählte Märchen, der Bach klimperte eine Ballade, die Rose schlich sich freundlich hinter ihm herum, kroch durch seine Locken und der Efeu streichelte ihm die sorgenvolle Stirn. – »Ja wo bist du denn wieder mit deinen Gedanken, ich lese und lese mir den Mund fransig und du hörst mir gar nicht zu«, ereifert sich jetzt Konrad so lautstark, dass Marie, die gerade gedankenverloren eine fragile Kumulus-Wolke betrachtet, vor Schreck fast von ihrem Baumstumpf fällt. »Ich wollte dich zu unserem heutigen Treffen mit meinem Lieblings-Märchen *Die Lehrlinge zu Sais* von Novalis überraschen. Mit dem jungen Mann Hyazinth kann ich mich ganz und gar identifizieren, deshalb habe ich dich auch von Anfang an mein Rosenblütchen genannt. Erinnerst du dich, Marie, das war im letzten Herbst, als dir unser guter Baumstumpf-Kumpel zum ersten Mal seinen alten Rücken reichte, damit du deine Hausaufgaben machen konntest, was dir ja dein

Stiefvater zu Hause verbietet«, versucht nun Konrad Maries Aufmerksamkeit zu gewinnen.
»Bitte sei mir für mein Abtauchen nicht böse, Konrad, ich bin seit gestern in großer Sorge um unseren guten Rabenfreund Jonathan. Er ist vor einigen Tagen, bei einem Besuch seiner neuen Liebesflamme, zufällig Zeuge einer geheimen Sitzung von Professoren und Laboranten geworden, die wohl gerade dabei waren, sich riskante, chemische Methoden auszudenken, ohne Rücksicht auf Menschenverluste, aber mit Aussicht auf große Geldgewinne. Und Konrad, stell dir vor, er ließ es sich einfach nicht ausreden, diesem Symposiom suspischios, wie er es nannte, noch mal hinterherzuspionieren. Nun ist er hier auf unserem geheimen Plätzchen schon seit zwei Tagen nicht mehr aufgetaucht. Übrigens, mein Spitzname Rosenblütchen, mit dem du mich rufst, ist Jonathan zu meinem 13. Geburtstag in diesem Jahr eingefallen, kannte er da dein Märchen schon?«
Mit diesen Worten lässt Marie ihre Schulbücher und Hausaufgabenheft in ihre geliebte grüne Schultasche, älteren Modells, abtauchen und zaubert eine selbstbestickte Tischdecke aus ihrem Weidenkorb.
Konrad kann bereits die wartende Brotzeit ausmachen. Der Nudelsalat mit Maries Curry-Spezialsauce und die Himbeer-Quarkspeise mit Holundergelee bringen ihn aber heute nicht von seinem Vorhaben ab, Marie sein Lieblingsmärchen vorlesen zu wollen – und er hat seine Gründe dafür.
»Lass mich die ganze Geschichte vorlesen, damit du dir ein besseres Bild von mir machen kannst«, bittet der junge Mann, seinerseits schon einundzwanzig Lenze zählend, seine reizende Seelenschwester. Marie hat es sich bereits in Schneidersitzpose gemütlich gemacht und so beginnt Konrad beglückt, mit dem Märchen fortzufahren:
»Hyazinths Eltern waren über ihren befremdlichen Sohn sehr betrübt. Sie wussten nicht, was sie mit ihm anfangen sollten. Er war gesund und aß, nie hatten sie ihn beleidigt, er war auch bis vor wenigen Jahren fröhlich gewesen, von allen Mädchen gern

gesehn, bei allen Spielen voran. Er war recht bildschön, sah aus wie gemalt, tanzte wie ein Schatz.
Unter den Mädchen war eine, ein köstliches bildschönes Kind, sah aus wie Wachs, Haare wie goldene Seide, kirschrote Lippen. Wer sie sah, hätte mögen vergehn, so lieblich war sie. Damals war Rosenblüte, so hieß sie, dem bildschönen Hyazinth, so hieß er, von Herzen gut und er hatte sie lieb zum Sterben. Die anderen Kinder wussten es nicht. Ein Veilchen hatte es zuerst entdeckt und es der Erdbeere im Vertrauen gesagt. Die sagte es ihrer Freundin, der Stachelbeere, die ließ nun das Sticheln nicht, wenn der schöne Hyazinth auftauchte. Und so erfuhr es bald der ganze Garten und der Wald und wenn Hyazinth ausging, so rief's von allen Seiten: Rosenblüte ist sein Schätzchen. Das ärgerte dann Hyazinth und doch musste er aus Herzensgrunde lachen, wenn sich das Eidechschen auf den warmen Stein setzte, mit dem Schwänzchen wedelte und für ihn sang.«
Da nimmt Konrad seine verehrte Marie in die Arme, setzt sich mit ihr auf den kühlen Waldboden und beginnt aus voller Brust zu singen:

> *Rosenblütchen, das gute Kind,*
> *ist geworden auf einmal blind.*
> *Denkt, eine Mutter sei Hyazinth,*
> *Fällt ihm um den Hals geschwind.*
> *Merkt sie aber das fremde Gesicht,*
> *Denkt nur an, da erschrickt sie nicht.*
> *Fährt als merkte sie kein Wort –*
> *Immer nur mit Küssen fort.*

Singt es und versucht zum Liedende einen Kuss auf Maries Mund zu drücken. Das hat gerade noch gefehlt. Es ist das erste Mal, dass er das wagt.
Seit Konrad und Marie vor einem guten Jahr einen Freundschaftsbund fürs Leben geschlossen haben, sind die Benimmregeln klar aufgestellt: Brüder- und schwesterlich füreinander

einstehen, Leid und Freud miteinander teilen und keine Geheimnisse voreinander haben. Marie sieht sich als angehende Braut Christi und will nach Beendigung der höheren Schule ein Nonnengewand anlegen und sich als Krankenschwester in den Dienst der Nächstenliebe stellen. Unsanft unterbricht sie den Schwerenöterversuch ihres besten Kumpels, springt auf und beginnt hastig mit der überfälligen Vorbereitung des Brotzeitplatzes.

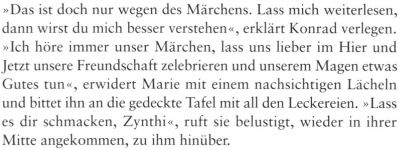

»Du bist mir aber einer, Konrad. Wenn das noch einmal passiert, sind wir geschiedene Leute, hast du gehört?«, bringt sie den errötenden Minnesänger zur Räson.
»Das ist doch nur wegen des Märchens. Lass mich weiterlesen, dann wirst du mich besser verstehen«, erklärt Konrad verlegen.
»Ich höre immer unser Märchen, lass uns lieber im Hier und Jetzt unsere Freundschaft zelebrieren und unserem Magen etwas Gutes tun«, erwidert Marie mit einem nachsichtigen Lächeln und bittet ihn an die gedeckte Tafel mit all den Leckereien. »Lass es dir schmacken, Zynthi«, ruft sie belustigt, wieder in ihrer Mitte angekommen, zu ihm hinüber.
»Aber ich muss ihr heute noch das Märchen ...«, flüstert Konrad in sich hinein.
»Zynthi, das gefällt mir, so werde ich dich in Zukunft nennen, vergiss dein Hya«, kreiselt es in Maries Kopf, während sie sich eine große Portion ihres delikaten Nudelsalats schmecken lässt.
»Ah, wie bald war die Herrlichkeit vorbei. Es kam ein Mann aus fremden Landen gegangen, der war erstaunlich weit gereist,

hatte einen langen Bart, tiefe Augen, entsetzliche Augenbrauen, ein wunderliches Kleid mit vielen Falten und seltsamen Figuren hineingewebt. Er setzte sich vor das Haus, das Hyazinths Eltern gehörte.« Nun ist es Konrad doch tatsächlich gelungen, nach der Mahlzeit Maries Interesse für das alte Märchen noch einmal zu wecken. Sie ist sogar gespannt wie ein Regenschirm, wie sie es vorhin genannt hat.

Und Konrad liest, was das Büchlein hält: »Nun war Hyazinth sehr neugierig und setzte sich zu dem fremden Mann und holte ihm Brot und Wein. Der Fremde erzählte bis tief in die Nacht und Hyazinth wich und wankte nicht und wurde nicht müde zuzuhören. Soviel man nachher vernahm, hat er viel von fremden Ländern, von erstaunlich wunderbaren Sachen erzählt und ist drei Tage dageblieben und mit Hyazinth in tiefe Schachten hinuntergekrochen. Rosenblütchen hat den alten Hexenmeister verwünscht, denn Hyazinth war nur noch auf seine Gespräche versessen, hat kaum Speise zu sich genommen. Endlich hat sich der fremde Mann fortgemacht und Hyazinth ein geheimnisvolles Büchlein dagelassen. Dieser hatte ihn noch einen weiten Weg begleitet und ist dann ganz tiefsinnig zurückgekommen. Von dieser Zeit an hat er sich aus Rosenblütchen wenig gemacht und ist immer nur für sich geblieben.«

In Maries hohe Stirn hat sich beim Zuhören eine kleine Falte eingegraben. »Diese Geschichte taugt mir nicht, ich habe plötzlich so ein laues Gefühl im Magen«, unterbricht sie Konrad mit leiser Stimme.

»Marie, ein solcher Mann mit bedrohlichen Augenbrauen hat mich auch belehrt und danach in tiefe Schachten mitgenommen. Wie es bei Hyazinth der Fall war, und das in jungen Jahren. Als er wie der fremde Mann weiterzog, kam wieder ein Mann des Wegs und zog mich in seinen Bann. Diesmal war es ein Lehrer. Ihm gehörte ich mit Haut und Haar.

Eines Nachts wurden wir von einem Soldaten der SS auf dem Heuboden unseres Bauernhofes überrascht, sofort verhaftet und in ein Lager gebracht. Das waren schreckliche Monate – und

dann dieser lange Marsch. Hast du überhaupt eine Ahnung, wovon ich spreche, warum ich dir mein Herz ausschütten möchte, meine junge Freundin? Ein ganzes Jahr habe ich auf diesen Moment gewartet. Mein großes Geheimnis, mein gelähmtes Bein. Ich habe dir so viel zu berichten, meine Kleine«, erzählt Konrad stockend.
»Dann warte eben noch eine Zeit, mein lieber Herzensfreund. Heute ist kein guter Seelenwaschtag, ein andermal gerne. Mein Kopf dröhnt von vielen neuen Impulsen. Dazu die Sorge um Jonathan, Stiefvaters schlechte Stimmung zu Hause. Das wird mir heute alles viel zu viel, Konrad«, beschließt Marie und ihre erschrockenen Augen sprechen Bände. Konrad begreift und nimmt seine zitternde Rosenblüte in die schützenden kräftigen Arme.
»Im Reich meines Vaters wird weder gefreit noch gibt es ein Begehren«, macht da der Rabe Jonathan endlich seine Aufwartung. Sein rechter Flügel scheint verletzt. »Gott grüß euch, meine Mitstreiter. Da hat euer alter Freund Jonathan mal wieder alle Schutzengel der Welt in ein Beschäftigungsverhältnis genommen. Ich habe für den langen Heimweg von Ast zu Ast drei Tage gebraucht. Na, die haben mir vielleicht eine über das Fell gezogen. Ich bitte dich, o heilige Dreifaltigkeit, hilf deinem Jonathan, dass ihm alle Schmerzen nachlassen, wie sie auch heißen mögen, vor allem, wenn sie von bösen Sachen herkommen, tetra granatum«, plappert er ununterbrochen, während er sich auf dem noch gedeckten Baumstumpf mühsam niederlässt und Schauerliches zu berichten weiß.
Maries Angebot, seinen ramponierten Flügel zu verarzten, schlägt er rüde aus und startet seinen Frontbericht mit einem bittenden Blick zum Himmel: »An Jesus von Nazareths Grab standen drei Rosen Freunde. Die erste war mächtig, die zweite war gütig und die dritte ist Gottes Will. Zornig Blut im Herzen, steh still, steh bloß still, im Namen des Gottessohnes. Hab ich eine Wut im Schnabel, Kinder.«
»Willst du uns nicht endlich berichten, was in dich gefahren ist?«, versucht Konrad nun das Ruder zu übernehmen.

»Was heißt hier gefahren, Bruder Konrad, blockieren! Das Blockieren von Enzymen führt zu Störungen beim Neutrontransmitter-Abbau und verhindert so eine Belegung von wichtigen Rezeptoren. Man stelle sich mal vor«, und jetzt wird Jonathan laut, »Bomben aus Dianisidinsalzen, Bromessigester, Phosgen, Diphosgen, Blausäure und Senfgasen. Gelbkreuz-Bomben mit Senfgas hat die Deutsche Wehrmacht 1917 zum ersten Male eingesetzt und jetzt, 1958, soll dasselbe in die Körper der Kranken gepumpt werden. Ich dreh durch, Freunde«, klagt er aufgebracht und nimmt jetzt endlich auf dem warmen Schoß seiner Freundin Marie Platz.

»Jetzt beruhige dich erst mal, das klingt ja alles sehr paradox«, meint Marie und schiebt ihm dabei ein saftiges Stück Wacholderschinken in den Schnabel.

»Was sagst du da, Marie, paradox, das ist nicht paradox, das ist die pure Wahrheit, para-arepo, ich schwöre beim Augenlicht unseres Himmelskindes, dass ein Mann an einem Pult mit hunderten von Zahlen stand und besorgt zu einer Männerrunde sagte: ›Noch haben wir durch die ersten Versuche mit diesem Kampfstoff eine viel zu hohe Todesrate.‹ Da sprang ein graugetünchter Kollege auf und meinte: ›Aber bedenken Sie bitte, meine verehrten Kollegen, dass wir durch diesen glücklichen Umstand über genügend Material für unsere subventionierte Knochenmarks-Forschung verfügen, und zwar kostenfrei, für unsere Abrechnungen natürlich kostenpflichtig, versteht sich.‹« Jonathan ist vor Aufregung auf dem Waldboden gelandet, sein angeknackster Flügel bereitet ihm höllische Schmerzen. Doch er muss einfach, von Marie wieder auf seine sichere Plattform gehievt, seine abenteuerliche Geschichte an seine Freunde bringen.

»Habt ihr das verstanden, Freunde? Dann meldete sich der nächste Kollege zu Worte: ›This side-effect wird die Hersteller-Firmen unserer neuen Chemotherapeutika-Präparate in eine bombige Stimmung versetzen, meine Kampfgenossen‹, und alle lachten wie ein Rudel hysterischer Hyänen«, berichtet Jonathan aufgebracht.

»Da gefriert einem ja das Blut in den Adern, das muss ich gleich morgen meinem Religionslehrer berichten. Der wird hören und staunen«, antwortet Marie und legt zärtlich ihr selbstgestricktes, hellblaues Angora-Jäckchen über ihren gefiederten Meisterspion.
»Wenn das nur nicht mal wieder eines deiner Märchen-Geschichten ist. Ich kann nicht glauben, dass unsere amerikanischen Retter und ritterlichen Gefährten diese Unmenschlichkeit dulden würden«, wirft nun Konrad seine Zweifel mit in das Gespräch.
Jonathan fühlt sich bei seinem Ehrenschlafittel gepackt. »Bei meinem großen Bruder Jesus Nazaremus. Woher, glaubst du, kommt mein gebrochener Flügel? Ich habe versucht, das bombige Gelächter mit meinen höchsten Krächz-Tönen zu übertrumpfen und begann vor Wut, die Glasscheibe des offenen Fensters mit meinem spitzen Schnabel zu demolieren. Das Fenster blieb ganz, mein armer Flügel wurde gequetscht, als der Redner mich erspähte und misstrauisch das Fenster zuwarf.«
Konrad bleibt skeptisch. Marie hat gerade ein passendes Birkenstöcklein entdeckt, mit dem sie den verletzten Flügel, ganz nach Großvaters Art, verarzten wird. »Dein Flügel schreit nach Hilfe, er muss geschient werden. Zum Glück beherbergt meine Schultasche noch eine Mullbinde, und Konrad wird mir assistieren«, versucht nun sie das heikle Thema zu wechseln.
Doch Jonathan bleibt bei seinem ungelösten Fall! »Rex Iudäorum, ein lebender Proband nach Dr. Goodmann, was heißt das? Über große Spendengelder wurde gesprochen, damit diese Medikamente zugelassen würden. Das habe ich mitgehört, aber den Namen der angepeilten Firma habe ich nicht verstanden«, beendet Jonathan betrübt seinen Bericht.
»Welch ein Glück, dass du einigermaßen heil zurückkehren konntest. Das war dir hoffentlich eine Lehre. Jetzt wollen wir nach Hause gehen und dort deinen Flügel schienen«, schlägt Konrad ruhig vor, während er schon mit den Aufräumungsarbeiten beschäftigt ist.

»Ja das ist gut, mein Freund. Du hast ja in der geräumigen Scheune meiner lieben Nachbarin schon seit Jahren ein warmes Plätzchen zugewiesen bekommen. Jetzt heißt die Parole Ausheilung, mein Seelenspezi«, ermuntert Marie ihren Rabenfreund, der sich auf ihren Arm hochgehangelt hat. Konrad hat alle Siebensachen gepackt und einem gemeinsamen Heimmarsch steht nun nichts mehr im Wege.

»Rex Iudäorum, diese Sache lässt mich nicht mehr los. Ich muss dieses Gebäude neben dem Kliniktrakt noch einmal inspizieren«, tönt Jonathan erneut von Maries Arm herunter.

Marie ignoriert ihn. Außerdem würde der gebrochene Flügel in nächster Zeit auch noch ein paar Takte mitzureden haben. Der mit Schultasche und Picknick-Korb bepackte Konrad will auf dem Nachhauseweg heute Maries freie Hand gar nicht mehr loslassen. In den nächsten paar Tagen würde sich bestimmt noch eine Gelegenheit finden, diesem sensiblen, auf seine Art heißgeliebten Mädchen die Geschichte von Hyazinth und der von einem geliebten Mann aufgezwungenen Trennung von Rosenblütchen, fertig zu erzählen. Hyazinth wurde auf die lange Suche nach seiner Isis, der Mutter aller Dinge geschickt und so von sei-

ner Herzensfreundin Rosenblütchen getrennt. Konrad wünschte sich nichts mehr, als den Rest seines jungen Lebens mit Marie verbringen zu dürfen. In ihrer Nähe fühlt er sich geborgen und im Nu senkt sich bei ihren Treffen eine befreiende Heiterkeit und Herzenswärme hernieder.

Marie war sehr gläubig und nachsichtig mit ihren Mitmenschen. »Jeder Mensch ist auf der Erde, um zu lernen und seine Seele zu regenerieren, damit diese ins Vaterhaus heimfindet«, hat sie bei ihrem Kennenlernen ganz selbstsicher gesagt. »Aber es gibt Seelen, die sind noch jung, ich nenne sie Kastor-Seelen. Sie müssen lernen und lernen und sich immer wieder inkarnieren, um zu reifen. Sie brauchen die Nachsicht und Vorbildfunktion von den lichteren Pollux-Seelen, denn sie wissen manches Mal nicht, was sie tun. Man muss ihnen vergeben. Aber wir wissen, was wir tun, Konrad, deshalb sind wir ja auch verantwortlich für das, was wir tun, sagt auch mein großer Beschützer Jesus Christus«, tauchen Maries Worte in Konrads Erinnerung auf. Jesus, Jesus, hier war er wieder sein großer Kontrahent. Wie gerne würde auch er Marie von seinem tiefen Glaubensbrunnen trinken lassen, der sich mit ihren sprudelnden christlichen Quellen bestimmt gut verbinden ließe, doch dafür ist noch genug Zeit. Er möchte ihr noch so vieles anvertrauen. Ihr gutes Herz, die Verlässlichkeit, die vielen fröhlichen Momente und tiefsinnigen Gespräche im ersten Jahr ihres Zusammenseins tun seiner wunden Seele so gut. Er liebt dieses Mädchen aus tiefstem Herzen und weiß dies auch von Marie tief erwidert.

Bis zu seiner schrecklichen Zeit im Konzentrationslager ist Konrad tief gläubig gewesen. Danach hat er den Glauben an Gott schlechthin verloren. Sein mit eingelieferter Lieblingslehrer Matthias, dem er sehr zugetan gewesen ist, hat ihn schon früher von seinem Gottes-Glaubensbildnis mit allen Mitteln zu entfremden versucht. In der Wahrnehmung seines Lehrmeisters war der Mensch nicht ein Geschöpf und Abbild Gottes, sondern selbst ein göttliches Wesen, das über die Kräfte des Kosmos zu herrschen im Stande sei, um zu einer Erleuchtung seines Bewusstseins und damit zu einer Transformation der Evolution zu gelangen. Für Konrad ist es mehr als tröstlich, Zeuge von Maries tiefer Frömmigkeit zu werden.

»Meine Gedanken gehen als Gebet zu Gott und seine Antwort kehrt zu mir zurück, wenn ich mich ganz still halte. Dann habe ich das Gefühl der Geborgenheit, ohne Wenn und Aber und vor allem ohne Warum. Ich will versuchen, meinen vorbestimmten Weg im Guten zu gehen und werde voller Vertrauen zusammen mit Jesus Christus mein Schicksal annehmen«, hört Konrad immer noch Maries Stimme und fühlt seine tränenbenetzten Wangen zärtlich von ihr gestreichelt. Und er erinnert sich, dass er damals aufgewühlt zu ihr gesagt hat: »Wenn es einen Gott gäbe, würde er das, was ich sehen und miterleben musste, nicht zulassen, Marie!« Da ist sein steifes Bein, das er dem Gewehrkolben seines Aufpassers verdankt und das ihn bei seiner schweren Arbeit auf dem Bauernhof stark einschränkt.

»Gott hat uns die Gnade der freien Willensentscheidung gegeben, er ist der größte Diplomat. Was wir säen, das müssen wir ernten, um zu wachsen. Weißt du, was mein über alles verehrter Kaplan gestern zu uns gesagt hat? Wer für die Menschen ist, ist für Gott. Das bedeutet, nicht ich bin, sondern wir sind eine Gemeinschaft«, tauchen Maries damalige Worte in Konrads Rückblende auf, während sich die kleine Truppe immer noch auf dem Heimweg befindet.

Konrad hat nach seinen heutigen intimen Geständnissen beschlossen, seine junge Freundin nicht mehr weiter mit nachhaltigen Details aus seinem Leben zu belasten. Eine Überraschung der besonderen Art hat er sich für seinen Tagesabschluss vorgenommen und nun bittet er die vor sich hin sinnende Marie um eine kleine Ruhepause unter einem blühenden Lavendelbusch. Konrad nimmt Marie ganz fest in die Arme, pflückt einen duftenden Lavendelzweig, um sie daran schnuppern zu lassen. Er küsst sie zart auf ihre errötende Wange.

»Weit, weit bin ich gegangen, bis ich dich gefunden habe. Lass uns nie mehr verloren gehen, mein geliebtes Isischen. Bitte warte

auf mich, denn in ein paar Tagen muss ich, vielleicht für eine längere Zeit, in das Krankenhaus der großen Stadt. Ich muss mein Bein operieren lassen. Marie und Jonathan, ihr sollt Folgendes wissen. Hier unter diesem Lavendelstrauch haben wir am 25. April 1945 meinen geliebten Lehrer Matthias zusammen mit meiner Mutter Ruth begraben müssen. Wir waren mit hunderten von Lagerinsassen auf dem letzten Marsch, dem Todesmarsch, wie sie es später nannten. Priester, Juden, Homosexuelle, Sinti- und Roma-Familien, Kommunisten und fahrende Schauspieler, auf einem Marsch, der uns Richtung Süden nach Österreich führen sollte, bevor die anrückende amerikanische Armee zur Befreiung einschreiten konnte.
Dein Stiefvater Alfons war auch mit auf diesem Marsch, Marie. Ich habe ihn gut gekannt. Er hat sehr viel mitmachen müssen, war immer hilfsbereit und hat sein letztes Brot mit uns geteilt«, erzählt Konrad, während er sie in seinen Armen wiegt.
»Genauso war er in der ersten Zeit, als er zu uns gekommen ist. Alle Dorfbewohner haben ihn gemocht wegen seiner Großzügigkeit und Freundlichkeit. Seit er seit einem Jahr an einem großen, schmerzhaften Magengeschwür leidet, wird er immer ungerechter und verwirrter im Kopf. Von meinem Deutschlehrer, dem ich die höhere Schule verdanke, weiß ich um seine traurige Geschichte. Ich habe sehr viel Mitleid mit ihm. Wie du weißt, Konrad, darf ich ja meine Schulbücher nicht auspacken, meine Hausaufgaben nicht zu Hause machen. In diese Schule gehen zu dürfen, ist für mich wie ein Geschenk des Himmels. Ich habe gelernt, während des Unterrichts wie ein Haftelmacher aufzupassen, so sagt meine Mutter immer, ich kann mir alles merken, schreibe nur beste Noten und die schriftlichen Aufgaben werden in meinem Freiluft-Büro abgewickelt. Hier an diesem Platz sind wir uns im letzten Sommer begegnet. Weißt du noch, Jonathan, wie ich wie ein aufgescheuchtes Rehlein vor ihm davongelaufen bin vor Angst – querbeet durch die Himbeersträucher. Das dauerte eine Weile, bis diese Narben verheilten.«

Doch Jonathan hört sie nicht mehr. »Christus gebietet, Christus überwindet, ein großes Geheimnis mit sich führt, das keiner begreifen kann«, brabbelt er träumend, in Maries Jacke eingekuschelt, vor sich hin. Um Konrad ist es ganz still geworden. Während sie spricht, hat er seine Augen geschlossen und seine Arme ganz fest um sein Rosenblütchen geschlungen. »Ich liebe dich, Marie, du bist mein Ein und Alles. Auch du bist ein Geschenk vom Himmel. Willst du meine Frau werden? Mit dir werde ich Kinder haben, vertrau mir«, flüstert er zärtlich in Maries Ohr.

»Und du bist mir Bruder, Vater, Mutter und Freund in einem geworden. Ich möchte mit dir leben, lachen und weinen, Konrad. Natürlich müsste mein Freund Jesus auch mit uns einziehen und Jonathan und meine Katzenkinder und meine Hundedame. Dann können wir eine Familie gründen und sieben Kinder haben, mein Liebster«, antwortet Marie und gibt Konrad zärtlich den ersten freiwilligen Kuss ihres jungen Lebens.

So sind drei lange Monate ins Land gegangen. Eine dichte Schneedecke hat sich schützend über die schlafende Natur gebreitet. Maries Baumstumpf-Büro ist unter einer Schneewehe versunken, als sie versucht, ihren Eichhörnchen, wie jedes Jahr, eine große Nussration zu deponieren. Trockenes Brot und einen Sack mit Sonnenblumenkernen für viele hungrige Vogelschnäbelchen kann sie im Bauch einer frisch erbauten Futterkrippe gut sichtbar platzieren.

Mit rotgeweinten Augen sucht Marie die schneebedeckte Lichtung nach Konrads Fußspuren ab. Er ist spurlos aus ihrem Leben gegangen.

Seit dem Abschiedskuss hat sie kein Lebenszeichen mehr von Konrad erhalten. Er hat sie gebeten, ihn auf keinen Fall im Krankenhaus zu besuchen. Er wolle ihr nach seiner Operation sofort

eine Nachricht zukommen lassen. Das hat er hoch und heilig versprochen. Der Bauer hat schon nach einigen Wochen einen neuen Knecht aus Jugoslawien eingestellt. »Ich nix kennen Konrad, nix kommen zurück, Arbeit mir gehören, nix ist mit Konrad«, radebrechte dieser an der verstörten Marie vorbei und auch der Bauer rückte mitnichten etwas heraus.
»Wird schon wieder heimganga sei mit seim kaputtn Fuass, da Bua. Is vielleicht g'scheiter. Dia kon doch des wurscht sei, Madl, du host'n doch gar ned kennt. Wenn er ned mit mia g'arbat hod, wara imma bei meim Weib Anna drin. Hod se ja aus dem weiblichn G'schlecht gar nix g'macht, wennst woast, wos i moan, Mari. Hod imma g'schriebn und g'lesen, des war a ganz a Gscheita. Den hod ma einfach gean hob'n miass'n. Aba jetz hoid uns ned weida von da Arbat ob.« Damit verschwindet er geschwind im Stall.
»Ja, das war ein netter Kerl, der Konrad, den haben die Madln immer gern gesehn. Wenn er nur nicht so andersherum gewesen wär. Ist vielleicht ins Gefängnis kommen?«, faselt die Krämersfrau bei Maries Nachfrage über den Ladentisch.
Maries Welt ist zusammengebrochen. Sie kann und will nicht glauben, dass Konrad sein Versprechen, ihr Nachricht zu geben und wiederzukommen, gebrochen hat. Auch Rabe Jonathan ist seit zwei Wochen von einer Tages-Exkursion nicht mehr zurückgekehrt. Sein lädierter Flügel war wieder einsatzfähig und Marie wird den Verdacht nicht los, dass sich der passionierte Detektiv, trotz seines Versprechens, es bleiben zu lassen, wieder an den Ort des Geschehens aufgemacht hatte. Das mysteriöse Human-Bomb-Project hat ihm tagelang den Schlaf geraubt. Marie ist untröstlich. Sie konzentriert sich in dieser schweren Zeit auf ihre Schule. Ihr verehrter Religionslehrer und Mutter Agnes erweisen sich als sichere Ladefläche für Maries schwermütigen Herzensballast. Nur sie sind in den Freundschaftsbund der beiden eingeweiht. Stiefvater Alfons ist seit ein paar Wochen sehr in sich gekehrt und wirkt traurig, ohne sich darüber auszulassen, auch nicht bei seiner Frau.

Marie findet bei den täglichen Gebeten in der Kirche der Karmeliterinnen viel Trost. Nachdem sie heute von ihrem Schulbus abgesetzt wird, sucht sie die Kirche auf, die unmittelbar an den Friedhof ihres alten Schulortes anschließt. Der wundervolle Gesang der Nonnen und die weihrauchumflorte Stille in der kleinen Klosterkirche tun ihrem schweren Herzen gut.
»Lieber Gott, ich lobe dich. Bitte erhöre mein Flehen und lasse mich wissen, wie es um Konrad, den angehenden Vater meiner Kinder, steht«, betet Marie wie jeden Tag zu ihrem Schöpfer hinauf. Sie spürt heute keinen Trost. Nicht ein Quäntchen Licht kann in ihrer Seele Platz nehmen, die sich schwer und fast bleiern anfühlt.
Die Stille wird plötzlich durch das Läuten der Totenglocke vom anliegenden Friedhof unterbrochen. Ein Trauerzug hat sich zu einem großen Familiengrab vor dem Fenster der Klosterkirche auf den Weg gemacht. »Versorgt die vergängliche Hülle, doch verzaget nicht, man ist heimgekehrt in Frieden und tiefes Erkennen und Erleben werden auf den Menschen warten«, dringt die Stimme des alten Priesters, der in den Hauptschuljahren Maries Vertrauter geworden war, an ihr Ohr. Als die kleine Trauergemeinde auf das geöffnete Grab zusteuert, glaubt Marie ihren Augen nicht zu trauen. Der neue jugoslawische Knecht des Großbauern taucht hinter dem Sarg auf, zusammen mit seinem Chef, dem Großbauer Franz, dessen drei Kindern, aber ohne Ehefrau Anna, die für Marie im Laufe der Jahre eine große Herzensfreundin geworden war. O Gott, die Bäuerin, meine arme Anna, durchzuckt es Marie und verursacht einen schmerzhaften Riss in ihrem Herzen. Plötzlich tritt Stiefvater Alfons ganz alleine mit abwesendem Blick an das Grab der Familie. Frisch rasiert macht er in seinem schwarzen Anzug, dessen Hose viel zu kurz geworden ist, einen wirklich guten Eindruck. Warum ist nur ihre Mutter Agnes nicht mitgekommen, warum hat man sie selbst nicht eingeweiht? Marie läuft so schnell sie kann über den hinteren Teil des Friedhofs, um noch einen schönen Strauß mit wilden Rosen, die an der Friedhofsmauer blühen, für die Bäuerin zu

pflücken. Alfons macht der verstorbenen Bäuerin seine Aufwartung. Auch er hat nach seiner Lagerentlassung eine gute Weile auf dem Hof des Großbauern arbeiten dürfen und hat auf die rechtschaffene Bäuerin, wie so viele andere Mitmenschen auch, immer große Stücke gehalten. Es sind nur eine Handvoll Leute gekommen, um Anna die letzte Ehre zu erweisen, das ist ja wieder mal typisch Mensch, resümiert Marie und stellt sich mit zitternden Knien und feinem Rosensträußchen an das hintere Ende der Kondolenzreihe. Gerade wird Annas Sarg in die Grube hinuntergelassen. »Doch sage den Menschen, sie mögen in ihrer Trauer und in ihrem Kummer über einen Verlorenen bedenken, niemand ist verloren und einer wird den anderen und alle werden einander – so ihre Straße gut gebauet – in der endgültigen Bleibe wiedersehen und sich wieder erkennen. Sie werden in der tiefen Verbindung von einst sein, sich lieben und verstehen«, predigt der alte Pfarrer und findet plötzlich seine Ex-Lieblingsschülerin frierend und in Tränen aufgelöst am Ende der Reihe vor. Stiefvater Alfons hat Marie nicht bemerkt, auch nicht, als er nach seinem letzten Weihwassergruß ohne sich umzuschauen den Friedhof verlässt. »Mia zwoa warn wia aus oam Guss. Des hob i mir ned nehma lass'n, füa diese letzte Ehre zum sorgn. Wenn's jemand vadient hod, dann wars so a wundabara Mensch, aba jetzt geht's auf zum Leichnschmaus, Herr Pfarrer«, bestimmt jetzt der Großbauer, gibt den Sargträgern ein gutes Trinkgeld und schlägt mit seinem Angestellten den direkten Weg ins Wirtshaus ein. Von Marie nehmen beide keine Notiz, obwohl man sich ja sehr gut kennt.
Die armen Kinder, die jetzt mit diesem Grobian leben müssen, geht es Marie durch den Kopf. »O Herr, gib ihr die ewige Ruhe und ganz viel Frieden«, betet sie ganz intensiv in sich hinein und wirft mit ihrer Schaufel drei Häufchen Erde auf den Sarg der Verstorbenen.
»In Ewigkeit, Amen«, beschließt der alte Priester, der Marie schon seit Jahren ganz fest in sein Herz geschlossen hat. Zu seiner Zeit als Religionslehrer hat er seiner Schutzbefohlenen in der

Sonntagsmesse die Lesung der Briefe der Apostel anvertraut. Schon damals hatte er sie zur Niederschrift ihrer phantasievollen Geschichten ermuntert. Seine Köchin, die jetzt in einem Altenheim lebt, hat an Marie einen ganz besonderen Narren gefressen.

Als sich Marie noch einmal bückt, um den Pinsel für das Weihwasser hochzunehmen, streift ihr Blick das hölzerne Kreuz, das die Sargträger gerade in die Erde zu stemmen versuchen. »Hier ruht in Frieden Jakob Rosenblatt«, sticht es plötzlich in großer, geschwungener Schrift in ihre Augen.

»Herr Pfarrer, da liegt ja gar nicht die Außer-Bäuerin drin, aber das ist doch deren Familiengrab?«, fragt Marie mit zitternder Stimme.

»Weißt du, Marie, da liegt der Konrad, der ehemalige Knecht vom Bauern Franz drin, den der so gern gehabt hat wie einen eigenen Sohn. Den Konrad, den kennst du bestimmt nicht. Der war schon über zwanzig Jahr, so gar nicht dein Jahrgang, Marie. Jakob Rosenblatt war sein richtiger jüdischer Name. Das sollte nur keiner wissen, denn er war schwer traumatisiert von seiner Zeit im KZ. Bei mir hat er immer die Beichte abgelegt. Seinen Fuß haben sie ihm abgenommen und dann hat er Knochenmarkkrebs bekommen, haben die Ärzte im Krankenhaus gesagt. Sie haben ihn mit einer neuen Chemotherapie behandelt, eine nach der anderen. Er ist gar nicht mehr aus dem Krankenhaus herausgekommen, hat ja so leiden müssen. Immer hat er von einem Rosenblättchen gesprochen, zu dem er hin muss. Hat mir auch Briefe für sie mitgegeben, sind alle noch bei mir zu Hause. Passen Sie mir nur auf das Kind auf, hat er mir immer wieder gesagt. Ich muss noch weit gehen, bis ich wieder zu ihr kommen kann. Der hat ja gar nicht mehr gewusst, was er sagt, Marie. In meinen Armen ist er gestorben. Hat immer nach seinem Rosenblättchen gerufen. Der hat ja so viel Morphium bekommen. Der war ja gar nicht mehr bei sich. – Was ist denn los mit dir, Marie, du bist ja weiß wie die Wand?«, sagt er verdutzt, als Marie plötzlich in seine Arme sinkt.

Keuchend trägt er das bewusstlose Mädchen durch den Garten auf die Tür des Pfarrhauses zu, um sie in seine warme Stube zu bringen und gleich einen Arzt zu verständigen.
»Meine Berge leuchten wieder, menschenfern und nachtbetaut. Atme wieder Heimatodem, meine Wälder rauschen laut.« Auf dem unteren Ast des schneebedeckten Fichtenzweiges singt der herbeigesehnte Rabe Jonathan, arg zerrupft und abgemagert, aber wieder in heimlichen Gefilden. Zwei Wochen in Gefangenschaft. Man hat ihn bei seinem letzten Aufklärungsflug eingefangen und im Rahmen eines Dezimierungs-Programms für Krähen und Tauben zum Probanden degradiert. Durch Kollaboration mit einer Putzfrau konnte er, zusammen mit einer jungen, gefiederlosen Taube, die sich hinter ihm versteckt hält, einem Käfig im Laborsaal des Instituts entkommen. Diese Aufregung um Marie hatte ihm gerade noch gefehlt.
»Ich warte auf dich, hab keine Sorge. Wir gehen nur aufwärts, dahin, wo wir beide hergekommen sind. Ich liebe dich, Marie«, hört sie wie im Traum.
»Ich dich auch, mein geliebter Zynthie«, antwortet Marie mit geöffneten Augen, die noch immer starr auf den heimgekehrten Jonathan gerichtet sind. Dieser ist aus früheren Zeiten ein alter Bekannter des Pfarrhauses und darf natürlich, sein Turteltäubchen im Gefolge, gleich mit in die warme Stube. War doch klar wie Kloßbrühe, wie Herr Pfarrer das heute zu sagen pflegt. Auch das Täubchen nützte die Gunst der Stunde und sitzt bereits artgerecht auf der Schulter des Herrn Hochwürden. Der Rabenvogel hat sogleich, probatum, seinen angestammten Platz auf dem warmen Bauch der geschwächten Marie eingenommen. Nur langsam gelingt es ihm, ein erstes erfrorenes Lächeln in Maries Antlitz zu zaubern.

»›Grüßt Rosenblütchen, ich hätte sie gerne gesprochen, ich weiß nicht, wie mir ist, es drängt mich fort, wenn ich an die alten Zeiten zurückdenken will, so kommen gleich mächtigere Gedanken dazwischen. Die Ruhe ist fort. Herz und Liebe mit. Ich muss sie suchen gehen. Ich wollt euch gern sagen, wohin, weiß es aber selber nicht. Dahin, wo die verschleierte Jungfrau, meine weibliche Göttin Isis wohnt. Rosenblütchen muss ich verlassen und die Mutter der Dinge suchen gehen. Das hat mein kluger Freund gesagt. Dieser große Lehrer hat mein Gemüt entzündet und mich allem entfremdet.‹
Hyazinth reißt sich los und geht fort. Seine Eltern wehklagen und vergießen Tränen. Rosenblütchen bleibt in ihrer Kammer und weint bitterlich. Hyazinth läuft durch Täler und Wildnisse, über Berge und Ströme, dem geheimnisvollen Lande zu. Überall fragt er nach der geheimnisvollen Göttin Isis. Manche lachen, manche schweigen, nirgends erhält er Bescheid. Am Anfang kommt er durch raues, wildes Land. Nebel und Wolken werfen sich ihm in den Weg. Es stürmt immerfort. Dann findet er unansehnliche Sandwüsten, glühenden Staub, und wie er wandelt, so verändert sich auch sein Gemüt. Die Zeit wird ihm lang und länger, die innere Unruhe legt sich und er wird sanfter und sanfter.«
Marie liest konzentriert aus ihrem schon leicht zerfledderten Novalis-Büchlein ihrem Freund Xavier vor, mit dem sie schon seit einigen Jahren eine platonische Liebe verbindet. Über die Weihnachtszeit stattet er, in jährlichem Turnus, seiner Freundin in ihrem Familien-Frauenrund einen längeren Besuch ab, der alle glücklich macht, aber Marie immer gedankenverloren zurückließ.
»Es ist schon spät. Die Zeit drängt, Xavier, wir müssen pünktlich zur Beerdigung eintreffen. Morgen werde ich dir das Märchen von Hyazinth und Rosenblütchen zu Ende lesen. Nun sind schon fast dreißig Jahre ins Land gegangen, seit diese romantischen Zeilen, zusammen mit den unvergesslichen Briefen Konrads, wieder in meinen Besitz übergegangen sind. Ich habe sie

gehütet wie meinen Augapfel. Was für eine Fügung des Schicksals, dass wir heute die Gebeine von Konrads Mutter Ruth und seinem großen Lehrmeister Matthias zur letzten Ruhe betten dürfen. Hab ich das nicht gut gemacht mit meinem fingierten Menschenknochenfund? Der Bürgermeister kann nun nicht mehr ausbüxen und heute werden auch die beiden nächsten Angehörigen von Jakob zur letzten Ruhe gebettet. Du glaubst ja gar nicht, wie glücklich mich das macht, Xavier«, bemerkt Marie mit einem zärtlichen Ton in ihrer Stimme, während sie in ihren Mantel schlüpft.
Doch Xavier, der in diesem Moment ein altes Foto betrachtet, macht noch keine Anstalten. »Das wunderschöne Gesicht Jakobs mit den tiefen, meergrünen Augen berührt mich tief. Es ist mir, als kenne ich ihn seit Jahren, als wären wir Brüder. Lass mich die Geschichte von Hyazinth laut fertig lesen. Wir sind noch gut in der Zeit«, erwidert er sanft.
Marie stellt den duftenden Lavendelstock für Ruths angehendes Grab noch einmal auf den Boden zurück und Xaviers wohlklingende Stimme füllte den Raum:
»Nun wurde die Gegend auch wieder reicher und mannigfaltiger, die Luft lau und blau, der Weg ebener, grüne Büsche lockten Hyazinth mit anmutigen Schatten, aber er verstand ihre Sprache nicht, sie schienen auch nicht zu sprechen, und doch erfüllten sie sein Herz mit grünen Farben und kühlem stillem Wesen. Immer höher wuchs eine Sehnsucht in ihm, und immer breiter und saftiger wurden die Blätter. Immer lauter und lustiger die Vögel und Tiere, balsamischer die Früchte, dunkler der Himmel, wärmer die Luft und heißer seine Sehnsucht. Die Zeit ging immer schneller, als sähe er sich nahe am Ziele. Eines Tages beggnete er einem kristallenen Quell und einer Menge Blumen in einem Tal zwischen schwarzen, himmelhohen Säulen. ›Liebe Landsleute‹, sagte er. ›Wo find ich wohl den geheiligten Wohnsitz der Isis? Hier sollte er sein und ihr seid vielleicht hier bekannter als ich.‹ ›Wir gehen nur hier durch‹, antworteten die Blumen. ›Eine Geisterfamilie ist auf dem Weg

und wir bereiten ihr Weg und Quartier. Vor kurzem sind wir durch eine Gegend gekommen, da hörten wir den Namen deiner Isis nennen. Gehe nur aufwärts, wo wir herkommen, dann wirst du schon mehr erfahren.‹ Hyazinth folgte ihrem Rat, frug und frug und kam endlich zu jener längst gesuchten Wohnung, die unter Palmen und anderen köstlichen Gewächsen versteckt lag. Sein Herz klopfte in unendlicher Sehnsucht und die süßeste Bangigkeit durchdrang sein Herz in dieser Behausung der ewigen Jahreszeiten. Er traf einen alten graubärtigen Mann. Dieser führte ihn durch unendliche Gemächer voll seltsamer Sachen, auf lauter reizenden Klängen und in abwechselnden Akkorden. Es dünkte Hyazinth alles so bekannt und doch von nie gesehener Herrlichkeit. Jetzt hast du sie gefunden, sagte der Alte geheimnisvoll und plötzlich stand er vor der Jungfrau. Er hob den leichten, glänzenden Schleier und das gute alte Rosenblütchen sank in seine Arme. Eine ferne Musik umgab die Geschehnisse des liebenden Wiedersehens und schloss alles Fremde von diesem entzückenden Orte aus.«

Für einen Moment herrscht Stille. »Nun, wenn das kein Happy End ist«, witzelt Xavier, während der feine Kamelhaarmantel schwungvoll auf seine Schultern drapiert wird. »Dann lass uns jetzt mal fix unseren entzückenden Ort verlassen.« Damit zieht er Marie zum Auto.

Während der Fahrt zieht Marie die alten Märchenseiten aus ihrer Tasche und gibt Xavier belustigt die letzten drei Zeilen zum Besten, die von ihm vorsorglich ausgelassen worden sind:

»Hyazinth lebte nachher noch lange mit Rosenblütchen unter seinen frohen Eltern und Gespielen und unzählige Enkel dankten dem wunderlichen alten Mann für seine ortskundige Führung.«

»Dritter Frühling hin oder her. Dazu wärst du mit deinen siebenundvierzig Jahren vielleicht schon ein wenig zu alt, mein verwelkendes Rosenblütchen. Will sich unsere Spezies Homosapi-Isisus leibhaftig in einem eigenen Kind verewigen, empfiehlt sich ein weibliches Geschöpf, das jung und biologisch gut in

Schuss ist«, gießt Xavier zielbewusst einige bittere Tropfen in das offene Herz seiner Lebensgefährtin.
»Nun mach dir mal nicht in die Hosen, alter Zyntherich«, kontert sie mutig. »Mein Mütterlein hat ja unsere ›Liaison speziale‹ ohne Wenn und Aber abgesegnet. Deine vermeintlich frohen Eltern sind schlicht und weg ein Trugschluss. Unsere unzähligen kreativen Ergüsse werden weiterhin für Hyazinths unzählige Enkel stehen. Verbleiben also noch summa summarum deine unzähligen, frohen Gespieleriche, denen wir ja in unserem platonischen Partnerschaftsvertrag ganze Inseln und Säulenhallen eingeräumt haben.« Damit versucht Marie ihren Herzschmerz zu überlisten.

»Ich werde noch weit aufwärts gehen müssen, bis unsere Wege sich wieder vereinen, Jakob Rosenblatt. Und gehen werde ich, solange meine Seele nach dir sucht«, gibt Marie ihrem Seelen-Animus Konrad an der letzten Ruhestätte seiner Mutter Ruth ihr heiliges Versprechen.

Ingwer (*Zingiber officinale*)

»Was sind das für außergewöhnliche Blumen? Die dreizähligen Blütenkelche so imposant in Rosarot mit gezackten dunkelroten Rändern versehen. Die hohen Stiele sehen aus wie junge Storchenbeine!« Das war wieder eine Augenweide für mich und Entdeckung von Neuland, das ich auf Columbus' Spuren in den Gartenanlagen meines Großvaters aufgestöbert hatte. Sommerferien hatten sich in den Kalender eingetragen, und zwar im Vollzeitturnus. Opa und Oma, Tante, Onkel, Cousaren und Cousine hatten mit einem eindeutigen Ja abgestimmt und damit war für mich eine Auszeit vom dörflichen Leben beschlossene Sache. Opa war zufrieden, seiner interessierten, nun schon vierzehnjährigen Enkelin ein seit Kindertagen angefangenes ABC der Gartenlust Schritt für Schritt weiter beizubringen. »Das ist eine Ingwer-Pflanze, Zingiber officinale genannt, die sich bei mir im herbstlichen Garten noch sehr wohlfühlt. Leider ist sie nicht frostsicher und muss im Gewächshaus überwintern. Seit Ende August konnte ich schon mit der Ernte ihrer Rhizome beginnen«, lobte er die Familie seiner Lieblings-Gewächse. Auch die Gelbwurzel, aus der man das Kurkuma gewinnt, fand hier Anerkennung. Für den Galgant-Genossen, ebenfalls eine dem Ingwer verwandte Wurzel-Spezies, hegte Opa eine besondere Vorliebe. Ritter Galgant spielte den Hoflieferanten für seinen fetzigen selbstgebrauten, selbst gern getrunkenen Ratzebutz-Schnaps.

»Was sind denn Rhizome«, fragte ich, während Großvater eine schöngewachsene Ingwerwurzel erst ehrfürchtig bestaunte und dann kurzerhand anschnitt, um den austretenden Saft in kreis-

Glaube

Imagination

förmigen Bewegungen auf meinem Handgelenk zu verreiben. »Das erfrischt deine Haut und beschwingt deinen Puls. Am Kieferende aufgetragen, beschert diese heilsame Essenz eine reinigende und durchblutungsfördernde Wirkung für deine Lymphdrüse, Marie. Und Rhizome nennt man die zylindrisch gebogene Stammwurzel, von der ab die Seitensprossen geerntet werden«, dozierte er, während sich meine Teenie-Nase gerade unsterblich in das frisch aufsteigende Ingwer-Aroma verliebte.
»Das wird mein neues Parfüm«, schwärmte ich.
»Diese duftende Wurzel ist durch das enthaltene ätherische Öl Oleoresin und einem Gingerol-Harzsäure-Extrakt in der Lage, sogar hämmernde Kopfschmerzen in den Ruhestand zu schicken. Man reibt dazu die betroffene Schläfenseite ein. Ja, und zu guter Letzt macht der hohe Vitamin-C-Gehalt, die Magnesium-, Eisen-, Calcium-, Natrium- und Kalium-Beimengungen dieses sprichwörtliche Lebensmittel zu einem wahren Wundertäter«, gab mir Großvater wieder eine Lektion mit auf den Lebensweg. Bis zum heutigen Tage genieße ich meine Leidenschaft für Ingwer und seine Artverwandten mit Leib und Seele.

Erst nach meinem Landgang vor ein paar Jahren gelang es mir, gekaufte Ingwer-Stammwurzeln selbst zu vermehren. Größere Wurzelteile schnitt ich, wie mir damals angeraten, in 3–5 cm große Stücke und steckte sie mit der Schnittfläche nach unten in eine saftige Blumenerde. Ein kleines Köpfchen sollte noch herausspitzen. Viel Sonne und fleißiges Gießen für das Freiland, außerdem warme, feuchte Haltung in einem Gewächshaus für die zweite, spätere Bepflanzung, in Kombination mit einer großen Prise Herzenslicht, wurden belohnt. Nach acht Monaten konnte ich die ersten Jungtriebe auf meiner Küchenreibe zu Ingwermus verarbeiten, zartgrün und würzig, zum Niederknien! Huhn-, Fisch-, Lamm- und Meeresfrüchte-Gerichte, mit frischem Ingwermus beglückt, lassen wahre Gaumenfreuden erleben. Die reiferen Wurzel-Semester, die sich nach 10–12-monatiger Wachstumsphase durch intensivere Schärfe auszeichnen, kann man zu

Februar

würzigem Pulver, anregendem Chutney und geheimnisvollen Marmeladen verarbeiten. In feinste Scheiben geschnitten und in süßsaurer Marinade aus Essig und braunem Zucker eingelegt, entsteht eine mundende Sushi-Beilage, in Indien auch Gari genannt. Süffiges, selbstgebrautes Ingwer-Bier eines Freundes rann schon in den sechziger Jahren meine Kehle hinab, konnte aber dem guten alten Gingerale mit Bourbon-Whiskey, ein Highlight unser damaligen Disco-Besuche, nicht den Rang ablaufen. Kandierte Ingwerstücke überraschen als Aphrodisiakum und bescheren einen besonderen Gaumenkitzel. Vielleicht als Mitbringsel für ein Rendezvouz?

Hier noch ein heißer Tipp, den eine Fernsehärztin bei einer privaten Sause zum Besten gab. Die Königin von Saba stellte ihrem Dauergeliebten König Salomon vor jeder körperlichen Vereinigung drei komplizierte Fragen, die er richtig beantworten musste, um wieder in den Tunnel seines Verlangens vordringen zu dürfen. Das hielt ihn bei der Stange und bescherte der Frau Königin wohldurchdachte Auszeiten. Nach Lösung schwerster mathematischer Berechnungen brachte die Königin mit Hilfe einer angeschnittenen, saftigen Ingwerwurzel die erschlaffte Wurzel ihres Geliebten wieder zum Blühen. Die kreisenden Bewegungen spielten dabei wohl eine wichtige Rolle. Die genaue Stelle bleibt nun Ihrer Phantasie überlassen, meine Damen.

Von den pazifischen Inseln über Australien, Indien, China bis nach Südamerika auswandernd, hat der aufregende Weltenbummler Ingwerius schon seit dem 9. Jahrhundert den deutschen Sprachraum erobert. Peu à popo sozusagen. Neben seinen kulinarischen Wundertaten hatte er sich schon bei großen Weltumsegelungen als Heiler einen Namen gemacht und gar mancher renitenten Seekrankheit erfolgreich die Stirn geboten. Auch bei unruhestiftenden Bakterien des Magen-Darm-Trakts genießt der antiseptische Tausendsassa einen Ruf wie Donnerhall. Mit Kopfweh und rheumatischen Gelenkschmerzen nimmt es der Weitgereiste locker auf.

Im Notizbüchlein meines medizinischen Lehrherrns über Traditionelle Chinesische Medizin, der er sehr zugetan war, findet man ein interessantes Rezept, das ich meinen Lesern nicht vorenthalten möchte:

Ein gehäufter Esslöffel voll feingeriebenem Ingwer wird in ½ Liter Wasser, zusammen mit einem Teelöffel Olivenöl, etwa 5 Minuten aufgekocht, von der Platte genommen und noch ein paar Stunden ziehen gelassen. Man gibt die Flüssigkeit durch einen Filter und füllt diese in zwei ausgekochte, sterile Flaschen. Nach einer zärtlichen Reinigung der zu behandelnden Hautfläche mit neutraler Kernseife trägt man die Essenz über Nacht mit einem Wattebausch auf die verstimmten Stellen auf. Eine kon-

stante Anwendung bei Haut-Ekzemen und allergischen Ausschlägen wird bald durch einen überraschenden Heilungsprozess belohnt werden.
Diese selbstgemachte Mixtur inwendig eingenommen, 3 x tgl. ein kleines Schnapsglas voll, schützt bei Brechreiz und steigert auch die Gallensaftproduktion, vor allem nach einem ausladenden Mahl empfehlenswert. Zu einem kostengünstigen Stimulans der Körpersäfte, als Side-effect gehandelt, werden wir wohl nicht nein sagen – womit wir wieder in Königin von Sabas Gefilden angekommen wären. C'est la vie!

Frau Holles goldener Gewürztraum
Erbsensuppe mit Ingwermus

für 4–6 Tassen

200 g Erbsen, getrocknet	600 ml Hühnerbrühe
20 g Butter	1 kräftiger Schuss Weißwein
1 TL Kurkuma, gemahlen	$1/2$ EL Ingwermus, gerieben
1 TL Korianderkörner, zerstoßen	1 Prise Salz
1 TL Kreuzkümmel, gemahlen	100 g Rosinen
1 Knoblauchzehe, fein gehackt	50 g Sahne
$1/2$ kleiner Apfel, geschält	1 Sträußchen Koriandergrün
1 Prise Zucker	

Die Erbsen in einem Topf mit Wasser 1–2 Stunden einweichen. Danach das Ganze für eine $3/4$ Stunde leise köcheln. Die gesottenen Erbslein in ein Sieb kippen, das Kochwasser nicht mehr verwenden. Butter schmelzen lassen, Kurkuma-, Koriander- und Kümmel-Gewürze darin andünsten, das Rühren nicht vergessen. Den Knoblauch zugeben, dann die Apfelstücke und den Zucker und mit einem kräftigen Schuss Hühnerbrühe löschen. Den Weißwein und das Ingwermus zugeben, verrühren und kurz zur Seite stellen.

Von den gekochten Erbsen 1 kleine Tasse zur Seite nehmen, den Rest in einem extra Gefäß mit Mixstab pürieren, mit der restlichen Hühnerbrühe auffüllen, zu dem angedünsteten Gewürz-Sud geben, salzen, aufkochen und 15 Min. leise weiterköcheln lassen.
Kurz vor dem Servieren die aufgehobenen Erbsen und Rosinen dazugeben, die Sahne schlagen, unterziehen und die Kreation mit dem feingeschnittenen Koriandergrün garnieren.

Dazu luftiger, kühler Weißwein und frisches Tiroler Nussbrot. Frau Holle sei Dank. Da wurde in guten alten Zeiten sogar Maries Rabe Jonathan schwach.

Jonathan's beloved Ginger Breads
Butterkekse mit kandiertem Ingwer

etwa 20 Stück

400 g Mehl	60 g Puderzucker
1 geh. TL Ingwerpulver	5 EL Bienenhonig
1 kräftige Prise Salz	Puderzucker zum Garnieren
200 g Butter	Evtl. Holunderblütendolden oder
120 g kandierter, fein gehackter Ingwer	Rosenblätter zum Kandieren und Dekorieren, je nach Jahreszeit

Den Backofen auf 160 Grad vorheizen. Zuerst kneten wir uns einen geschmeidigen Teig. Dazu vermischen wir das Mehl mit dem Ingwerpulver und dem Salz, verteilen die Butter in kleinen Flocken darüber, komplettieren das Ganze mit den Ingwerstückchen und geben gleichmäßig Zucker und Honig darüber. Jetzt kneten, was die Finger hergeben.
Den Zauberteig in ein feuchtes Tuch einwickeln und für ca. eine Stunde nachdenken lassen. Nach der Ruhepause den geläuterten Teigkloß erst einmal in zwei Hälften splitten und nacheinander auf einer bemehlten

Fläche etwa 1 cm hoch ausrollen. Mit Backmodeln Muster ausstechen oder phantasievolle Ornamente gestalten. Die Keks-Anwärter auf ein leicht mit Butter eingefettetes Backblech hieven und ihnen mit einer Gabel noch einige Pikser zum Luftablassen verpassen. Jetzt darf der Backofen für etwa 20 Minuten sein Scherflein zum Gelingen beitragen. Bevor Frau Holles Puderzucker-Schneegestöber auf die erhitzten Keks-Gemüter herniederschwebt, heißt es für diese erst einmal auskühlen.

Melonen-Ingwer-Drink »For heaven's sake«

2 Stück daumengroße frische Ingwerwurzel	1 Messerspitze Zitronenschale gerieben
1 Liter Gingerale	1 TL Ingwerpulver
100 ml Sekt	2 EL flüssiger Honig
1 kleine Honigmelone	2 frische Borretsch-Stängel im Blütenstand
Saft von 1 Zitrone	

etwa 6 Gläser

Im Vorfeld gibt man die geschälte, frische Ingwerwurzel für ein paar Stunden mit Gingerale und dem Sekt in ein Gefäß und lässt sie ihre Wirkstoffe verströmen. Kurz vor dem Getränkeverzehr schreitet man zu Plan B:
Die Honigmelone entkernen, das Fruchtfleisch herauslösen, in einen Mixer geben und vorsichtig pürieren. Den Zitronensaft, die geriebene Schale, das Ingwerpulver und den Honig untermengen und alles noch einmal temperamentvoll aufmixen. Das Fruchtpüree einem 2-Liter-Saftkrug übergeben, mit dem Gingerale-Gebräu auffüllen (die Ingwerteile vorher herausfischen) und mit einem Glasstab noch einmal gut verrühren und flugs in die Gläser der durstigen Seelen kippen. Den Borretsch-Zweig mit essbaren, wohlschmeckenden Blüten on top nicht vergessen. Das ist die Krönung für dieses Himmelsgebräu. Santé!

März

Hoffnung ist nicht die Überzeugung,
dass etwas gut ausgeht, sondern die Gewissheit,
dass etwas Sinn hat, egal, wie es ausgeht.
(Vaclav Havel)

Wenn zwei eine Reise tun

So war Jahr um Jahr ins Land gegangen. Marie hatte ihre geliebte Schule mit Bravour bestanden und sich unter die Fittiche eines weisen medizinischen Meisters begeben, um ihren weiteren Lebenslehrplan einzulösen. Sie wollte weiter lernen, wachsen und werden, nach göttlichem Willen, wie es ihr vom großen Gottvater in die Wiege gelegt wurde. »Wie bin ich froh, dass dich das Schicksal zu mir geführt hat. Es gibt keinen Zufall, sondern nur einen Vorfall, der es auf etwas abgesehen hat, wobei der Sieg des Schicksals von vornherein schon gesichert ist. Freu dich auf deine neuen Aufgaben und Lernprozesse«, sagte der Arzt am ersten Arbeitstag, als Marie mit klopfendem Herzen die Stufen zu seiner selbsterbauten Sternwarte betrat. »Die Sterne machen geneigt, aber sie zwingen nicht«, senkten sich seine Worte auf ihren gebeugten Scheitel.

»Wir haben ja im Garten Eden unseren freien Willen ertrutzt«, antwortete Marie mit aufgeregter Stimme, während sie mit staunenden Augen durch das Teleskop die unendlichen Weiten des Sternenhimmels betrachtete.

»Weißt du, Marie, die Menschen sind für die Gesundheit und gegen die Krankheit. Ich bin Arzt aus Leidenschaft und begreife Gesundheit und Krankheit als ein polares Paar. Gesundheit entsteht durch die Krankheit und erhält dadurch erst ihre Existenz«, beendete der angehende Ausbilder seine Antrittsrede.

»Ich habe schon verstanden, Herr Doktor. Mein Großvater düngte seine Blumenstöcke auch mit unserer Jauche aus dem Plumpsklo, um im Sommer darauf mit den duftenden Rosenblüten beschenkt zu werden. Das ist wie Dur und Moll, wenn

ich nicht ausatme, kann ich auch nicht mehr einatmen«, resümierte Marie und zog sich lächelnd ihren weißen Kittel über, den sie für die nächsten Jahre mit großer Dankbarkeit tragen sollte.
Aus Marie war über die Jahre ein fesches Weibsbild geworden. Nach langem Zögern ihrerseits und einer noch längeren Werbung seinerseits (er war übrigens die gutgelungene Ausgabe eines jungen Temperamentbolzens, ein Springinkerl, wie ihn Mutter Agnes zu betiteln pflegte), verließen beide um die Wette strahlend die schmucke Dorfkirche als Mann und Frau. Marie war gerade neunzehn Jahre alt geworden, das männliche Ehegespons konnte mit einundzwanzig Jahren aufwarten. Maries Mutter war  nicht begeistert. »Wer früh mit den Liebesspielen beginnt, den kann auch der erste Frost früher erwischen«, entfuhr es ihr, als sie mit zitternden Händen Maries Brautschleier an einem kleinen rosaroten Rosengebinde zu befestigen versuchte. Es war ihr klamm ums Herz, denn sie ahnte den eigentlichen Grund, warum ihre Tochter so früh flügge zu werden versuchte. Großvater Franz hatte es sich nicht nehmen lassen, seinem herangewachsenen Funkenmariechen als Trauzeuge zur Seite zu stehen. »Die Liebe ist ein Feuerzeug, das Herz, das ist der Zunder und fällt ein großer Funke rein, dann brennt der ganze Plunder, Prosit«, widmete er seine Glückwünsche verschmitzt dem glücklichen Paar und Stiefvater Alfons schloss sich mit einem stummen Händedruck an.
»Mein Name ist Firus, ich befinde mich auf der Durchreise zu meinem Vater, König Sabur von Bengalen. Er wird noch eine

gute Weile auf mich warten müssen, denn durch die Hochzeit mit dieser bezaubernden Dame ist mein Kalendarium in arge Turbulenzen geraten! Auf das Leben und die Liebe, Skol!«, machte nun der Ehemann seine humorvolle Aufwartung, um sogleich vom Geigenbogen seines leiblichen Vaters, einem begnadeten Violinisten, in die Schranken verwiesen zu werden. Eine ungarische Liebesnacht steuerte die Schwiegermutter auf gut geölten Stimmbändern singend bei. Vater spielte auf wie ein Gott und von Maries Schwesterchen Rena gab's noch einen lachenden Puff, denn der frischgebackene Bräutigam hatte wohl ihr zuerst die feurigen Augen zugeworfen. Marie hatte sich in einer stillen Gartenecke Konrads Segen geholt, gelobte ihrem entschlafenen Jugendfreund einen ewigen Platz in ihrem Seelenrund und der Hochzeitstanz verlangte mit einem Wiener Walzer seinen Tribut.

Prinz Firus wurde Gastronom, erfreute die Herzen der Menschen mit seinem Charme. Auch mit musikalischen Einlagen wusste er zu begeistern. Volle Gläser aufs Tablett, dann ging's ab über die Fläche, dass die Funken nur so sprühten. Die Märchengeschichten die seiner großen Phantasie entsprangen, waren schier unerschöpflich. Firus' Wunderlampe brannte und brannte. Gastfreundschaft und Gesittung hielt er heilig und waren ihm schon mit der Muttermilch übertragen worden, ließ er Marie schon beim ersten lustigen Rendezvous wissen. Langeweile kam mit diesem männlichen Schöpfling nie auf, das fanden auch die vielen begeisterten Damen, die sich in seinem beruflichen Ambiente verlustierten.

Maries Leben hatte sich von Grund auf geändert. Seit sie ihre Tochter Lea in den Armen halten durfte, kannte ihr Glück keine Grenzen.

»Weißt du, Firus, die Seele dieses goldigen Mädchens hat sich auf die lange Reise gemacht, um unsere Verbindung zu stärken. Aufgrund eines Codeschlüssels, der sich aus dem letzten Leben ergeben hat, wählt sich die Seele eine neue Elternschaft. Davon

ist mein Arbeitgeber, der Herr Doktor überzeugt. Man stelle sich vor, dass ein Samenkorn die spätere reife Frucht beinhaltet, alles ist schon architektonisch vorbereitet.« Dabei strahlte sie.
Firus konnte Maries Gedankengänge oft nicht nachvollziehen, aber er versuchte sie nicht zu kritisieren, um sie nicht zu kränken. Er konnte ja seine Ansichten mit seinen Gästen teilen, vor allem mit den weiblichen. Firus' ganzes Herz gehörte seinem Töchterlein Lea, die ihm wie aus dem Gesicht geschnitten war. Seine zahlreichen Herzkammern wurden zwar saisonweise an weibliche Geschöpfe vergeben, die Herzensküche war aber alleine seiner Marie vorbehalten, da konnte sie sich voll auf ihn verlassen. Sie war durch ihre Mutterschaft sehr ausgefüllt. Mutter Agnes, der auch Firus sehr gewogen war, stand schützend mit Rat und Tat zur Seite. Die aufgeweckte kleine Lea, die sich prächtig entwickelte, wurde der Sonnenschein der ganzen Familie. Eine tiefe Verbindung von Lea zu ihrer geliebten Oma Agnes, deren Herz sie im Sturm erobert hatte, war sehr bald zu spüren und machte auch Marie sehr glücklich. Sie hütete das gemütliche Haus, bestellte ihren Garten und brachte köstlichste Gerichte auf den Tisch. Das abendliche Alleinsein versüßte sie sich mit Lesen und Philosophieren. Wie sehr vermisste sie in diesen Zeiten den Gedankenaustausch mit ihrem väterlichen Freund und Mentor, dem wissenden Arzt. Tief steckte sie deshalb ihre neugierige Nase in die für sie unersetzlichen Bücher, die er ihr zum Abschied mit auf den weiteren Lebensweg gegeben hatte.

Heute hatte sie wieder eine kostbare Essenz in einem kleinen Handbüchlein des Doktors, das er aus China mitgebracht und übersetzt hatte, gefunden. »Der Gegenpol der Macht heißt Demut und Liebe. Es ist allein die Liebe, welche die Polarität von Ich und Nicht-Ich zu überwinden weiß, und zwar auf allen

Ebenen des Seins. Nur die Kraft der Liebe verwandelt wirklich Niederes in Höheres«, fand Firus am nächsten Morgen auf einen Zettel geschrieben, der neben seiner noch schlafenden Marie auf dem Nähkästchen lag.

Ach, Marie, du Unverbesserliche, warum sind wir uns so nah und doch so fremd, ging es durch seinen Kopf, während er sich, von seinem Tagessoll erschöpft, die leere Bettseite zu eigen machte.

So gingen die Tage dahin. Maries bangen Fragen, ob sie sich seiner Liebe noch sicher sein konnte, wich er aus. »Unsere Liebe hat eine Stärke, die durch keine Macht der Welt zerstört werden kann, das würde ich nie zulassen, Marie. Nie wird dich ein anderer Mann sein Eigen nennen, nur über meine Leiche!« Damit warf er die Türe in das Schloss und entfleuchte.

»Er hat meine Frage ja gar nicht verstehen wollen«, sinnierte Marie mit bangem Herzen, das immer schwerer werden wollte, aber nicht durfte. Da gab es ja auch noch ihre süße Tochter, die treusorgende Mutter und eine Schwester in ihrem erfüllten Leben.

»Der Mensch muss Wagnis auf sich nehmen, das Scheitern schadet ihm weniger als das vermeintliche Abgesichertsein, Gott will die Vollendung des Menschseins, vom Sinnlichen bis zum Übersinnlichen«, gab Firus beim sonntäglichen Kaffee zum Besten, nahm seine Autoschlüssel und war für das Wochenende abgeschrieben. Dieser Ausspruch ist aber nicht auf seinem Kompost gewachsen, sinnierte Marie nachdenklich und für einen Augenblick zog eine kleine dunkle Wolke durch den Raum.

»Die berühmte Kurtisane Ninon de Lenclos führte zu Zeiten Ludwigs XIV. einen Salon, in dem Künstler, Gelehrte und Kavaliere des Hochadels verkehrten. Erotischer Reiz und hinreißender Esprit waren in Madame de Lenclos aufs glücklichste vereinigt. Von ihrer Lyrik, die sie dem Kult des Schoßes widmete, habe ich ein Kurzgedicht gefunden, auch in deutscher Übersetzung. Wovon ist hier wohl die Rede, meine erfahrene Freundin?

Kein Purpurpfirsich ist so sanft und zart gespalten
Kein kleiner Raum hat so viel Überfluss!

Stell dir nur mal vor, diese Lebedame eroberte den Gatten der Marquise de Sevigne, einer geistreichen Initiatorin eines berühmten Salons, den sie zur gleichen Zeit wie die Kurtisane gegründet hatte.
Dangereuse Ninon wurde sie hinter vorgehaltenen Händen genannt. Monsieur Sevigne wandte sich nach einem Abenteuer nicht von seiner Gattin ab, das sollte ihm und seiner Familie teuer zu stehen kommen. Auf einem Rachefeldzug der anderen Art bestellte Ninon de Lenclos, Jahre später, den siebzehnjährigen Sohn der Marquise unter einem Vorwand in ihr Haus im Marais-Viertel, verführte ihn nach Strich und Faden, um es danach an die große Pariser Glocke zu hängen. Um das Maß noch zum Überlaufen zu bringen, raubte sie an ihrem vierundfünfzigsten Geburtstag dem jungen Marquis de Grignan die Unschuld und stürzte ihn in Laster und Verderben. Das Opfer war nun der Enkelsohn von Madame und Monsieur Sevigne. Madame Sevigne hatte über all die Jahre nach außen Contenance bewahrt und ihre gesellschaftliche Stellung gesichert, heimliche Tränenflüsse vor schmucken Seidentapeten wurden wohl in Kauf genommen. Ich hab diese historischen Köstlichkeiten in einem kleinen Brevier der Sittengeschichte gefunden, und du starrst nur zum Fenster raus. Interessiert dich das denn gar nicht, Hannelore? Also ich habe Angst vor machtgierigen Weibsbil-

dern, die vor allem ihren Schoß, als gespaltenen Schlund der Liebe sozusagen, auf dem Schlachtfeld der Eroberungen zu ihrer Waffe machen.«
Mit diesen Worten endete Maries langes Referat.
Das war auch an der Zeit, denn ihr azurblauer, altersschwacher Kadett wusste nach der Ankunft in Paris nicht mehr ein und aus und löste nach einem heftigen Bremsakt auf der Place de la Concorde ein Hupkonzert sondergleichen aus. Der eleganten Beifahrerin Hannelore, in ein schickes Lederkostüm gewandet, war dabei eine handgedrehte glimmende Zigarette Marke Gauloise abhandengekommen, die sie keuchend, zwischen gespreizten Beinen, auf dem Veloursboden wieder aufzuspüren versuchte. Die konfuse Dame, im täglichen Leben Hochschullehrerin aus Berufung, wie sie es nannte, versuchte Maries Redestrom ungehalten nachträglich zurechtzustutzen:
»Bemerkenswerte Recherchen hast du da vollzogen. Was hat dich denn für ein Hafer gestochen, Salon-Marie? Wir sind hier auf einer Kulturreise, von der werde ich dich schon noch kosten lassen. Verschone mich bloß mit deinen Kokotten-Dramen, mein Mann verlustiert sich gerade mit seiner Geliebten in der neuen Maisonette-Wohnung, während unser Scheidungstermin noch gar nicht steht und du kackst mir auch noch dein Konkubinen-Mus in die Birne«, wetterte sie und schmiss den gefundenen Glimmstängel durchs offene Wagenfenster, zielsicher auf den blauen Ärmel eines Mopedfahrers. »Merde, merde«, tönte es durch die schnell geschlossene Scheibe. Marie trat flott aufs Gaspedal, um hurtig dem Ort des Geschehens zu entfliehen. Bums, machte es und Azzuro, so wollte der fahrbare Untersatz genannt werden, konnte sein erstes frankophiles Tête-à-tête mit einem hässlichen Entlein verbuchen. »Dieu propose et l'homme dispose! Ca ira!« (Gott denkt und der Mensch lenkt! Es wird schon gehen), rief eine fröhliche Männerstimme angesichts des verbogenen Nummernschilds seines Fahrzeugs. Winkend und lachend reiste der Fahrer mit seiner lädierten Stahlkutsche weiter, was Marie erleichtert, mit rudernden Dankesgesten ihrerseits, quit-

tierte. Aus dem Mund der Reisebegleiterin ergoss sich plötzlich eine ganze Tirade von Buchstaben auf die geknickte Marie.
»Ach, diese Winke-Winke-Lebensfreude! Jetzt pass mal auf, du Döskopp! In Frankreich haben in den Kreis eindringende Karossen Vorfahrt, zu Hause spielen die im Kreis zirkulierenden die erste Geige! Capito?« Mit diesen Worten steckte sie sich sogleich eine neue brennende Zigarette in den Mund.
»Wir haben Glück, dass der fröhliche junge Mann uns nicht zur Rechenschaft gezogen hat«, versuchte nun Marie den Schwerpunkt auf die verursachte Karambolage zu lenken.
»Das Glück hilft keinem, der sich nicht selbst hilft! Paris vaut bien une messe, ab die Postkutsche«, drang es nun befehlend in Maries Ohr, während sie verzweifelt versuchte, den abgewürgten Motor des Autos zum Wiedereinstieg anzufeuern. Azzuro war ein guter Junge und trug seinen Teil bei, um diese verkorkste Stätte zu verlassen. Vorbei an dem majestätischen Obelisken, setzte Marie mit besorgter Miene die angebrochene Reise fort, um sich bei der nächsten Abbiegung in die herbeigesehnte Avenue des Champs-Elysées in eine Strahlende zu verwandeln. Mit aufgeblähten Nüstern, sich seiner blauen Strahlkraft voll bewusst, glitt Azzuro, der Oldie aus dem fröhlichen Bayernland, förmlich über den Boulevard St. Michel.
Jetzt galt es, den Jardin du Luxembourg aufzustöbern, dessen eindruckerweckendes Palais schon in Augenschein genommen werden konnte.
»Diese Stadt kenne ich wie meine Westentasche von meinen Traumreisen, liebe Hannelore. Stell dir vor, in einer Traumsequenz war ich im 17. Jahrhundert als Kammerzofe von Marie Antoinette im Schloss Trianon angestellt, das im Park von Versailles stand.« Jetzt kam Marie so richtig in Fahrt. »Auf meinem Reiseprotokoll ist dieser Besuch ein Muss, auch der Friedhof Père Lachaise, auf dem Edith Piaf ihre letzte Ruhe neben Gertrude Stein gefunden hat. Aufsuchen werde ich auch das Montmartre-Viertel, den Stadtteil der Maler und Literaten, mit der einprägsamen Zwiebelturmkirche Sacré-Cœur. Auch das be-

rühmte Café Flore im Quartier Latin, der Lieblingsplatz eines hier lebenden Herzensfreundes, sollte uns während dieser Woche öfters zu Gesicht bekommen. Wären dir diese Plätze auch genehm, Hannelore?«, fragte Marie, von großer Vorfreude erfüllt. Der Eiffelturm hatte ihre Pläne bereits bei der Begrüßung-Einfahrt in den Péripherique mit einem klaren Ja abgesegnet, da war sie sich ganz sicher, dachte sie belustigt.

»Du wirst in meinem Schlepptau meinen favorisierten Plätzen vorrangig die Ehre erweisen, Marie«, erwiderte Hannelore schneidend, »und nerv mich nicht auch noch mit deiner kopflosen, eitlen Schreckschraube Marie-Antoinette, die in unseren Recherchen nicht vertreten sein wird. Wir statten der Nationalbibliothek, dem Pompidou- und dem Louvre-Museum, dem Museum National d'art Moderne unseren Besuch ab. Ich führe dich durch das Musée de Cluny, das Marsfeld, das als Schauplatz der Weltausstellungen fungiert. Die Sorbonne hätte ich fast vergessen. Hier habe ich mich vor Jahren der französischen Sprache mächtig gemacht. Für einen erlesenen Abend in der Opéra werden wir noch Kapazitäten auftreiben, ma chère. Ich glaube, es wird gerade La Bohème gegeben!«

Kommt Zeit, kommt Rat, beruhigte sich Marie auf dem mit Autos vollbepackten Boulevard zum Quartier Latin, wo die reiselustigen Bajuwarinnen bei Oleg, einem Doktor der Psychologie und gutem Freund Hannelores aus Münchner Zeiten, Quartier beziehen konnten. War denn die kurzfristige Entscheidung, sich mit der klugen, aber auch unberechenbar launischen Freundin auf diese Parisreise zu begeben, überhaupt in meinem Lebens-Script verankert?, ging es einen Moment lang durch Maries Kopf.

Ehemann Firus hatte es seiner Angetrauten fest ans Herz gelegt, sich doch diese Reise und Auszeit zu gönnen. Mutter Agnes würde sich um Lea kümmern und pflichtete ihm dieses Mal fürsorglich bei. »Das Reisen will uns eines lehren, das Schönste bleibt stets heimzukehren«, scherzte sie augenzwinkernd, bei dem turbulenten Reiseaufbruch, für den der voluminöse Lederkoffer, samt Taschen-Hofstaat der Mitfahrerin ein Problem darstellte. Das Equipment beschlagnahmte neben dem Kofferraum beide Rücksitze. Maries kleines Plastikköfferchen fand auf der Ablage des Rückfensters noch ein beschauliches Plätzchen, vor dem Tatbestand der Sichtverdeckung machte Marie, nach einer erheblichen Verspätung, heute die Augen zu.

Wie recht Mutter Agnes mit ihrem kleinen Abschiedsscherz wieder gehabt hatte, überlegte Marie, als sie sich, nach einer hektischen Ankunft, ausgelöst durch Hannelores Weigerung, das große zweibettige Gästezimmer mit ihr zu teilen, traurig in die viel zu kleine Bettstatt der ehemaligen Bedienstetenkammer auf dem Dachboden schmiegte. Eingehüllt in eine gemütliche, alte Rosshaardecke fand sie endlich ihre ersehnte Ruhe.

Einen Stock tiefer wurde im eleganten Salon des Gastgebers Konversation mit Esprit zu einem delikaten französischen Dîner gereicht. Von Maries fröhlichen Bonmots verschont, war Hannelore endlich in ihrem Element. »Sucht ist im Grunde eine Form oraler Regression, die ihre Wurzeln in der infantil-oralen Phase sexueller Entwicklung hat, würde ich meinen. Für mich sind alle Alkoholiker öffentliche Babys. Sie fließen über vor Selbstmitleid und in ihrem verantwortungslosen Gehabe manifestiert sich ihre infantile Abhängigkeit«, referierte sie, bei ihrem

März

zigsten Glas französischen Rotweins, über die eingenickten Köpfe der letzten angetrunkenen Gäste hinweg.
»Und warum? Wahrscheinlich hatte der zukünftige Säufer als Baby stundenlang um seine Milch brüllen müssen«, antwortete plötzlich Oleg, der als Gastgeber noch gut auf den Beinen war. Sein Standpunkt, als praktizierender Psychologe, war klar auf der Seite seines Klientels. »Für ein Baby ist die orale Befriedigung, das heißt die Milch, die es bekommt, seine ganze Welt. Bleibt es hungrig, beginnt sich sein Universum aufzulösen. Seine werdende Psyche erleidet einen Schock, von dem es sich nie wieder erholt. Das Kind fürchtet dauernd, dass sich seine Welt auflöst, und verlangt deshalb ununterbrochen eine orale Zufuhr, um sich gegen die Gefahr abzusichern, nicht wahr, mein kleines Hannelörchen?«, drang Olegs beruhigende Stimme zu Maries Schlafkoje hinauf.

Während er seine Hannelore auf die elegante Couch seines Salons bettete, gurrte ein am Fenstersims brütendes weißes, Täubchen Marie endlich in einen tiefen Schlaf.

Maries Traum war Wirklichkeit geworden. Eskortiert von ihrem Seelenfreund Detti, der Paris seit einem Jahr zu seiner Wahlheimat gemacht hatte, stattete sie ihrem erträumten, von Blumenbeeten und Teichen eingesäumten Schlösschen Trianon einen Antrittsbesuch ab. »Das war der Lieblingsplatz der Königin Marie- Antoinette. Sie befahl, den alten Barockpark Ludwigs XV. in einen kapriziösen anglo-amerikanischen Garten umzuwandeln«, wusste Detti zu berichten, der sich intensiv mit dem 17. Jahrhundert beschäftigt hatte. Maries Freude war groß, als sie im kleinen Speisesaal den versenkbaren Tisch für die galanten Soupers der ehemaligen Hausherrin entdeckte. »Hat sich mein verehrter König Ludwig II. dieses Kleinod hier für sein Schloss Neuschwanstein abgekupfert?«, fragte sich Marie erstaunt. »Marie-Antoinette versuchte mit ihren Gartenarchitekten den Trianon-Komplex in eine illusionistische Miniaturwelt zu verwandeln. Das versprachen jedenfalls ihre

Entwürfe, die mit afrikanischen Bäumen, holländischen Tulpen, spanischen Magnolien und murmelnden Bächlein überraschten. Auch eine holländische Mühle auf einem Hügel, Fischer in ihren Schilfhütten, ja selbst ein feuerspeiender Vulkan wurde imitiert. Über einem großen Lotos-Teich thronte eine chinesische Pagode. Eine Meierei mit Kuhstall, Backofen und bäuerlichen Bauten, umsäumt von sanft gerundeten Wiesen, auf denen Lämmer und Kühe weideten, unterstrich den Auftrag ›Zurück zur Natur‹, aber für die Königin sollte es doch etwas verspielt ausgestattet werden. Manche Lämmer ließ sie purpurn färben und parfümieren, um auf dem königlichen Schoß Platz nehmen zu dürfen. Marie-Antoinette gefiel sich in der Rolle einer Kuhmagd auf einem Melkschemel, spielerisch natürlich. Sie imitierte, zum Zeitvertreib, für ihren Porträtisten auch eine Fischerin, mit einer Angel an einem Bach«, übersetzte Maries Freund Detti die französischen Worte der Schlossgartenführung.

»Fini, fini«, das Schlösschen wurde verschlossen, auch der Park erbat sich seine Ruhezeit. Marie konnte es nicht fassen und beschloss, in den verbleibenden Tagen dem Platz ihrer Träume noch einmal einen Besuch abzustatten.

Jetzt ging's ab ins Café Flore, um bei einem Gläschen Sekt und feinem, duftenden Café au Lait das volle Herz auszuschütten. »Ach, Detti, der Gleichklang unserer Gedanken tut mir so wohl. Seit dem Tod meines Jugendfreundes Konrad wurde mir das nicht mehr zuteil. Warum lebst du nur so weit weg von mir?«, seufzte Marie und nahm Dettis warme, feingliederige Hand in die ihre. »Nachdem unser Theater-Club, in dem sich unsere Wege kreuzten, nach drei erfolgreichen Jahren meistbietend verkauft wurde, eröffneten wir eine Almhütte mit geheimnisvollem Innenleben. Omas Kuschelsalon mit Bullerofen, feine Gerichte, erlesene Weine und auserkorene Programme machen das Besondere daran aus. Es ist eine Lust, unsere kreativen Stränge wieder zum Klingen zu bringen. Die Gäste sind alle mitgewandert, es sind mehr denn je.« Marie berichtete dies mit Begeisterung, als plötzlich ein Schein von Trauer in ihre Augen trat. »Mein Ehemann Firus, der dich hoch achtet, Detti, hat sich seit ein paar Monaten sehr verändert, sich weit von mir entfernt. Er ist ungehalten, ungerecht, eifersüchtig. Er kommt kaum noch nach Hause. Ob er wohl eine Freundin hat? Ich möchte nicht mehr in Streit und Angst leben müssen, ich möchte wieder glücklich sein«, vertraute Marie ihrem Seelenbruder an, der hier in Paris mit einem Modeschöpfer in beständiger Harmonie zusammenlebte.

»Dein Leid sorgt dafür, dass du die Suche nach deinem Glück nicht aufgibst. Es verhindert den Stillstand des Schicksals. Die leidvolle Zeit ist zwar ein Umweg, führt aber immer wieder zurück auf unseren richtigen Lebensweg, Marie, hab Vertrauen zu Firus, gib ihm Zeit. Er liebt nur dich, das hat er mir damals gestanden«, pflanzte Detti wieder einmal Hoffnung in Maries wundes Herz.
»Prost, München«, tönte ein dunkelhäutiger Jazz-Musiker, den Marie von Münchens Nachtleben kannte, aufmunternd vom Nachbartisch herüber. Das zweite Prost war noch nicht zurückgeflogen, da nahm der Weltenbummler schon kurz entschlossen am Tisch seiner neu erkorenen Freunde Platz. Potz Blitz!

»Stellt euch vor, Marie-Antoinette und ihre Architekten versuchten ein Abbild der weiten Welt und einer lieblichen, etwas korrigierten Natur zu schaffen, die am Ende mit über eineinhalb Millionen Goldlivres zu Buche schlug«, wusste Marie zur Kaffee-Stunde ihres Gastgebers zu glänzen.
»Ja ja, ›Zurück zur Natur‹ lautete der Slogan dieser Gesellschaft, der auch Jean-Jacques Rousseau angehörte. Dieser durfte sich am Hofe der Königin in besonderer Verehrung sonnen«, konnte Hannelore aus ihrem Lehrerinnen-Nähkästchen mit beisteuern. Jetzt war Marie wieder am Zug. »Wisst ihr eigentlich, dass der große Jean-Jaques Rousseau, von Narkotika und Alkohol abhängig, mit der Fabrikarbeiterin Therese Levasseur in wilder Ehe lebte? Sie gebar ihm fünf Kinder, die er alle vor die Schwelle eines kirchlichen Findelhauses legte? Nur der natur- und triebhafte Urzustand mache den Menschen glücklich. Kulturelle und zivilisatorische Fortschritte verdürben die Seele, predigte dieser siebengescheite Rabenvater, was sagt man dazu?«, brachte Marie erbost ihr recherchiertes Geheimnis auf den Kuchenteller der Tafelrunde.

Schmunzelnd begrüßte Oleg diese Wende, was aber Hannelore in Rage brachte. »Ein Genie muss eben Opfer bringen, Kinder.«
»Rousseau war ein schwerer Alkoholiker, er trug perfekt die Maske geistiger Gesundheit, wie wir Psychologen das nennen, was auch über die Zeit die merkwürdigen Denksprünge seiner Thesen erklären würde. Prosit, Gemeinde«, warf Oleg gelassen in die Runde und schob sich genüsslich ein Zipfelchen seines Frühstücks-Käseomelettes in den Mund. »Alles ist gut, wie es hervorgeht aus den Händen des Urhebers aller Dinge«, brachte nun Detti, der heute mit zum Brunch geladen war, ein Rousseauzitat an die Runde, das Hannelore sofort zu komplettieren wusste.
»Alles entartet unter den Menschen«, rezitierte sie und kippte das dritte Glas Sekt hinunter. »Antoinette und weitere Damen gefielen sich in Rollenspielen als Schäferinnen oder Kuhmägde, spielten Pan- und Nymphe-Spiele hinter den Büschen. Die Kraft der wilden Insulaner, vor allem ein herkulisch gewachsener Parade-Polynesier, wurde vor allem von den Damen hochgeschätzt«, tischte nun Detti der amüsierten Runde auf.
Hannelore, von einer anstrengenden morgendlichen Museumsjagd schon sehr ermüdet, merkte auf.
»Wir haben für euch einen kräftigen Wilden im Café Flore getroffen, einen Jazz-Musiker, den ich aus München kenne. Er hat uns alle bei freiem Eintritt zu einem Reggae-Konzert in den Norden der Stadt eingeladen«, versuchte Marie die Clique zu motivieren. Die aufblitzenden Augen Hannelores sprachen Bände.

Eine dunkle Kellerhöhle machte Platz für zuckende Neonblitze, dumpfe Bässe, die weiße Gebisse dunkler, schwitzender Kerle wie in einem Puppentheater tanzen ließ. Das weibliche Geschlecht war nur mit einer gelangweilten Bardame vertreten. Man war dem Ruf des gezähmten Wilden aus dem Café Flore

gefolgt und dank Metro in dieser düsteren Keller-Kaschemme gelandet. Maries Fünfergruppe drückte sich schutzsuchend um einen schmuddeligen Gartentisch herum. Von Konversation konnte keine Rede sein, die grelle Musik übertönte jeglichen Laut. Tourmanager Sam schmiss mit Hannelore eine Schmuse-Sohle auf den abgetretenen Steinboden des Lokals. Sie schien es mehr als zu genießen und legte ihren klugen Kopf verliebt auf die Schulter des Tänzers.
Schon im Café Flore hatte es richtig Funken zwischen den beiden geschlagen. Maries Freund Detti versuchte eine Bestellung von Bier und Cola an den Mann zu bringen, die aber von dem geschmeidigen Servo-Panther geflissentlich überhört und durch fünf voluminöse Caribbean-Mixdrinks ersetzt wurde. Oleg, für diesen Abend mit Freund Claude in Schale geschmissen, konnte seine Augen nicht vom wohlgeformten, nackten Oberkörper des rustikalen Bedieners lassen. Das homogene Liebespaar warf sich in die musiküberflutete dunkle Arena, um sich einen weiteren erotischen Augenschmaus auf keinen Fall entgehen zu lassen. Marie wusste sich ihrer Haut zu wehren, als ein dunkler Großstadt-Insulaner nach dem anderen versuchte, sie auf die Tanzfläche zu ziehen. Frauen waren Mangelware, so hatte auch Detti alle Hände voll zu tun, die teilweise furchteinflößenden Kandidaten für Marie abzuwimmeln. Ein junger französischer Musiker, mit schwarzem Lockenhaar und Augen, die wie geheimnisvolle, grüne Bergseen schillerten, war von der Bar an Maries Tisch getreten. Ihm gelang es leicht, ein Gespräch zu starten, was vor allem Dettis Übersetzung zu verdanken war. Sein Gitarrenkonzert in einem nahegelegenen kleinen Theater hatte der Tischgast schon absolviert. Er war heute Abend gekommen, um einen guten Freund, dem Bassisten der Reggaeband, die Ehre zu erweisen.
Ganze achtzehn Lenze zählte »Chevalier Bayard, sans peur et sans reproche«, Ritter ohne Furcht und Tadel, wie er sich scherzhaft vorstellte. »Was für eine dunkle Wolke hat euch nur in diese verkommene Gegend unserer alten ›Bastille‹ verschlagen?«,

wunderte er sich besorgt und entwendete Marie das wider Willen aufgetischte Getränk. »Keinen Tropfen davon! Compri?«, warnte er auch Detti, der sich gerade einen herzhaften Schluck einverleiben wollte. Die Gläser der sich beim Tanz verlustierenden Freunde waren ebenfalls noch unberührt. »Ihr schwebt in großer Gefahr, man plant euch abzuzocken. Der Mann, der mit eurer Freundin tanzt, arbeitet hier als Schlepper«, übersetzte Detti mit ungläubigem Staunen für Marie, deren zitternde Hand sich von der großen, warmen des sympathischen Fremden gerne umschließen ließ.

Die scharfe Gestik des Kellners, der sich auf dem Weg zur Küche befand, bedeutete dem Ritter glasklar, umgehend diese Tischrunde zu verlassen. Auch Sam beäugte das Szenario misstrauisch, um sich lieber wieder dem Tanz mit seiner vor Wonne zerfließenden Partnerin zuzuwenden. Und Detti übersetzte plötzlich angespannt: »Der Ritter hier will bei uns seine Jacke deponieren und pro forma auf die Toilette gehen. Unsere Papiere und unser Geld sollen wir in den Innentaschen dieser Jacke verstauen. Er wird sie gleich wieder anziehen und dann an der Bar bis zum Heimweg auf uns warten. Die Zeit ist knapp, meinte er, wir sollen ihm vertrauen! Das klingt ja hanebüchen«, übermittelte Detti mit eisiger Miene.

Marie ließ sich rückhaltlos von Ritter Bayards Rettungsplan überzeugen, zog in Windeseile ihre Geldbörse aus der Tasche und Olegs Brieftasche aus seinem Mantel, um sie in dem angebotenen Jackensafe in Sicherheit zu bringen. Hannelore und Claude waren ohne Tasche unterwegs, Oleg hatte sie eingeladen. Marie ließ zweihundert Francs in Olegs Mantel, in ihrer Tasche hatte sie hundert Francs und einen alten Führerschein zurückgelassen. Olegs Kreditkarte und Maries restliche Reisekasse von 500 Francs wurden flugs im angebotenen Geheimfach versteckt. Detti traute dem Frieden nicht und verbat es sich, Marie über seine Finanzen verfügen zu lassen. Noch dominierten die Musik und die dunkle Atmosphäre in dem ungewöhnlichen Ambiente. Maries Retter in der Not hatte seine Jacke, mit

Fracht ohne Frachtbrief, schon abgeholt und angezogen. »My name is Miguel, my hometown is New York and I love you from the first sight, Marie. I care for you and your friends«, verabschiedete sich der Musiker mit einem raschen, feurigen Kuss von Marie und zog sich, wie abgesprochen, diskret in den Barbereich zurück.
Beherzt griff sich Marie unbemerkt Dettis Ausweis, um ihn in ihrem Stiefelschaft verschwinden zu lassen. Gerade rechtzeitig, denn schon brachte Sam die rotwangige Hannelore an den Tisch zurück, um anschließend in Richtung Küche zu verschwinden.
»Meine Blase ruft um Hilfe«, ließ Marie Detti laut wissen und machte sich auf den Weg zur Toilette. Neugierig schlich sie erst an das Küchenfenster und wagte ihren Augen nicht zu trauen. Sam war tatsächlich gerade dabei, von dem schmierigen, dickbäuchigen Chef des Etablissements sein Kopfgeld in die Hand gezählt zu bekommen. Mit einem Sprung machte sich der Scharlatan durch das offene Küchenfenster aus dem Staub. Marie ahnte nichts Gutes, enterte die nächste Toilettentüre und fand sich auf dem schmutzigen Boden eines mit Haltegriffen versehenen stuhllosen Personalklos vor. Die laute Musik riss plötzlich ab. Auf dem Gang der offiziellen Toiletten-Region schien es Krawall zu geben. Maries Rock war von alten Urinresten besudelt worden. Verzweifelt suchte sie Hilfe in den schäbigen leergefegten Küchenräumen. Marie griff zur Selbsthilfe, um die delikate Verschmutzung zu beheben. Das brauchte seine Zeit und hinterließ eine saubere, aber immer noch nasse Fläche. Eine beklemmende Stille legte sich um das Herz von Marie, wandelte sich bei ihrer Rückkehr in lähmendes Entsetzen. Das Lokal war menschenleer, Stühle umgekippt, das Licht grell aufgedreht, von der Freundesclique und Miguel weit und breit nichts zu sehen und hören. Dettis Ausweis im Stiefelschaft zwickte Marie in die linke Wade, erinnerte daran, dass sie auch ihren Ausweis und fünfzig Francs für ein eventuelles Taxi instinktiv im allerletzten Moment mit in den Stiefel gesteckt hatte. Wo war ihre Tasche mit den Notgroschen? Sie hatte wohl zu-

sammen mit den Freunden das Lokal verlassen. An die verlorene Reisekasse in Miguels Jackentasche mochte sie erst gar nicht denken, auch ihr kuscheliger Mantel glänzte durch Abwesenheit.

Ein hysterisches Wortgefecht zog Marie nach oben auf die dunkle Straße. Konnte sie ihren Augen trauen? Ein Polizeiauto mit Menschenfracht fuhr gerade ab, in das zweite versuchte man die wild um sich schlagende Hannelore einzuladen, was auch gelang, als Marie den Ort des Geschehens gerade erreichte.

»Friends, my friends, mes amis, take me with you, please«, versuchte sie sich verzweifelt eine Mitnahme zu erbetteln. Detti und Miguel hinter der Autoscheibe des Polizeiwagens versuchten die Tapfere von dieser Idee abzubringen.

»Today was drug-razzia, for prostitution razzia tomorrow, madam«, erklärte ein Polizist mitleidslos, schob Marie mit einem Schlagstock zur Seite, sprang auf den Beifahrersitz des zweiten Autos, das mit wertvoller Fracht stumm in dunkler Nacht verschwand.

Weinend und hilflos kauerte sich Marie an einen knorrigen Buchenstamm und fror unsäglich. Die eindringliche Silhouette des Bastille-Gebäudes ragte kalt und mitleidslos in den Nachthimmel. Nun begann es auch noch zu regnen. Ein Taxi war weit und breit nicht in Augenschein zu nehmen, als ein Citroen älteren Baujahres vor dem verzweifelten Menschenkind zum Halten kam. Dieses Mal war es keine Halluzination. Von der lärmenden Place de la Concorde zur lähmenden Atmosphäre des Bastille-Komplexes! Leibhaftig stand der nachsichtige Pilot von der Place de la Concorde, im Gefolge sein treues, angebeultes Entlein, als rettender Engel vor Marie. »Toujour en vedette, madame« (immer auf dem Posten, Madam), rieselte seine wohltuende Stimme auf den regennassen Asphalt der einsamen Straße und die vor Kälte zitternde Marie schickte ein heißes Dankgebet zum Himmel hinauf!

»Das Bild muss man sich mal gönnen: Marie, morgens um fünf Uhr, frierend und restlos zerknirscht, im totenstillen Norden der Stadt, vor der mit grauem Nebel ummantelten, bedrohlichen Silhouette der Bastille, kein Mensch weit und breit, nicht mal ein herrenloser Hund war als Schutzpatron auszumachen. Das war kein Bild für Götter, wie ihr euch vorstellen könnt. Wie eine Fata Morgana kam da das angebeulte, hässliche Entlein mit seinem aufgeweckten Chauffeur, der sich am Vortage an der Place de la Concorde fröhlich aus dem Staub gemacht hatte, um die Häuser-ecke gezuckelt. Zufall? Das war damals kein Thema. Es wurde schnurstracks eingestiegen, ohne Wenn und Aber«, berichtete Marie einer staunenden Runde. Man hatte es sich am Mittagstisch des Frauenwohndomizils in München-Schwabing bequem gemacht, das sich Marie mit Mutter Agnes, Tochter Lea und Schwester Rena teilte.

Zwölf Jahre waren ins Land gegangen, seit Marie damals erschöpft und einige Tage früher als geplant von ihrer abenteuerlichen Paris-Reise nach Hause zurückkehrte. Amüsiert hatte Firus Maries Ausführungen gelauscht, flankiert von seinen drei attraktiven Töchtern, von denen die zwei Jüngeren, Marli und Ruti, dem Schoß seiner aktuellen Lebensgefährtin Mala entsprungen waren. Liebevoll betrachtete Marie die illustre Gästerunde. Da kuschelte ihre Tochter mit den beiden Stiefschwestern, während Oma Agnes mit Neu-Gattin Mala das Gemüse für das Abendessen schnippelte. Mit Omas Einverständnis hatte die Frauen-WG zugestimmt, Firus' Vier-Personen-Haushalt für eine Zeit von drei Monaten aufzunehmen und damit der Familie ein Dach über dem Kopf beschert, nachdem ihr gepachtetes Domizil in Spanien kurzfristig verkauft worden war. Vor sieben Jahren war die Scheidung von Firus und Marie, nicht ohne seelische Wunden, über die Bühne gegangen, die Wohlgesonnenheit füreinander war jedoch nie erloschen.

»Das war vielleicht ein Schock für mich, als du früher als erwartet von deinem Paris-Trip zurückgekommen bist. Vor allem hatte sich während deiner Abwesenheit meine heimliche Gespielin in der vermeintlich sturmfreien Bude eingenistet. Hätte ich dir das damals nur ersparen können, Marie, wie leid mir das heute tut«, seufzte Firus.

»Diese Freundin war in ihrer Wahnhaftigkeit für uns alle sehr wichtig, denn sie zwang dich zur Offenlegung deiner heimlich gelebten Seite«, sagte Mala mit einem Zwinkern.

»Am Ende blieb mir nach der Trennung von Marie nur noch die panische Flucht nach Spanien, weg vor dieser exzessiven Dame, die eifersüchtig war wie die Hölle. Verarmt und nervlich völlig am Ende traf ich auf der spanischen Insel auf meine Mala, die als Reiseleiterin ihre Brötchen verdiente«, berichtete Firus.

»Du hast vom Himmelsverwalter für deinen stürmischen Lebensweg nun schon zweimal ein weibliches Wesen verordnet bekommen, das dich innig liebt und dir bedingungslos zur Seite steht. Überziehe deinen Himmelskredit nicht, Firus, und hüte deinen Familien-Schatz. Jedes Wort, jeder Gedanke, jede Handlung zählt, damit sich unser Leben Stufe für Stufe einlösen und sich unser Bewusstsein durch Erkenntnis entwickeln kann«, bemerkte Marie versonnen und lächelte Mala zu.

Einen Tag später schwebte Marie über den Wolken. Ihre Patchwork-Familie wusste sie unter Mutter Agnes' Fittichen geborgen, sie würde jetzt gleich in einer Pressekonferenz, die in einem exklusiven Berliner Hotel stattfinden sollte, als Hauptdarstellerin eines Spielfilms Rede und Antwort stehen. Das Glück hatte bei Marie, nach einem harten Überlebenskampf, wieder Einzug gehalten, als sie sich entschloss, den Plan für ein neugeborenes Revue-Theater mutig und riskant in die Tat umzusetzen. Sieben Jahre lang wurden die von ihr selbst inszenierten Theaterproduktionen in München, Hamburg, Wien und Berlin gefeiert. Dann entdeckte sie ein hochsensibler Regisseur in einem Theaterstück, in dem Marie dickköpfig eine zartbeseelte, heilige Hure mit durchaus erotischen Facetten, wie sie es nannte, zum Leben erweckte.
»Hättest du diese Bella nicht in deiner unnachahmlichen Weise interpretiert, wären wir uns nie begegnet«, hört sie die Stimme des Regisseurs mitten in ihrem Gedankendschungel, während das Flugzeug zur Landung ansetzt. Mit der Gestaltung und Beseelung einer Bestattungsinstituts-Angestellten, übrigens Maries Idee, hatte sich wieder eine Glückssträhne mit ihrem roten Haarschopf verwoben und zugleich Filmgeschichte geschrieben. So war sie von ihrem Entdecker, der auch als Autor fungierte, vertrauensvoll in dieses auf sie zugeschneiderte, zuckrige Zelluloid-Melodram gehievt worden. Die Begeisterung des Publikums war grenzenlos. Sie erstreckte sich vom Lido Starnbergo bis nach good old New York City, wo Zuckerbaby vor dem Lincoln-Plaza-Cinema, mit ihrem entzückenden Zuckerboy, Tango tan-

zend, ausfindig gemacht werden konnte, in Pappmaché von vier Meter Höhe, versteht sich. Auch die Kino-Plakatwände in Tokio bescherten einen Hingucker der besonderen Art. Marie, eine barocke Venus von Kilo, in den kräftigen Armen ihres jungen, ranken Lovers Zuckerbaby.

»Das war die Weltpremiere einer ersten weiblichen Sumo-Adaption und wohl auch der Grund, warum sich der japanische Verleiher diesen Independent-Film zielsicher, schon bei der Präsentation während des Film-Marktes, vom Fleck weg geordert hatte«, wusste Marie der amüsierten Journalistenrunde schelmisch zu berichten.

»Ein gewichtiges Weib wie Sie auf einer verwöhnten Filmleinwand, glauben Sie nicht, dass es sich dabei um eine Eintagsfliege handeln muss?«, fragte ein blässlicher Leptosome.

»Wenn es denn so käme, müssten wir dann wohl von einer Eintagswuchtbrumme sprechen, mein Herr«, konterte Marie. »Wissen Sie, meine Herrschaften«, wandte sie sich nun an die anwesenden Journalisten, inmitten ihr amüsierter Regisseur, der ihr aufmunternd zunickte. »Ich glaube an die Existenz der Seele, die schon die Ereignisse kennt, die weit in der Zukunft liegen. Wir kommen sozusagen schon mit dem Lebens-Script unter dem Arm auf die Welt. Dem freien Willen ist es dann anheimgegeben, diesen architektonischen Bauplan in die Tat umzusetzen.«

Plötzlich gab ein großflächiger Spiegel der Bar den Blick auf die Silhouette eines gutaussehenden, dunkelhaarigen, jungen Mannes frei und nahm mit einem Paukenschlag Maries sieben Sinne gefangen.

»Long time no see, Marie, it's me, Miguel«, drang die sonore Stimme an Maries Ohr. Grüne Augen musterten sie liebevoll, eine gebräunte Hand legte eine lederne Brieftasche, die Marie nur zu bekannt war, auf den runden Tisch.

Das ehemals anvertraute Geld war vollzählig anwesend, in Dollars, wie Marie auf Miguels Wunsch feststellen sollte. Der Ritter ohne Furcht und Tadel, wie er sich vor Jahren zu nennen pflegte, lebte seit einigen Jahren als Musik-Journalist in New

März

York. Dort hatte er Marie im Kino des Lincoln-Centers auf der Leinwand wiedergefunden. Den Wohnsitz und Aktionsradius Maries zu orten war eine Übung der leichteren Art. Miguel war verheiratet, glücklich, wie er erwähnte, und nannte ein zauberhaftes, sechsjähriges Töchterchen sein Eigen. Maries weichen Knien verhalf ein kräftiger Birnengeist wieder auf die Beine.
»Warum hast du damals auf deinem Heimweg nach München am Périphérique-Ring nicht angehalten, Marie? Du hast uns doch eine Kuss-Hand geschenkt, als ich dir beim Überholen mit der mir überlassenen Brieftasche zugewunken hatte! Ich wollte sie dir zurückgeben und dich wieder in die Arme schließen«, insistierte Miguel dramatisch, während er Maries Schultern umschlang.
»Meine Freundin Hannelore hatte nach einer verbrachten Nacht auf der Polizeiwache die Nase gestrichen voll. Nur durch die französische Staatsangehörigkeit meines Freundes Detti und den Nachweis eines festen Pariser Wohnsitzes unseres deutschen Gastgebers Oleg kam die abgeführte Freundestruppe wieder an die frische Luft. Hannelore schob mir allein das ganze Desaster in die Schuhe«, erklärte Marie nun Miguel in radebrechendem Englisch.
»Du hättest mich beinahe überfahren, ich konnte das nicht glauben«, reflektierte nun Miguel.
»Meine Beifahrerin Hannelore war der Meinung, dass es sich bei euch eben um die Räuber handelte, die ihr auch noch das gesamte Reisegepäck gestohlen hatten, während wir auf den Stufen der Sacré-Cœur-Kirche noch einen Drink mit Detti eingenommen hatten. Hannelores Maß war voll, lief über, sie weigerte sich, eine Polizeiwache aufzusuchen und wollte nur noch tout de suite Richtung Allemagne. Als wir zudem feststellen mussten, dass die Diebe für mein kleines, windiges Plastikköfferchen samt Inhalt so gar kein Interesse gezeigt hatten und dieses noch immer achtlos im Gepäckraum darbte, riss Hannelores Hutschnur.« Marie hatte das Ganze nicht vergessen. Dass sie nach gelungener Rückkehr die Zuwendung ihrer Freundin

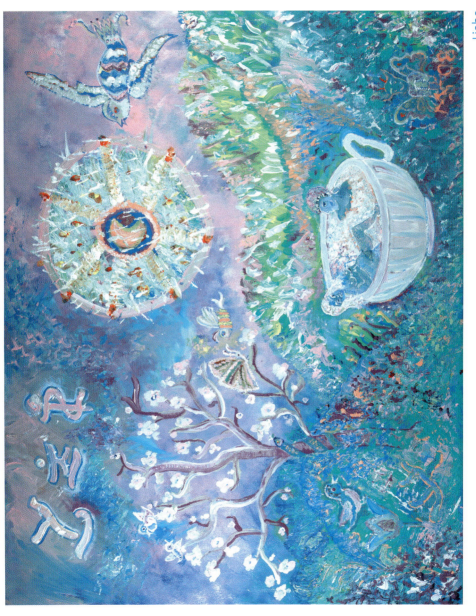

Liebe

Engelskraft

verlor, ließ sie ihren Ritter noch wissen. Dass sie aber für Monate ihrem verlorenen blauen Prinzen in seiner blauen Blechkutsche hinterhertrauerte, würde sie ihm jetzt gerade bestimmt nicht auf die schöne Nase binden.

Der Gunst der Stunde, dem unvorhergesehenen Wiedersehen durch eine Nacht der Verführung und Liebe ein Krönchen aufzusetzen, so der schmeichelnde Vorschlag Miguels, wusste Marie dank ihres freien Willens zu widerstehen, doch zu einem romantischen Candellight-Dinner konnte sie einfach nur ja sagen, und zwar aus tiefstem Herzen!

»Ja, ja, schmachtende Liebe vermeidet den Tanz, liebe Marie«, verabschiedete sich der geheimnisumflorte Galan in lupenreinem Goethe-Deutsch, nicht ohne Marie danach einen feurigen Kuss auf die vor Schreck geöffneten Lippen gedrückt zu haben – und ward bis zum heutigen Tage nie mehr gesehen. C'est la vie!

Der Apfel (ahd. apful)

»Vertrau mir, nimm mich, kau mich«, bezirzte der rotbackige Boskop Adams glühende Backen- und Adams Apfel hüpfte. Eva ließ schon mal vorausschauend den kleinen Wagen des Himmelsgestirns anspannen, um das apfeltrunkene Männlein aus den sicheren Gefilden des Gartens Eden in die sündigen Zonen der Welt zu locken, was wiederum die Schlange vom Baum der Erkenntnis frohlocken ließ. Der runde, saftige Apfel ist Sinnbild für Liebe und Fruchtbarkeit. Seine Mutterpflanzen, der Apfelbaum oder -strauch, wurden am Schöpfungstage der Sippe der Rosengewächsgattung Pirus zugeteilt.
Nach göttlichem Plan stand der Apfel als Patron für Jugendkraft und Schönheit den gurrenden Evas in europäischen, asiatischen, amerikanischen und australischen Gefilden als Verführungsdelikt tapfer zur Seite. Er stärkt die Lebenskraft und hat sich auch als Heilmittel mehr als verdient gemacht. Durch den markanten Inhaltsstoff Pektin, seinen leichtverdaulichen Fruchtzucker und mit seinen natürlichen Vitaminen im Schlepptau bringt er auch Adams Manneskraft zum Blühen. Aromatischer Tee aus getrockneten Apfelschalen, mit Hagebuttenkörnchen und Honig veredelt, umschmeichelt, stärkt und motiviert eine ausgelaugte Prostata. Auch eine liebestolle Eva ist mit diesem Elixier gut beraten, das sensibelsten Schleimhäuten eine zarte Schutzzone bietet und eine Entzündungshemmung gewährleistet. Auch eine bessere Gerinnung des Blutes ist nach regelmäßigem Apfelgenuss festzustellen und als Zusatzschnäppchen kann sich ein wohliges Schlafgefühl einstellen. Mit einem selbstangesetzten Apfelessig, der mit feinen Gewürzen veredelt wird, rückt man

einer lauen Verdauung zu Leibe, bietet den verantwortlichen kleinen Gicht-Zwickteufeln Paroli und der Kalk von den Innenwänden der Blutgefäße bröckelt nur so dahin.

Eine Durchfallerkrankung wurde in meiner Kindheit, nach Opa Franz-Xavers Rezept, mit einem feingeriebenen Mus aus zwei geschälten Cox-Orange-Äpfeln behandelt und mit herbem Salbei-Tee ergänzt. Apfelreis-Rationen und Hirse-Mus bauten die Darmtätigkeit wieder auf. Um verlorene Flüssigkeit auszugleichen, empfahl Opa zusätzlich einen Liter abgekochtes, heißes Wasser, über den Tag verteilt, das pro Glas mit einer Prise Kaisernatron angereichert werden musste. Dieser weise Ratschlag ist unbezahlbar und wird noch heute von mir und meiner Familie erfolgreich befolgt.

Es machte Freude, mit meinem Großvater Äpfel zu schälen, die Schalen zum Trocknen auf Holzstäbe zu ringeln und den rund geschnittenen Apfelscheiben auf einem Backblech bei 50 Grad den Saft zu entziehen. Der ökologische Schatz wurde in von meiner Mutter genähten Leinensäckchen bis zu ihrem Verzehrtag an einem hellen Platz aufbewahrt. Zusammen mit einem halben Teelöffel Hagebuttenmus und einer kräftigen Prise Zimt wurden fünf gehäufte Esslöffel der getrockneten Apfelscheiben zu einem aromatischen Tee überbrüht oder mit dem Extrakt einer kandierten Zuckerlösung getränkt und danach als himmlisches Bonbon genossen. Das schmeckte einmalig, vor allem, wenn es sich bei den Äpfeln um eine Renetten-Sorte handelte. Der Cox-Orange Renetten-Apfel, übrigens die Lieblingssorte meines Großvaters, ist eine Gaumenfreude der besonderen Art, besonders wenn ihm über die Wintermonate noch eine Lagerzeit in einem kühlen Raum gegönnt wird. Die Apfel-Mutterbäume hatte Großvater in den letzten Herbsttagen prophylaktisch mit kräftigen Pfefferminz-Aufgüssen verwöhnt und die Zweige mit verwandten Trieben eines Calvillen-Apfelbaums veredelt. Im Frühjahr bedankten sich die Bäume mit tausenden von zartrosaweißen Apfelblüten, was ja immer schon auf eine prachtvolle Ernte schließen ließ.

März

Meine Mutter wusste schmunzelnd zu berichten, dass es in ihrer Jugendzeit für heiratsfähige Mädchen üblich war, zur Feier des Heiligen-Andreas-Tages am 30. November eine in einem Stück abgeschälte Apfelschale über die linke Schulter gegen eine Türe im Hintergrund zu werfen, um aus der entstandenen, zerrupften Form den Anfangsbuchstaben ihres zukünftigen Ehemannes herauszufinden. Holla, die Waldfee, was für ein gefährliches Unterfangen! Die meisten wohlklingenden Namen der jungen Burschen waren später für die jungen Maiden nur noch auf kalten Denkmälern zu entziffern.

Anstatt Apfelschalen zu schmeißen, gehe ich in meinem Alter die Liebesverhältnisse lieber gleich mit Apfelbäumen ein. Da wird gehegt und gepflegt, mit Minze gedüngt, Kraft gespendet und umarmt, was der Stamm hält. So vor einigen Jahren mit einer über hundert Jahre alten Apfelbäumin geschehen, die gerade dabei war, das Zeitliche zu segnen. Nach zweijährigem Zuspruch und guten Connections zu einem hochmotivierten Bienen-Stamm war ein Wunder geschehen. Die gute alte Renetta entzückte die Mitwelt mit einem blütenzaubrigen Brautkleid von traumhaften Ausmaßen. »Das war zu viel des Guten, meine Retterin. All diese Befruchtungsrituale, tagaus, tagein, und das auf meine alten Tage«, schmollte Renetta. Ich gelobte für die nächsten Jahre Nachsicht und bekam dafür bei meinen Umarmungs-Ritualen eine noch gehörigere Portion Kraftfelder gespendet, doch die Fülle dieser Jahresernte konnte sich sehen und vor allem schmecken lassen!

Darf ich Ihnen, liebe Leser, nun ein paar weitere Rezepte aus der geheimen Schatulle unserer Frau Holle, für ein mutiges Experimentieren Ihrerseits, anvertrauen?

Adam's Dreamtea

20 g Ingwer	15 g Himbeerblätter, getrocknet
6 frische Zitronenminzeblätter	5 junge Löwenzahnblätter
2 EL Zitronensaft	1 geh. EL Granatapfelkerne
1 Msp. Kardamom, gemahlen	1 l kochendes Wasser
30 g getrocknete Apfelschalen	2 EL Akazienhonig zum Süßen

Man schält und raspelt das Ingwerstück in feinste Streifen, gibt diese in eine kleine Glasschale, vermengt sie mit den feingeschnittenen Zitronenminzeblättern und dem Zitronensaft, in dem schon vorher das Kardamompulver aufgelöst wurde. Diese Mischung lässt man nun für ein paar Stunden aufeinander wirken.

Kurz vor der anberaumten Teestunde gibt die aufgezäumte Eva ihre getrockneten Apfelschalen, die Himbeerblätter und die strotzenden jungen Löwenzahnlinge in ein blitzsauberes Glasgefäß, fügt die marinierten Ingwerstreifen dazu. Jetzt gießt Eva ihr aufgekochtes Mineralwasser Marke Classico über die natürlichen Kostbarkeiten, bereichert das Ganze mit dem Akazienhonig und lässt das Gebräu etwa 10 Minuten am Teetischchen ziehen. Schon jetzt windet sich das verströmende, aromatische Düftchen um die bebenden Nasenhaare des heute erkorenen Adams. In den ausgesuchten Teetassen der besonderen Art warten schon einige frische Granatapfelkerne neugierig auf ihre Aufbrühung.

Durch ein Sieb aus Omas Küchenzeile wird der aufwallende Dreamtea nun in eine schöne, bauchige Teekanne abgegossen, die bereits ein kurzes Tête-à-Tête mit einem friesischen Stövchen in Hitzewallung versetzt hat. Eine Auswahl von Muskat-Sternen und Anisplätzchen wartet auf ihre Erwählung, ein alteingesessener Cognac harret der Dinge, die noch kommen können.

Für eine zauberhafte Zeremonie sind nun Tür und Tor geöffnet und Evas Adam wird nach diesen Genüssen und ihrem Gusto seinen Mann stehen, dafür lege ich meine Hand ins Feuer, oder lieber doch nicht? Auf alle Fälle: Wohl bekomm's!

Apfel-Minze-Chutney à la Mariana

2 Zitronen, ungespritzt	4 EL gehackte Minze
4 große Delicious-Äpfel	1 Prise Salz
1 Prise Zucker	3 kandierte Ingwerstücke
1 EL eingeweichte Rosinen	4 Walnüsse

Ich wasche die Zitronen, halbiere sie, schneide mir zwei feine Scheiben ab und separiere sie. Dann reibe ich die Schalen der Zitronen ab und presse ihren Saft aus. Die Äpfel werden entkernt, geschält, geteilt und dann in ganz feine Scheiben geschnitten. Eine weiße Steinschüssel wartet schon. Ich gebe die Äpfel hinein und übergieße sie sofort mit dem

Zitronensaft, damit sie nicht die Farbe wechseln. Dann menge ich die Prise Zucker, die kleingeschnittenen Rosinen und die geriebene Schale der Zitronen darunter. Erst kurz vor dem Verzehr mische ich die Minze darunter und gebe die kleine Prise Salz dazu. Die Zitronenscheiben werden mit kleinen kandierten Ingwerstiften und Walnussvierteln zur Garnierung verwandt.

Ich liebe dieses fruchtige, schmackhafte Chutney, das sich am besten mit einem gegrillten Steak oder mit einem würzigen Fisch vom Rost kombinieren lässt. Die Fusion einer frischen Renke, die eine Räucher-Prozedur mit Sägemehl aus Fichtenholz in einem kleinen, erwerbbaren Räucher-Öfchen, hinter sich gebracht hat, mit dieser Chutney-Frischlings-Kreation, im Verbund mit einem wohltuenden, milden Calvados-Elixier, bringt meine Geschmacksnerven an den Rand des Frohsinns, und das ist gut so!

Lassen Sie sich bekehren, meine verehrten Leser. Probieren geht über studieren!

Frau Holles Apfelwein
mit Löwenzahn und Salbei

500 g Löwenzahn-Blütenköpfe	4 l frisch gepresster Apfelsaft aus ca. 4 kg Boskop-Äpfeln
3 Zitronen, ungespritzt	
3 Orangen, ungespritzt	800 g Zucker
1 fingergroßes Ingwerstück	4 Salbeizweige, frisch
2 l Mineralwasser Classic	2 Thymianzweige, frisch

Die Löwenzahn-Blütenköpfe werden gewaschen, die Zitronen und Orangen abgeschält und in feine Streifen geschnitten. Auch die Ingwerstange wird geschält und fein gestiftelt.

Das Wasser wird mit 1 Liter purem Apfelsaft gemischt, mit dem Löwenzahn, den Orangen-, Zitronenschale und Ingwerstiften aufgefüllt und zum Kochen gebracht. Nach einem Köcheln von etwa 5 Minuten gießt man alles durch ein blitzsauberes Leintuch ab. Nur der flüssige Teil wird weiterverwertet. Nun ist es Zeit für den Zucker, den Zitronen- und Orangensaft, sich in die heiße, schon duftende Mixtur zu begeben und langsam abzukühlen. In einem mit warmen Sodawasser gereinigten 10-Liter-Ballon-Gefäß warten schon die Salbei- und Thymianzweige auf ihren Besuch. Die bisher ertrutzte, noch lauwarme Flüssigkeit wird nun zusammen mit dem restlichen Apfelsaft auf den Weg gebracht und der Ballon zuerst für drei Tage, nur mit einem Tuch abgedeckt, offen in den Keller gestellt. Dann verschließt man mit einem Kork, der mit einer mit Wasser gefüllten Gär-Röhre ausgestattet ist, damit die aufsteigenden Gase entweichen können. Die Ballons und die speziellen Verschlüsse sind in Fachgeschäften zu bekommen. Für etwa 6 Wochen wird der angehende Überraschungstrunk einem Gärungsprozess anheimgegeben, und zwar möglichst an einem warmen Plätzchen.

Geht der Wein langsam in sich und die aufsteigenden Bläschen stellen ihre Aktivitäten ein, zieht man ihn mit einem Schlauch in einen frischen bereitgestellten Ballon ab, ohne den Bodensatz aufzuwirbeln. Eine kleine Weinprobe, mit feinem Handkäse veredelt, ist bei dieser Gelegenheit Ehrensache. Sie werden sich kaum von diesem neuen Hausfreund trennen wollen. Gärungskorken aufgesetzt und für weitere 3 Wochen geht's mit dem mundigen Elixier auf die Wartebank, zur Nachgärung oder Klärung, wie man es nennt.

Dann kommt der Tag. Mein neuer Heilwein wird auf den Namen »Hybridus« getauft, was auf eine natürliche Kreuzung unterschiedlichster Zutaten hinweisen soll. Die bereitgestellten Flaschen werden brav ausgekocht und mit dem aromatischen Wein aufgefüllt. Ein eigenes Etikett zu entwerfen, macht Freude ohne Ende. Nun ist's für den frischen Wein an der Zeit, in seinem Wohnregal zu reifen und immer noch besser zu werden, wie es ja auch bei uns weiblichen, reifen Jahrgängen zu beobachten ist, hihi. Mein letzter Wein war so gelungen, dass er von einigen Schleckermäulchen meines Freundeskreises ratzfatz weggeputzt wurde. Na dann, auf zum nächsten Gärgang, Prosit!
Vivat Bacchus, Bacchus lebe, Bacchus, der den Wein erfand!

April

Himmel und Erde verneigen sich
und der süße Regen fällt –
jenseits der Menschengewalt
und doch gleichmäßig
auf alle.
(Laotse)

Eine sanfte Heldin
Gast auf Erden – Script für einen Kurzfilm

Zwei Engel machen sich bereit zum Erdensprung, die ihnen zugeteilten Adressen in Händen. Sie müssen nach Bayern, ganz im Süden Deutschlands. Der Erste, Uriel genannt, springt mutig, der Zweite schlottert vor Angst, da in dem anvisierten Landepunkt, der sich in Deutschland befindet, Kriegszustand herrscht. Wir hören den Lärm eines Bombenangriffs. Muriel, der zweite Engel, beschließt kurzfristig, nicht zu springen, gibt seinen Auftrag zurück und wird dafür von einem verärgerten Petrus zu dreizehnjähriger Zwangsarbeit als Aufklärungsflieger bei der himmlischen Luftdelta verdonnert. Wir schreiben den Monat November des Jahres 1944.

Wir sehen Archiv-Aufnahmen eines Luftangriffs auf München Stadt und Land. Aus Off klingt die Stimme des anreisenden Engels, der den Sinn seiner Reise erklärt. Er hat es mehr als eilig, um den vorbestimmten Zeugungsakt mit anschließender Befruchtung, der er als Assistent zugeteilt wurde, nicht zu versäumen. Während er sich kopfüber durch die regenbogenfarbenen Schwaden eines Zeugungsnebels stürzt, hören wir Einschläge der Bomben, Motorengeräusche der Flugzeuge, aber auch die lustvollen Laute eines Liebespaares. Der Schrei eines Mannes vermischt sich mit einem gelben Blitzgewitter. Ein neues Menschenkind, dargestellt mit Hilfe einer Embryo-Fotocollage, macht sich langsam auf den Weg, um auf einem vorgegebenen Pfad ans Licht der Welt zu dringen. (Musik: »Spaced out« von Xynn)

Vor der Haustür eines bayerischen Bauernhauses verabschiedet sich eine junge Frau von 26 Jahren mit erhitztem Gesicht und

zerzaustem Haar von ihrem Geliebten, einem Soldaten in großer Eile, der den Rapport auf seiner Kaserne sündig verschwitzt hat. Der Abschied, der von dem Gebell des Hofhundes und dem Gekeife der Bäuerin, die über die gehörten Lustgeräusche außer sich geraten ist, überschattet wird, fällt Agnes sehr schwer, wie man unschwer erkennen kann. Für den Gärtner Georg heißt es jetzt zurück in die schrecklichen Wirren eines Krieges, den er aus tiefstem Herzen verabscheut. Eine letzte innige Umarmung. Das Abschiedsbild bleibt stehen, ein blauer Blitz teilt es in zwei Teile.
Georg eilt von dannen, die nichtsahnende, geschwängerte Agnes übernimmt von der immer noch erzürnten Bäuerin einen Brotzeitkorb, den sie täglich zu den Zwangsarbeitern aus Russland, Polen und Frankreich bringt. Flankiert von ihrem Schutzengel Uriel, der von nun an bis zur Geburt ihres Kindes an ihrer Seite weilen wird, schreitet Agnes zügig über eine große Wiese in Richtung Wald, um Zeit und Weg zu sparen. Der Himmel erschreckt mit einem kräftigen Wetterleuchten, begleitet von pfeifenden, auch quietschenden Geräuschen, die von einem schweren Bombenangriff auf die fernere Stadt herzurühren scheinen. Agnes verteilt ihre karg bemessenen Rationen, denen sie auch noch ihre gesammelten Lebensmittel beigefügt hat, an die ausgemergelten Männer und nimmt mutig Brief um Brief der Gefangenen an sich, die sie hurtig in einem großen Leinentuch auf dem Grund des Korbes verschwinden lässt. Briefmarken, von ihrem kargen Lohn gekauft, hat sie schon zu Hause gebunkert, um die Lebenszeichen der Gefangenen auf die Reise zu ihren Verwandten in die fremden Lande senden zu können.
»Was ich für euch tue, bringt mich in große Gefahr, aber das ist das Mindeste, was ich als Christin in diesen schweren Zeiten mit einbringen kann«, verabschiedete sie sich gefasst, um den gefährlichen Heimweg über die Felder anzutreten. Aus dem Bauch der angehenden Mutter macht sich das Stimmlein des kleinen Wesens bemerkbar. »Maikäfer, flieg, mein Vater ist im Krieg«, tönt es anrührend, lässt Schutzengel Uriel schmunzeln. Agnes

bleibt stehen, horcht unruhig in sich hinein, bis sie der warnende Ruf einer Krähe mit ungutem Gefühl weitergehen lässt. Aus der Ferne hören wir das Geräusch eines herannahenden Panzers.

Schnitt: Wir schreiben den 19. Oktober 1978. Agnes' Tochter Marie, zu einem stattlichen Weibsbild von dreiunddreißig Jahren herangewachsen, sitzt am großen Tisch einer gemütlichen Wohnküche und schält Kartoffeln, während Mutter Agnes am Küchenherd beschäftigt ist und gerade einen saftig gebratenen Truthahn mit Sauce übergießt. Der Raum ist phantasievoll mit Lampions und Orchideen dekoriert, ein buntes Schild »Happy birthday, Oma« wurde zu Agnes Sechzigstem, der heute gefeiert werden soll, angebracht. Enkeltochter Lea schneidet die Pfirsiche in Stücke und lässt die letzten temperamentvoll in die bereitstehende Bowleschüssel plumpsen. Tante Rena, Maries jüngere Schwester, gießt übermütig eine spritzige Dosis Sekt dazu. Kater Mohrle versucht die entsprungenen Tropfen mit seinen Samtpfötchen zu erhaschen.

Die Kamera schwenkt auf Mohrles gelbe Augen, die sich beim Aufziehen des Bildes in die blauen Augen von Marie verwandeln.

Die Kamera zieht weiter auf und hält das Antlitz von Marie in ihrem Fokus. Marie berichtet dem Zuschauer über den Soldatentod ihres Vaters Georg, der in den letzten Kriegstagen vom Dumdum-Geschoss eines Heckenschützen schwer verletzt wurde und nach fünf leidvollen Tagen in einem Lazarett verstorben war. Sie erzählt von der werdenden Mutter Agnes, die zu diesem Zeitpunkt im fünften Monat schwanger war und inständig auf eine Rückkehr des geliebten Mannes wartete, der sich im normalen Leben als leidenschaftlicher Gärtner auswies und aus seinem Ekel vor dem Krieg, der ein In-die-Arme-Schließen seiner Tochter verweigerte, nie ein Hehl gemacht hatte. Sie weiß auch von einer alten Krankenschwester zu berichten, der sie vor einiger Zeit begegnen durfte. Dabei erzählte diese ihr berührende Details über die letzten Stunden ihres Vaters, dem Marie nie in das ausdrucksstarke Antlitz blicken konnte. Es habe die eindringliche Bitte des Sterbenden im Raum gestanden, sich um seine Tochter, davon ging er aus, und um seine Freundin Agnes zu kümmern, denn es würde noch lange dauern, bis er seine Heimreise antreten könne. Das hat er der ihn hingebungsvoll versorgenden Schwester ahnungsvoll ins Ohr geflüstert.

Marie philosophiert über ihre kritische Einstellung zu Kriegshandlungen und plädiert für ein friedvolles, gewaltloses Lebensprinzip auf den Gedankenspuren von Mahatma Gandhi, der rät, den wirklichen Frieden zuerst in seinem eigenen Inneren herzustellen, um daraus resultierend auch im Makro-Bereich des Weltengefüges ein friedvolles Miteinander zu gewährleisten. Marie hinterfragt auch das historische Zusammenspiel der geheimen Kräfte, die das Jahrhundert-Geschehen mit den schrecklichen Ausmaßen von ihren Schreibtischen aus dirigierten.
In dieser letzten Phase von Maries Monolog erscheinen auf ihrer Stirn, die als Filmleinwand fungiert, Aufnahmen von kämpfenden Soldaten. Das Geräusch eines Panzers setzt sich darüber, schwillt an, Männerstimmen mischen sich darunter, ein amerikanisches Stimmengewirr.
Schnitt: Die Kamera zeigt die junge Agnes auf ihrem abenteuerlichen Heimweg zurück.
Sie läuft um ihr Leben, ein Panzer mit johlenden amerikanischen Soldaten hat Kurs auf sie genommen. Den Korb hat sie verloren, die einzelnen Briefe der Gefangenen säumen den Wegesrand. Sie verlässt den Weg, doch auch der Panzer ändert seine Richtung, verfolgt sie über die großflächige Wiese. »Let's just hunt her for

fun, folks, no abuse, o.k.«, schwirren die fremden Worte über die zu Tode erschrockene Frau, die um ihr Leben läuft. Das Bild gefriert, man hört den dumpfen Fall eines Körpers und wird Zeuge, wie Agnes aus dem Futterschacht in der Scheune ihrer Bäuerin geborgen wird, in den sie bei ihrer Flucht abgestürzt ist.
»You're a good girl, I am so sorry, my dear«, redet ein schwarzer GI gütig auf sie ein, während er die Bewusstlose im Beisein der vor Schreck erstarrten Bauernfamilie mit starken Armen der Trage eines herbeigerufenen amerikanischen Sanitätswagens anvertraut.
»Mama, ich bin bei dir, mir geht's gut, Mama, alles im Lot«, versucht das kleine Wesen Agnes aus seiner schützenden Gebärmutter heraus zu trösten. Sie murmelt nur eine unverständliche Antwort in sich hinein. Beherzt springt Engel Uriel mit in den Wagen, wo er leise klagend seinen schmerzenden Flügel streckt.
»Ich weiß, das Schicksal meint es gut mit euch Menschen«, spricht Uriel, während er zart über Agnes' Stirn streicht.
Während der Schluss-Titel mit der Sphärenmusik von Xynn erklingt, wird Agnes' Stirn wieder zur Leinwand. Auf dieser wird der große Sternenwagen von vier temperamentvollen Schimmeln über das Firmament gezogen. Gleichzeitig legt sich die Stimme Maries darüber: »Mein Vater ist am 9. April 1945 im Krieg gefallen. Ich bin am 27. August 1945 geboren. Bin ich ein Kind der Stunde Null?«
Aus den Linien des Großen Wagens formt sich das Wort ENDE.

Heftiger Applaus schallt durch die Küchenmeile der Schwabinger Wohnung, als Marie, unter dem mit zahlreichen Bärchen geschmückten Weihnachtsbaum im Kreise ihrer Familie und einer warmherzigen Freundesrunde ihrer Regenbogen-Künstlerfamilie, ihre Idee zu einem sehr persönlichen Kurzfilm zum Besten gibt. Ihrer tiefverwurzelten seelischen Verschmelzung mit Mutter Agnes hat sie diese Geschichte gewidmet. Marie hat ihre Arme fest um die Schulter ihrer Mutter geschlungen, die, wie immer zur Weihnachtszeit, mit einer schweren Bronchitis zu kämpfen hat.

»Stellt euch nur vor, als ich im Krankenhaus das Bewusstsein wiedererlangt habe, saß dieser dunkelhäutige amerikanische Soldat an meinem Bett und hielt meine Hand. Er war ein richtiger Sergeant und damals misstrauisch den überdrehten Soldaten in einem Jeep gefolgt. So konnte er uns aus dem Schlamassel retten, Marie. Was für ein Glück im Unglück, dass du diesen Sturz, der mich drei Meter tief, mit den Füßen voraus nach unten fallen ließ, in mir überlebt hast. Meine Beine waren schmerzhaft geprellt, aber nicht gebrochen. Es war wie ein Wunder. Für dunkelhäutige Menschen habe ich zeit meines Lebens immer eine besondere Sympathie empfunden. Mein großer Traum war schon vor dem Krieg, als Rotkreuz-Schwester nach Afrika gehen zu dürfen«, erzählt Agnes mit einem weichen Ton in ihrer Stimme und nimmt sanft Clives Hand, der mit sich und der Welt im Reinen zu sein scheint. An Agnes' Schulter gelehnt, den Arm um Herzens-Gspusi Lea gelegt, kann er, nach tristen Jahren seiner Kindheit, heute sein erstes friedliches Weihnachtsfest zelebrieren. Agnes hatte Leas erstem Freund, der dunkelhäutig in Südafrika geboren wurde und mit sieben Jahren nach Deutsch-

land eingewandert war, für die nächsten Monate einen Schlafplatz im Hause angeboten. Morgens den Schulweg pünktlich antreten und in Ruhe lernen, das waren für Agnes die Voraussetzung für Leas mittlere Reife und einen Abschluss für ihren neuen Schützling Clive.
»Muss ich denn zum Städtele hinaus«, spielte Oma Agnes auf ihrer geliebten Mundharmonika nach dem wohlschmeckenden Weihnachtsessen für die bunte Gastrunde auf. Sie hatte eine herrliche Leberknödelsuppe mit Majoran nach traditioneller Art gekocht. Tante Rena brillierte mit ihren berühmten
Rindsrouladen mit Selleriekartoffelbrei und einer delikaten Sauce zum Niederknien. Marie wollte für den Überraschungsnachtisch, einem surinamischen Fruchtsalat mit ciner aufregenden Kaffee-Bergminz-Sauce aufgepeppt, für Furore sorgen.
»Dein Surinam ist schon, als du sechs Jahre alt warst, in deinem Sprachschatz aufgetaucht. In einem großen Sanella-Karton vom

Kramer-Laden hast du deinen Lieblingsbären, dein Kleid, deine Schuhe und dein Butterbrot im Bachbett vom Stapel laufen lassen und schon mal nach Surinam geschickt, damit er dort ein Haus für uns bauen sollte. Da hab ich dich aber ausgeschimpft. Weißt du, dass du mir auf unserem Heimweg, barfuß und nur noch mit deinem Unterhöschen bekleidet, auch noch die Leviten gelesen hast? ›Jeder Mensch soll sein Werk so tätigen, dass es auch für seinen Nächsten von Nutzen ist‹, kam da ganz großlaut aus deinem kleinen Mund heraus. Ich war sprachlos. ›Weißt du, Mama, wenn man so reich ist wie wir, muss man auch den Armen etwas abgeben‹, hast du mir mit deinen sechs Jahren gepredigt und ich musste kämpfen, dass ich das Essen und die Kleidung für uns drei herbrachte. Wo hat das Kind nur diese Gedanken her, dachte ich mir. Da ist der Herr Pfarrer dran schuld, der ja an dem Kind einen Narren gefressen hat. Das machte mir richtig Angst. Das erste und das letzte Mal habe ich dir damals einen ordentlichen Klaps auf den Hintern gegeben, das tut mir heute noch leid. Aber diese Flausen konnte ich dir nicht durchgehen lassen«, berichtet Agnes gedankenvoll der interessierten Runde. Man lässt sich jetzt Maries Nachspeise schmecken und diese nimmt sich die Zeit, um den Freunden einen kleinen Einblick in Omas aufregenden Lebensplan zu gewähren.

»Ich bekam diesen Klaps, das war ein Schock für mich, ich hab das nicht verstanden. Dann durfte ich nicht weinen. Tränen konnte unsere Mutter nicht sehen, nicht wahr, Rena? Ihr müsst wissen, dass unsere Agnes ihre treusorgende, geliebte Mutter schon mit zwölf Jahren verloren hat. Tochter Agnes hatte ihre Mutter nach einem Schlaganfall bereits vier Jahre lang gepflegt. Großmutter Theresia wurde am Heiligen Abend beerdigt, was für eine unglückliche Konstellation für die zurückgebliebenen Familienmitglieder! Bezeichnenderweise war Agnes in den letzten Jahren, immer zur Weihnachtszeit, schwach auf der Brust und kränkelte danach über Wochen vor sich hin – vielleicht eine seelische Nachwirkung und Spätfolge über diesen frühen, schmerzhaften Verlust? Unter der strengen Führung ihres Vaters musste sie von nun an neben den schulischen Verpflichtungen für ihre drei Geschwister die Mutterstelle ersetzen, den Haushalt führen, dem Vater in der Gärtnerei zur Hand gehen, um deren Erträge zusammen mit ihm auf dem Wochenmarkt zu verkaufen. Der kleine Bruder war erst sechs Jahre alt, als die Mutter viel zu jung verstarb. Der Krieg nahm unserer Mutter zuerst ihren Jugendfreund, fünf Jahre später fiel mein Vater. Zur gleichen Zeit wurde auch der kleine Bruder, mit sechzehn Jahren, unter einem Panzer begraben und konnte nicht mal mehr bestattet werden. Dann zog unsere Agnes fast sieben Jahre lang uns beiden Mädchen, Rena und mich, alleine auf. Sie heiratete, hoffte auf eine tragende Partnerschaft und Liebe und musste feststellen, dass sich bei ihrem späteren Ehemann, anfangs fürsorglich und liebevoll, nach einer schweren Kriegszeit eine seelische Erkrankung immer mehr bemerkbar machte. Man muss stark sein und sich zusammenreißen, man darf sich nicht gehen lassen, gab sie uns mit auf den Weg und war selbst das blühende Beispiel dafür: Eine Vollzeit-Arbeitsstelle als Nähstubenleiterin, nach dem Arbeitstag mit dem Rad bei Wind und Wetter nach Hause gefahren und ein warmes Essen gekocht. Haushalt, Wäsche und hingebungsvolle Gattin an einen täglich fordernden Sexualprotz. Und dennoch blieben da Herzensraum, Zuwendung und Vollvertrauen für uns Kinder, die sie auch bei Ungerechtigkeiten und Attacken wie eine Löwin ihre Jungen zu verteidigen wusste. Sie hat sich nie beschwert, uns ihr schweres Leben nie in die Waagschale geworfen und vorgehalten. Nur Tränen, die konnte unsere Mutter nicht laufen sehn.«

Schimmern da nicht ein paar Tränen in Agnes' Augenwinkeln? Marie sagt nichts und macht sich jetzt lustvoll über ihren komponierten Fruchtsalat her, dem sie den Namen »Der Überflieger« verpasst hatte.

»Ach, wie schmeckt dieses Mahl vorzüglich, das ist ja wirklich zum Abheben«, bringt nun Brüno, ein charmanter Kollege aus Maries Theatergruppe, mit ein. Auch ihn, der sich in Liebesdingen nur gleichgeschlechtlich zu orientieren pflegt, wie er sagt, hat Agnes besonders in ihr Herz geschlossen.

»Ach, Brüno, da hättet ihr alle mit uns in meinem geliebten Chiemgau das Erntemahl zum Abschluss der Erntezeit erleben sollen. Schon tagelang vorher haben in der großen Bauernküche Teller und Töpfe geklappert, da hat es gedampft, gezischt und geduftet, während die Bediensteten noch draußen auf dem Feld Garbe um Garbe aufgegabelt haben und mit aller Kraft auf  die Wagen stemmen mussten, auch wir Weibersleut. Beim Einfahren der letzten Fuhre hängte die jüngste Magd als Erntebraut einen gebundenen Kranz über der Haustüre auf, ein auserkorener Erntegockel war von der Bäuerin vorher schon eigenhändig auf der hauseigenen Guillotine einen Kopf kürzer gemacht worden. So blieb die letzte Handlung, einen kleinen Baum, geschmückt mit Blumen, sauberen Schnupftüchern und reschen Brezen, vom prallvollen Erntewagen in den Hof zu werfen, dem ersten Knecht vorbehalten. Und dann ging es wohlverdient ans Eingemachte. Die Tische bogen sich unter der leckeren Last, auf die man sich mit Eifer stürzte. Da konkurrierten Voressen, Schweins- und Kalbsbraten, gefüllte Kalbsbrust, Knödel, Küchel, Kraut und Salate aller Spezies miteinander. Das Bier und der frischgegärte Most wurden in großen Masskrügen reihum gereicht und liefen wie geschmiert die durstigen Kehlen hinunter. Zum Nachtisch warteten noch die Ausgezogenen, Quarkspeisen, zimtige Apfelküchl und in Butter geschwenkte Zwetschgenbavesen auf die vollgegessene Meute und auch ein sauguter Kaiserschmarrn ließ sich nicht lumpen. Die Burschen haben schon angefangen, mit den Mägden zu scherzen, sie zu kitzeln und später hat man schon die eine oder andere Leiter an die Hauswände gelehnt gesehn. Ja, und neun Monat später hat man dann schon den einen oder anderen Kinderwagen mehr durchs Dorf kurven gesehn. Mein Freund und ich haben aber dann das Musizieren und Singen bevorzugt. Das ging dann, bis die Sonne aufgegangen ist. Wir haben halt am nächsten Morgen auf den Schlaf ganz verzichtet und sind nach der Küchenarbeit, die sich, bei den vielen Essern, sehen hat lassen können, gleich in den Stall gegangen. Das Chiemgau, das war mein Ein und Alles. Dort war ich bis jetzt am glücklichsten.« Mit diesen Worten beschließt Agnes leuchtenden Auges ihre Ausführungen, die von allen, zusammen mit einem echten italienischen Espresso und einem Birnengeist der feinsten Art, mit Wonne genossen werden.

»Unser Musiklehrer, übrigens ein Chiemgauer, hat uns weismachen wollen, dass sich im Chiemgau auf 100 Vereine 90 Musikvereine und 10 Schützenvereine verteilen, wogegen das nördliche Bayern in Relation bei l00 Vereinen mit 90 Schützenvereinen und 10 Musikvereinen glänzen würde«, wirft nun Omas pfiffige Enkelin Lea heiter in ihren Espresso-Kaffeesatz und bringt alle zum Lachen.

»Auf, auf, meine Freunde, lasst uns alle zu einem Verdauungsspaziergang in den herrlichen Englischen Garten vor unserer Türe aufbrechen und eine Karawane zur Erregung der öffentlichen Freude gestalten. Dann ziehen wir mit Künstlern, Philosophen und allen Menschen, die sich uns anschließen, von Stadt zu Stadt, von Land zu Land, locken immer mehr begeisterte Verbündete an und karawanisieren dann alle zu einem Festival für Freude und Liebe nach Jerusalem. Komm, meine süße Oma, let's cruise through the exciting garden-zones«, lockt Brüno seine Herzensdame Anna, wie er Agnes zu rufen beliebt, zweideutig und charmant auf die freie Wildbahn. Mit Freude registriert Marie das große Einverständnis ihrer Gäste untereinander. Auch die tiefe Verbindung ihrer weiblichen Familienmitglieder mit ihrem hochsensiblen homosexuellen Freund und nahen Herzensbrüdern, die sich über die Jahre ihrer freiwilligen Unbemanntheit, auch bei ihrer Tochter Lea, aufbaute, erwärmt ihr Herz.

»Ach, Lea, sei glücklich, dass du neben deiner lieben Marie, die wie eine Schwester zu dir ist, übrigens auch zu mir, zu dem Geschenk deiner in sich ruhenden Tante Rena noch so einen wunderbaren Menschen wie deine Großmutter um dich herum hast. Ich weiß, wovon ich spreche, denn ich bin erst bei kalten Pflegeeltern aufgewachsen und dann in einem lieblosen Heim abgegeben worden«, bemerkt Brüno leicht traurig und breitet, während sie sich bei ihm eingehakt hat, spontan seinen gefütterten Anorak über Leas Schultern, da er mit seinem feinen Seelenseismograph das leise Frösteln des jungen Mädchens verspürt.

Dafür liebe ich dich, Brüno, geht es durch Maries Kopf, die still diese Geste registriert hat.

Als sich die durchgefrorene Truppe in der Nische eines gemütlichen, warmen Lokalraums am Chinesischen Turm, bei steifem Grog und bekömmlichen Glühwein um einen runden Tisch versammelt, weiß Brüno mit einer Überraschung aufzuwarten. »Ich habe in einem interessanten Buch des Soziobiologen Voland gestöbert, Kinder. Er hat festgestellt, dass die Liebe und Fürsorge von Großmüttern sehr vorteilhaft für das Wohlergehen ihrer Enkel ist. Sind die Großmütter, merkwürdigerweise vor allem von der mütterlichen Seite, mit zur Stelle, sinkt die Sterblichkeitsrate im ersten Lebensjahr um ein Viertel. Möglicherweise ist dadurch das lange Fortleben der Frauen nach dem Ende ihrer Fruchtbarkeit evolutionsbiologisch durchaus gerechtfertigt, obwohl der evolutionäre Wettbewerb nach Mr. Darwin doch alle Lebensformen aussortieren würde, wenn deren biologische Ausstattung den eigenen Fortpflanzungserfolg nicht optimal befördert. Fakt ist, lieber Herr Charles Darwin, dass Säuglinge, deren

Großmütter noch am Leben waren und Kontakt zu ihnen hatten, gesünder blieben als ohne großmütterliche Liebe. Was sagt ihr dazu?«

Oma Agnes' rot erhitzte Wangen sprechen Bände. »Na dann, auf das neue Jahr, auf die heilige Ordnung, auf die segensreiche Himmelstochter, meine Lieben«, ruft Marie lachend über den Tisch und alle anderen stimmen fröhlich ein.

»Worum sorgt ihr großen Menschen euch denn immer so fürchterlich, Mama?«, bringt Lea mit einem kleinen Seufzer noch als Nachschlag aufs Tablett. Doch Marie kommt gar nicht zu einer Antwort. Sie ist schon losgerannt, um Oma Agnes und Hündin Bagi aus dem Tohuwabohu einer Hundebegattung, die von einem heißblütigen Jagdhund angezettelt wurde, zu befreien. Heute zieht Oma, samt Bagi, die kürzere Leine, in die sich Omas Daumen gefährlich verwickelt hat. Ein ebenfalls heißblütiger Hundekollege hat sich an Agnes' Mantelsaum festgezurrt und auch Bagis Jungfernschaft gerät arg in Bedrängnis. Der herbeistürmenden Lea gelingt es, mit ein paar zackigen Befehlen die überhitzten Verehrer Bagis, männliche Zaungäste mit eingeschlossen, trotz gefährlichem Knurren zur Räson zu bringen und so gewandt das entgleiste Debakel zu eliminieren.

Als Brüno mit einem kräftigen Strauß Minze, den er in einem sonnendurchfluteten Winkel des Monopteros-Denkmals trotz winterlicher Kälte gepflückt hat, am Ort des Geschehens auftaucht, löst sich das Kampf-Bataillon einschließlich Männerriege auf und stiebt in alle Richtungen davon. Oma und Bagi sind befreit und das duftende Minze-Sträußchen wird bei einigen Gläsern Sekt zum Sieger des Tages erklärt. Prost Neujahr!

Die Minze (*Mentha spicata*)

Schon die heilige Hildegard von Bingen legte sich vor dem ersten Morgengebet in das ausladende Ährenminz-Beet eines Klostergarten-Rondells. Von der von den alten Römern viel gepriesenen Weisheit der verehrten Pflanze wusste auch sie zu profitieren. Das dritte Auge auf, Nüstern gebläht und hinaufgeschwungen in die große Vorsehungs-Arena, die im »Schatten des lebendigen Lichts« die Regeln über das Wirken der vier Elemente, die Zusammensetzung der Baustruktur des Kosmos und die verborgenen Geheimnisse Gottes preisgab.
»Die Stellung der Gestirne, die Natur der Tiere, die Gestalt der Engel, die Gedanken der Menschen, die Verschiedenheit der Pflanzen, ihre verborgenen Kräfte in den Wurzeln wurden mir offenbart«, so ihre eigenen Worte.
Der Minze, vor allem der Ähren-, Bach- und Krauseminze, gibt Hildegard in ihren Aufzeichnungen einen großen Bonus, wenn es darum geht, die Säfte im Menschen die richtige Ordnung und das richtige Maß bewahren zu lassen. Diese Pflanze verbessert die Sehkraft, stärkt die Leber, aber auch die hochsensible Bauchspeicheldrüse wird durch eine gehörige Dosis Minze wieder motiviert und sensibilisiert, um das tägliche Arbeitspensum zu bewältigen. So manch hartnäckiger Husten musste bei konstanter Berieselung mit heißen, duftenden Minzaufgüssen schon das Weite suchen. Bei Schlafstörungen und bluttriefenden, kopflosen Alpträumen, zum Beispiel nach einem Inglorious-Bastards-Kinobesuch, hätte ein kräftiger Apfelminzstrauß auf dem Kopfkissen schnell für Abhilfe gesorgt und den blutigen Alp in die Gärten von Poseidon gelockt.

Durch die neuen Minzsorten Mentha rotundodifolia variegata (mehrfarbige Apfelminze), Mentha piperita citrata (Eau-de-Cologne-Minze), Mentha villosa var. Alopecuroides, (Bowle-Minze) und der dekorativen, mehrfarbigen Ingwerminze (Mentha gentilis variegata), von den Gärtnern für ihre anspruchsvollen Kunden auch zu ästhetischen Augenweiden hochgezüchtet, führt unsere gute alte Pfefferminze (Mentha pererita) mehr und mehr ein Schattendasein. In ihren indischen Heimatzonen noch zeremoniell hochgeehrt und fürsorglich angebaut, darbt das Gros ihrer Sippe auf den halbtrockenen Böden der monokulturellen Großplantagen bis zur rigiden Ernteprozedur. Hatte sie über Jahrtausende freiwillig über die Menge ihrer ausströmenden Säfte bestimmt, wird ihr in Zeiten wie diesen der mühevoll angereicherte Menthol-Anteil von Maschinen bis zum letzten Tröpfchen ausgepresst und sie eiskalt, ohne Vorwarnung mit trotteligen, zerbröckelten Kreidefelsen zu einer Fusion gezwungen.

Gnadenlos, von allen verlassen, wird die Altmeisterin Mentha pererita in eine fensterlose Zahnpastatube gepresst und für Wochen und Monate gefangen gehalten. Auch der zahnputzende, indische Fakir vermag ihre Hilfeschreie in dieser Transformation nicht mehr wahrzunehmen. »Die Laborchemie wird's richten, dass man euer einmaliges, natürliches Aroma für diese Zwecke gar nicht mehr braucht. Hab Geduld, meine Verehrteste«, tröste ich meine Pererita, der ich, zusammen mit einigen Fexern, nach Trennung von ihren Langzeit-Artgenossen ein freies Terrain meiner Kräuterspirale vermiete, kostenfrei, Pflanzenkinder und Insektenhaustiere erwünscht, versteht sich von selbst!

Werden die Minzpflanzen gutgedüngter, feuchter Erde anvertraut, antworten sie mit einem üppigen Wuchs in Hülle und Fülle. Ein dichtes Wurzelwerk breitet sich verflechtend aus. Diesen Effekt umgeht man, indem man die Minzsorten zuerst Kübelgefäßen anvertraut und diese dann in nährstoffreiche Erde versenkt. Für Halbschatten wäre unsere Minzetta sehr dankbar,

aber auch voller Sonne ist sie zugetan. So lässt es sich einer ertragreichen Erntezeit von Mitte Mai bis Ende Oktober mit Zuversicht entgegensehen.
Die frischen Blätter wandeln direkt in die Speisen, werden auch zur Gewinnung von ätherischem Öl weiterverarbeitet. Mit ganzem Stiel, eventuell auch mit Blütenansatz, wartet am Ende der Trocknung eine duftende, wohltuende Tee-Zeremonie auf ihre Stunde. Ein Löffelchen Akazienhonig in den Tee, dazu herzerweichende Muffins mit Himbeerfüllung, Schlehenlikör und Rosenwasser und man ist mit Gott und der Welt wieder im Reinen. Den Beelzebub lenken wir mit einer überirdischen Muffins-Ration für eine gute Weile von seinen irdischen Belangen ab.
Seit meiner Kindheit liebe ich dieses anregende, wohlriechende Kraut der Minze, mit dem Muttern nicht nur meine Fieberkurve in Schach hielt, auch beizeiten meinem Schluckauf zu Leibe rückte.
»Gegen Dummheit ist doch ein Kraut gewachsen«, sagte sie sehr oft beim Servieren von frischgekochten, schmackhaften, neuen Kartoffeln mit Schale, die sie mit untergemischter, fein gehackter Minze und einem Stück Butter beigesellt servierte. Die große Tochter ergänzt heute dieses feine Mahl noch mit einem Tsatsiki, das sich aus Joghurt, Knoblauch und feingestiftelten Gurkenstücken, Zucker, Salz und Pfefferkörnern zusammenfügt.
Ein Geschmackserlebnis der feinsten Art stellt für mich der Genuss eines Tabouleh-Salats dar, der mit Hirse, einem großen Minzanteil und einer Prise Kreuzkümmel, Zucker und Salz angemacht wird. In Marokko wurde ich diesem Gaumenkitzel zum ersten Mal vorgestellt und es gab zu meiner Erbauung schon weitere blind dates. Auch die typische englische Minzsauce, als Würze zu einem Lamm-Braten oder zu Lamm-Koteletts, bringt unseren Gaumen Freude.
Mit Hilfe des herrlichen Minzaromas verfeinere ich auch Gemüsegerichte, Saucen und Salate und stelle, zur Freude meiner Familie, von einem herkömmlichen Apfelessig, mit kräftigen Apfelminzzweigen, Ingwer- und Sternanisstücken, eine aufregende

Essig-Kreation her. Die Zutaten einfach in den Apfelessig einlegen und an einer warmen Stelle etwa drei Wochen aufeinander wirken lassen. Das Ergebnis kann sich schmecken lassen.

Ob wohl die Kaugummis meiner Enkelin Alina noch mit dem echten Menthol der Minze getränkt werden, oder ob sich schon der Aroma-Spezialist trickreich dieses universellen Geschmacks bemächtigt hat? Diesen Gedanken verscheuche ich jetzt aber schnell.

Darf ich Ihnen zum Finale noch ein kleines Geheimnis verraten? Wenn Sie das Wachs einfacher Haushaltskerzen zerkleinern, in einem Topf auflösen, mit einem Minzextrakt versetzen, am besten aus meiner sizilianischen Bergminze gewonnen, die flüssige Mischung in kleine Gläser füllen, in deren Mitte einen frischen Docht setzen, dürfen Sie sich beim späteren Entflammen auf einen wohltuenden Duft freuen. Liebe Leserin, starten Sie diese Aktion nicht, wenn Sie gerade von einem männlichen Kandidaten umworben werden. Das Minzaroma nämlich lässt durch seine beruhigende Eigenschaft heute keinen Muskel mehr schwellen. Da wäre dann wohl lieber ein erregender Moschusduft angesagt ...

Minz – Eau de Cologne »Citeatro«

2 EL frische Zitronenminzeblätter, gehackt
2 EL frische Rosmarinblätter
50 ml Wodka, mild
1 Orange, unbehandelt
1 Grapefruit, unbehandelt
1 Stück Ingwer, geschält
100 ml Rosenwasser, aus der Apotheke

Mit diesem traumhaften Parfüm, Marke Eigenmix, erzielen Sie eine frische Duftnote. Die gewonnene Essenz wird Sie zärtlich umfloren und Ihre Umgebung in einen guten Schwingungszustand versetzen, und das unbemerkt! Ihre eigene Kreation kann, was die Zutaten betrifft, noch nach Ihrer persönlichen Phantasie variiert werden. Sind Sie eingestimmt? Ab geht's, in Frau Holles Geheimlabor.

Wir nehmen eine Glasschüssel, die mit kochendem Wasser ausgespült, keimfrei gemacht wird, und geben die gewaschenen Minze- und Rosmarinblätter hinein. Den Wodka in einem eigenen Topf erwärmen und über die Kräuter gießen. Die Orange und die Grapefruit werden sorgfältig gewaschen, die Schalen fein abgerieben und zu den Kräutern gesellt. Das Ingwerstück wird geschält, zu Mus gerieben und ebenfalls zugegeben. Das Rosenwasser wird erwärmt und geduldig, unter stetem Rühren, der bisherigen Mischung zugegossen.

Jetzt übergeben wir den Inhalt der Glasschüssel einem sterilen, verschraubbaren Gefäß und organisieren diesem ein ruhiges Plätzchen im Kühlschrank, wo es für zwei Wochen campieren darf. Einmal pro Tag wird es geschüttelt und für kurze Zeit auf den Kopf gestellt, um die ätherischen Öle zu einer besseren Verschmelzung mit dem Alkohol anzukurbeln. Wir dürfen auf das Ergebnis gespannt sein.

In froher Erwartung geht es in die letzte Runde. Durch ein Sieb gießen wir die Essenz, die sich schon durch ein Duft-Bouquet Belobigung zu ertrutzen versucht, in einen sauberen Krug und pressen die eingelegten Zutaten kräftig aus.

Nun ist es an der Zeit, sich ein stilles Eckchen für die Initiierung unseres Eau de Citeatro-Elixiers zu gestalten. Eine schöne samtene Decke wird über das kleine Beistelltischchen gebreitet, ein feingeschliffener Bergkristall-Stift aus seinem dunklen Ledersäckchen geholt, die babylonische Wassergöttin Nanshe um ihren Segen gebeten. Jetzt wird die Flüssigkeit über den Bergkristall mit Hilfe eines Trichters in eine bereitgestellte braune Flasche von 200 ml zu gegossen, die ein selbstentworfenes Etikett vervollkommnet.

Der Überflieger
Maries surinamischer Fruchtsalat mit Kaffee-Minz-Sauce

1 kleine Dose Litschis mit Saft	$^1/_2$ Ananas
1 große Zitrone	3 Feigen, frisch
1 EL Bienenhonig	200 große Erdbeeren, frisch
4 cl Birnengeist	7 Apfelminz-Stängel zur Verzierung
6 kräftige Pfefferminzstängel	150 g Walnüsse, geteilt
1 Prise Zimt	1 EL Bohnenkaffee, löslich
2 große, saftige Birnen	2 El kochendes Wasser
2 Pfirsiche, frisch	200 g Schlagsahne

Den Saft der Litschis mit dem Limettensaft, $^1/_2$ TL geriebener Limettenschale, dem Honig und dem Birnengeist vermischen, ein paar feingeschnittene Minzblätter dazugeben, eine Prise Zimt darüberstreuen, vermischen und erst mal in den Kühlschrank stellen.

Inzwischen die Früchte waschen, schälen, in mundgerechte Stücke schneiden. In einer großen Glasschüssel anrichten. Etwa 15 Minuten vor dem Servieren die kühlgestellte Marinade darübergießen, mit den restlichen, geschnittenen Apfelminz-Blättern und Walnussstückchen versehen.

Für die außergewöhnliche Sauce, die in kleinen Schälchen extra beigegeben wird, schlägt nun für meine gute Pfefferminz-Freundin die Stunde. Zusammen mit dem Kaffeepulver geht es in die Höhle des Mixers. Das kochende Wasser stürzt sich dienstbeflissen hinab und Mister Mix erledigt cool den restlichen Auftrag. Die schon mit einer Prise Vanillin-Zucker geschlagene Sahne wird, nach ihrer Fusion mit dem Pfefferminz-Kaffee-Mus, noch einmal kurz durchgemixt, in die Schalen gefüllt und mit einem frischen Apfelminzstängel dem Obstsalat beigesellt.

»*Dieser Überflieger wirkt im Nu. Er spendet Kraft und Energie, lässt nichts anbrennen, belebt und mobilisiert die körpereigene Energie, dass es eine wahre Freude ist, meine Lieben*«, *pries ich an besagtem Weihnachtstag meinen Obstsalat an. Gott sei Dank pflichtete meine Gästerunde dem Experiment begeistert bei.*

Agnes' Minz-Fußbad fürs Wohlbefinden

10 große Pfefferminzstängel	Zum Massieren:
1 Bottich oder großer Kübel, voll mit heißem Wasser	2 EL Mandelöl
	2 EL Olivenöl
	2 EL Pfefferminzöl
	1 kleiner Rosmarinzweig
	5 Nelken

Einmal wöchentlich gab es zu Lebzeiten meiner Mutter Agnes ein Ritual, Lavabo, die Fußwaschung mit einem warmen Minzaufguss, die ich mit einer liebevollen Fußmassage, mit ausgesuchten, selbstgemischten, feinen Ölen ergänzte.
Das Wasser schön heiß, aber nicht zu heiß, umhüllte die müden Füße, die ein fleißiges Tagewerk hinter sich gebracht hatten. Die drei verschiedenen Öle wurden von mir schon ein paar Tage vorher vermischt, leicht erwärmt und mit den in einem Mörser zerstoßenen Nelken und dem Rosmarinzweig einem Fläschchen zur Vermählung anheimgegeben. Erst kurz vor der Massage tropfte die spannende Mischung über ein sauberes Leintuch in meine Schale.
Ich bin überzeugt, dass Sie mit der nachfolgenden Zeremonie auch Ihren Lieben eine große Freude machen können, was natürlich auch auf Gegenseitigkeit stoßen sollte. Lassen Sie sich einfach überraschen.

Das Fußbad sollte nach etwa 15 Minuten beendet werden. Nun werden die gut durchbluteten, wohlriechenden Füße mit einem kuscheligen angewärmten Handtuch mit leichtem Druck getrocknet.
Starten Sie Ihre Öl-Massage an der Fußsohle, die analog zu den Körperorganen wichtige Zonen aufweist. Bewegen Sie sich durch leichte kreisende Bewegungen auf die Pulszone der Fußknöchel zu, und zwar bei beiden Füßen gleichzeitig, und arbeiten Sie sich bis zu den Knieansätzen hinauf. Die Bilder und Gedanken sollten dabei liebevoll auf die behandelnde Person gerichtet sein.

Ich beende diese Massage zum Abschluss immer mit einem kleinen Ritual, ein kleiner Abschiedskuss auf den Rist des dankbaren Fußes, wie ich es auch in meinem Film »Martha und Ich« meinem Film-Ehemann Herrn Michel Piccoli gespendet hatte. Die Abgesandten der französischen Women's-lib-Riege waren darüber nicht sehr erfreut, wie man mich bei unserer Paris-Premiere wissen ließ.
»Ich wasche und küsse die Füße meiner Tochter, meiner Mutter, aber auch ein männliches Wesen, und wenn es auf der Straße lebt, würde von dieser liebevollen Dienstleistung nicht ausgeschlossen, Madame!«, war meine Antwort.
»Na, da hast du ja wieder auf den Pfefferminz-Putz gehauen, Sägebrecht! Wenn sich das bei dem Klientel in Paris rumspricht, so viel Pfefferminze kannst du gar nicht ankarren«, amüsiert sich mein in Paris lebender Seelenfreund, während er sein Minz-Massagen-Ritual freudig genießt.

Mai

Nur wer durch Liebe wissend geworden, wird befreit vom Kreuz
der Ursache und Wirkung, an die ihn das Unwissen schlug
(Thorwald Dethlefsen)

Wer sich in Gefahr begibt, kommt nicht gleich um

In einer felsigen Kate, auf einem kargen Hügel der Peloponnes, haben sich die Brüder Hektor und Ajax nach einem angestrengten Tavli-Brettspiel-Turnier dem rückhaltlosen Weingenuss ergeben. Auch der vorherige Abend war lang und prozentuell hoch angereichert. Der seltene Besuch von Ajax, der in Alemannia dem Jurastudium frönte, musste einfach begossen werden.
Der große Bruder Hektor, studierter Sternenforscher, praktizierender Schwerenöter und Oliven-Züchter, hatte sich mit dem Erwerb seiner fast zweihundert Olivenbäume auch ein kleines ummauertes Steinhäuschen eingehandelt, in dem alles zum Leben Notwendige wie Tisch, Stuhl, Herd und Schrank anzutreffen war. Für Kühlschrank, Klosett, Kemahlin hieß es jedoch Fehlanzeige. Was es aber gab, war ein großes Bett mit romantisch gerafften, bestickten Tüllvorhängen aus Mutters Hochzeitstruhe und einem tarngemusterten Fliegennetz aus alten Armee-Beständen, von dem der kleine, fensterlose Schlafraum in Beschlag genommen wurde. Von der kleinen Steinterrasse aus, die den beiden Brüdern zu früher Abendstunde Asyl gewährte, blickt man nicht nur auf das ständig propagierte Himmelszelt von Hektor, unserem weltgewandten Astronom, der den Stromanschluss für sein Domizil und den Bau einer Toilette lieber seinem Wunschdenken überlassen hat.
Ajax' Blick schweift über einen in freier Wildbahn installierten Donnerbalken, streift eine Wasserflasche, die zu hygienischer Dienstleistung verpflichtet wurde, einen verkommenen, überwuchernden Feigenkakteen-Garten, um in den seufzenden, windgeschüttelten Tannenwipfeln eines albanischen Waldgebiets

Meditation

Polarität

zu landen, das unnahbar, aber doch bedrohlich nahe, von klagenden Lauten einer Kojoten-Patrouille untermalt, die Grenze der beiden Länder markiert.
Die wilden, alkoholgeschwängerten, langen Nächte der letzten Woche waren Grund für seine bleierne Müdigkeit.
»Da ich das Menschengeschlecht liebe, möchte ich es so glücklich und frei sehen wie mich. Der Aberglaube aber lässt sich nicht mit der Freiheit vereinen. Knechtschaft kann ein Volk nie glücklich machen«, spricht Ajax mit schwerer Zunge und stürzt den Rest seines herben Rotweins hinunter.
»Meiner Meinung nach sollte nur ein Monarch ein Volk regieren, das dem Aberglauben frönt. Und der ist vonnöten, denn ohne ihn wird ihm das Volk nie gehorchen, Ajax«, kontert Hektor gewandt und versorgt sein durstiges Glas mit neuem rotem Saft.
»Ich will aber keinen Despoten, den ich hassen muss, wie unseren Vater und unsere unterwürfige Mutter, ohne Rückgrat und eigene Meinung. Wenn schon ein Monarch, dann will ich, dass er über ein freies Volk gebietet, über das jede Willkür unmöglich wäre«, stellt Ajax aufbrausend in den windigen Vorraum.
»Ein Volk besteht nicht aus Philosophen, wie wir es sind, das heißt ich es bin. Das Volk kann nur glücklich sein, wenn es niedergehalten, getreten und an die Kette gelegt wird. Du aber bist besessen von deiner Liebe zur Menschheit, kämpfst um Gerechtigkeit. Das macht dich blind, mein Bruder. Für die Wohltaten, die du an sie verschwenden willst, sind sie nicht empfänglich und werden dadurch noch böswilliger und unglücklicher. Sie werden dich dafür hassen, Ajax«, trumpft Hektor zynisch auf.
»Du hast dich nicht verändert in deiner Arroganz, du Muttersöhnchen, mit deiner Selbstüberschätzung und Maßlosigkeit kannst du ganz Athen pflastern. Deine schlechte Meinung von den Mitmenschen konnte ich noch nie teilen. Ich hätte nicht kommen sollen, aber da wir ja unsere Freundin eingeladen haben … o Gott, sie reist ja heute an. Wir müssen sie vom Flughafen abholen. Das sind ja fast zwei Stunden Fahrzeit. Sie ist ja schon gelandet, lass uns losfahren«, drängt Ajax aufgewühlt.

»Ich werde sie abholen und dich auf dem Hinweg im Hotel unseres Freundes Jason absetzen, wo du für die nächsten drei Wochen campieren wirst, das Zimmer ist schon bezahlt«, setzt Hektor seinen jüngeren Bruder mit einer Stimme, die keinen Widerspruch duldet, in Kenntnis.
»Das war nicht ausgemacht, mein Freund. Ich bin ja fast eine Stunde von euch entfernt, und das ohne fahrbaren Untersatz. Sie wird das nicht akzeptieren, denn sie geht davon aus, dass ich mit oben wohne und du mehrere Gäste in deinem großen Haus beherbergst. Ich habe es nicht übers Herz gebracht, ihr die genauen Umstände zu beschreiben, denn ich wähnte mich ja an ihrer Seite, um sie vor dir zu beschützen. Ich warne dich, Bruderherz, das Herz dieser Frau, mit der mich ein tiefes Band der Freundschaft verbindet, zu brechen, wie du es schon so viele Male verbrochen hast. Wage es nicht, du eherner Weiberheld, wage es!«, schimpft Ajax laut, während er nach seinem erzwungenen Ausstieg den beschwerlichen Fußweg zu dem alten Kasten zurücklegt, der sich Hotel namens »Thalatta« nennt, um das für ihn reservierte Zimmer zu beziehen.

In einem holzverschlagenen Wartehäuschen, das an einen Bürocontainer anschließt, hat sich Marie frierend in ihren luftigen Staubmantel gehüllt und weiß nicht mehr ein noch aus. Ist sie denn mit dem gelandeten Klapperflugzeug wirklich in der griechischen Hafenstadt Kalamata angekommen, der laut Flugticket ersten Station einer Reise, die sie für drei Wochen in den Süden der Peloponnes- Region Griechenlands führen soll?
Marie hatte ihren Fuß noch nie auf den Boden dieses Landes gesetzt. Schon bei der bloßen Erwähnung dieser Region Europas zogen beunruhigende Gedanken über ihrem Seelengrund auf, die von ihr sogleich mit spanischen Impressionen oder Bildern aus einer paradiesischen Regenwaldgegend eliminiert wurden.
Maries erste couragierte Reise in das ihr so befremdliche Land ging schon gut los: Wo blieb Freund Ajax? Er hatte ihr versprochen, sie abzuholen.

Marie bevölkerte mutterseelenallein ihre Strafbank, kein Ajax war weit und breit auszumachen, nur ein herrenloser, zotteliger Hirtenhund, den sie spontan Pluto taufte, hatte ein Einsehen, stand ihr tapfer zur Seite, zum Nachsehen von Maries Brotzeit. Was soll's, dachte Marie, ich hab ja für hundert Mark Drachmen in der Tasche und eine grüne, wohlmeinende Kreditkarte, die mir schon oft aus der Patsche geholfen hat, in meinem Brustbeutel. Sie spendete ihrem hungrigen Begleiter noch eine letzte Scheibe Schinken. »Weißt du, Pluto, auf Hektors Domizil, einem großzügig angelegten Burghotel mit steinigem Meeresstrand, bin ich gespannt wie ein Regenschirm. Ich werde seinen Freundeskreis zu schätzen wissen, hat er mich wissen lassen«, berichtete Marie ihrem tierischen Zeitvertreiber aufgeregt.

Nach einer Wartezeit von über einer Stunde, das letzte Flugzeug war gerade abgewickelt worden, stellte die gestrandete Marie mit großem Erschrecken fest, dass sie es versäumt hatte, Ajax um die genaue Adresse ihres Urlaubsortes zu bitten. »Ich residiere am Ende des Peloponnes, in freudiger Erwartung!« So hatte sich Hektor, aufgedreht wie immer, telefonisch von ihr verabschiedet.

Voll Hoffnung, dass alles noch gut werden würde, holte sich Marie ihre geliebte Schafwolldecke aus dem Koffer, Gast Pluto durfte auf ihrer selbstgefertigten, dicken Strickjacke Platz nehmen. »Geteiltes Leid ist halbe Zeit«, meinte Marie mit Galgenhumor und streichelte ihrem Pluto kumpelhaft über seine Zottelmähne. Einem sympathischen griechischen Professor, der mit der letzten Maschine angekommen war, sehr gut Deutsch sprach und an Münchens Universität Altgriechisch unterrichtete, schenkten Marie und Pluto für eine Weile ihre Aufmerksamkeit, dann trug ihn das letzte Taxi davon.

»Ti sophotaton, Chonos anheuriskei gar panta«, hatte er zum Abschied auf ein Blatt Papier, zusammen mit seiner Telefonnummer in Kalamata, geschrieben und, wie es sich für einen Professor gehört, die Übersetzung des Textes gleich mitgeliefert.

»Was ist am weisesten? Die Zeit, denn sie macht alles ausfindig«, las Marie und fand das gar nicht lustig, denn ihre Zeit lief nun schon seit fast eineinhalb Stunden davon. Verärgert formte sie das Blatt zu einem kleinen Ball, warf ihn wütend weit von sich auf die Straße, wo ihn ein Kollege Plutos, ein hungriger, kleiner Straßenhandel, samt Spruch und Telefonnummer verschluckte und, bis man sich versah, um die Ecke verschwunden war.

»Das war dumm von dir«, hörte sie plötzlich eine Stimme neben sich. Das konnte nur von Pluto gekommen sein, der noch immer an seinem letzten Schinkenbrot kaute.

Ja, Maries Nervenkostüm saß seit ihrer Rückkehr aus Russland nicht mehr so gut, diese Meinung vertrat auch Mutter Agnes und hatte auf einen wohlverdienten Urlaub für sie gedrängt.

Nach anstrengenden Dreharbeiten war Marie erschöpft, aber erleichtert wieder in den sicheren Hafen ihrer Familie zurückgekehrt.

»Igor, der russische Produktionsleiter, hat mich unter seinem persönlichen Schutz in den Flieger zurück nach Deutschland platziert, mir hatte man die Arbeitspapiere und Ausweise entwendet, das hätte dumm ausgehen können. Igor setzte sich für mich ein, da ich für die Crew von meiner Gage eine neue geräumige Toilette gespendet hatte. Sein Freund Sergej, mein neunzehnjähriger Übersetzer, trug eine Leberverletzung davon, weil ich ihn gebeten hatte, dem großen russischen Produzenten Alexandrowski, wie er genannt wurde, meine Mitarbeit auch ohne vereinbarten Zahlungsritus zuzusichern. Sergej hat überlebt, aber das alles schmerzt noch sehr in meinem Herzen und bedrückt meine Seele, Pluto«, berichtete Marie traurig und ihre ernste Miene wollte sich gar nicht mehr aufhellen.

»Pscht, dass du das niemandem auf dieser Reise erzählst, geschweige denn flüsterst«, hörte sie die Stimme wieder, während Pluto, scheinbar ungerührt, einen kleinen Hoppelhasen beobachtete, der über die Ruckelpiste des Flugfeldes flitzte. Marie war sich nun sicher, dass die Stimme von ihrem drolligen Hundefreund kam und das machte ihr Herz warm.

»Das Schlimmste kommt noch: Ein riesengroßer Scheinwerfer, scheinbar lebensmüde, hat sich von einer höheren Balustrade des Filmstudios gestürzt, und nur weil ich gerade ein paar Schritte zur Seite getan hatte, um einen Kollegen, der an einem kleinen Tischchen vor sich hin trauerte, tröstend in den Arm zu nehmen, kann ich heute mit dir im Hier und Jetzt sein, mein Freund«, schloss Marie erleichtert ihre Geschichte ab und biss herzhaft in einen rotbackigen Apfel, den sie in ihrer Tasche gefunden hatte.

»Ja, so sollte man das formulieren, das klingt gut, Marie, vergiss nicht, was du mir versprochen hast, keine Geschichten darüber, auch wenn die nächsten Abende noch so lang werden«, gab Pluto jetzt ganz klar zu verstehen.

Immer noch hatte sich keiner der Freunde eingefunden. Marie begann, trotz Decke zu frieren, da wärmte Pluto zottelig ihre kalten Füße.

»Ich werde mich von einem Taxifahrer in einem größeren Touristenhotel absetzen und mich am Tage der Abreise von ihm wieder zeitig abholen lassen, Pluto. Meine Kreditkarte gibt mir Sicherheit«, beschloss Marie jetzt. Bis zur Hauptstraße, die direkt nach Kalamata führte, plagte sie sich schweißtriefend ab, um sich schließlich fix und alle auf ihrem Koffer niederzulassen. Auch Pluto hatte sich eine Pause verdient, die aber nur noch mit einem Stück Käse aus dem geleerten Brotzeitsäckchen belohnt werden konnte. Plötzlich spitzte er die Ohren und schon kam ein Taxi um die Kurve und hielt vor dem gestrandeten Duo. Kein Hund!, machte der Fahrer mit einer scharfen Handbewegung klar, als er den Deckel des Kofferraums zuklappte. Marie war traurig, wusste aber, dass ein sicheres Hotel jetzt ihre einzige Chance darstellte.

»Wir treffen uns in drei Tagen genau hier an dieser Stelle wieder, Pluto, wenn ich mein sicheres Hotelzimmer ergattert habe, vertrau mir«, rief sie zum Abschied durch das offene Wagenfenster, doch Pluto hatte wohl mit der Spezies Taxifahrer keine so guten Erfahrungen gemacht und schon das Weite gesucht. Marie musste ihre Tränen unterdrücken. »Please take me to a big Tourist-Hotel at the Peloponnese«, bat sie.

»Ah, Touristi, Peloponnes, Thalatta, Thalatta«, schlug er listig vor, was Marie mit einem heftigen Kopfnicken bekräftigte, ihr war alles recht.

»Jetzt nur ein warmes Bett und eine kräftige Mahlzeit, nicht wahr, Marie«, drang schon wieder eine wohlbekannte Stimme an Maries erschrockenes Ohr. »As you like it«, antwortete sie und fiel in einen tiefen Schlaf.

Marie stand an einem großen, breiten Strom, den sie überqueren musste, um zu ihrer Familie zu gelangen, was aber nicht möglich war. Ein großgewachsener Krieger mit langem schwarzem Haar und zwei bedrohlichen Speeren ausgerüstet, um den Körper das Fell eines schwarzen Panthers geschlungen, kam drohend auf sie zu. Marie überwand ihre Angst und bat den Fremden flehentlich, ihr über das Wasser zu helfen. Er ließ sich erweichen und hob sie auf seine Arme, um sie auf die sichere Seite zu tragen. An der Spitze der Speere konnte sie zu ihrem Schrecken frische Blutspuren entdecken. Die Augen des Fremden schillerten wie Bernsteine, seine Haut strömte den angenehmen Duft von Sternanis aus, als Marie durch einen Ruck, schon auf der sicheren Seite des anderen Ufers, von seinen Armen gerissen wurde und unsanft auf dem kalten Boden landete. Aus dem Blätterwald, in den sich der mitfühlende Held durch einen Panthersprung zurückgezogen hatte, drang heftiges Stimmengewirr.

Mit einem ruppigen Schubs wurde Marie aus ihrem Traumland in die Realität zurückgeholt. Auf der Zufahrt zu dem nicht einsehbaren Hotel Thalata verursachte Hektor mit seinem alten Mercedes eine Kollision mit dem Taxi, dessen Fahrer sich auf einen extra langen Weg gemacht hatte, um bei seinem Freund Jason Maries Bleibe für die nächsten drei Wochen zu organisieren. Das war ein Radebrechen und Palavern, bis sich die beiden männlichen Streithähne über die Regulierung des Blechschadens im Klaren waren. Hektors Verhandlungen, in fließendem Griechisch geführt, war es zu verdanken, dass Marie nur die Hälfte der weit überhöhten Forderungen für die lange Anfahrt zu bezahlen hatte. So blieben ihr noch für gut 50 DM Drachmen in ihrer Reisekasse, die kleine, grüne Plastikkarte nicht zu vergessen!

Wie freute sich Marie während ihrer Überlandfahrt auf ihre Ankunft in Hektors großzügigem Haus am Meer, sie freute sich auch auf ihren besten Freund Ajax. Hektor machte erst gar keinen Versuch, dagegen zu sprechen. Seit mindestens fünf Jahren hatte sie den Bruder ihres besten Freundes nicht mehr gesehen.

Hektor verfüge über eine starke Anziehungskraft auf Frauen, die er auch kräftig auszunützen wisse, hatte Ajax schon vor Jahren seinen großen Bruder geschildert. In diesen Tagen trug er seine schwarzgelockten Haare fast bis auf die Schultern, blaue, blitzende Augen signalisierten Lebensfreude pur, worauf auch ein breiter sinnlicher Mund zu schließen pflegte. Hinter seiner hohen Stirn warteten intelligente Erkenntnisse und geistreiche Pointen auf ihre Entlassung, doch sein ganzes Sinnen und Trachten war auf den puren Lebensgenuss ausgerichtet.

Ajax erfüllte genau das gegenteilige Prinzip. Der großgewachsene, gutaussehende Recke mit gebändigter, blonder Haarmähne, formvollendeten Manieren und feinem Sinn für Humor zeichnete sich vor allem durch einen starken Sinn für Gerechtigkeit aus, was sich auch in seinem Jura-Studium ausdrückte.

Wie Hektor zu berichten wusste, wurde die anfallende Arbeit auf dem Olivenhain zusammen mit Freunden und Nachbarbauern erledigt, mit denen er eine Genossenschaft gegründet hatte. »Mein Freundeskreis staunte nicht schlecht, denn so viel Agilität hatte man mir, dem charmanten Schlendrian, nicht zugetraut«, resümierte Hektor. »Neue Techniken, die ich eingeführt habe, führten zu größeren Erträgen und einer besseren Qualität der Oliven, das hat auch die Einheimischen überzeugt. Unsere Arbeit untersteht ohnehin periodischen Gesetzen, im Frühjahr die Beschneidung und im Herbst die Ernte. Die restliche Zeit gehe ich auf Reisen, oder ich zelebriere hier meinen Müßiggang mit griechischen Freunden, auf Männer-Runde qualifiziert«, versuchte er Marie schon mal auf das Unvermeidliche vorzubereiten.

»Auf die Herrenrunde folgt die Damenstunde, das ist bei euch doch Ouzo«, scherzte Marie, obwohl es ihr immer mulmiger wurde, als sich Hektors alter fahrbarer Untersatz, dickköpfig, wie er nun mal war, immer weiter vom Meeresspiegel weg bewegte und seine Gäste auf engen, steinigen Straßen immer mehr in luftige Höhen beförderte. Auf der Rückbank des Autos thronte, von Hektor großzügig genehmigt, Pluto, die treue Seele, der Marie doch nicht einfach so hängen lassen wollte. Im Kofferraum des Taxis hatte er sich bis zu Maries Umquartierung neben ihrem Koffer klein gemacht. Hektor nahm an, es sei Maries Findling, der Wüstenhund Bagi, den sie von Dreharbeiten mitgebracht hatte, und der hitzig diskutierende Taxifahrer hatte von allem nichts gemerkt.

»Du musst deine Olivenbäume am Anfang des Neumondes schneiden, und zwar kreisrund, trichterförmig von außen nach innen, wenn Merkur und Saturn im Sextil stehen«, belehrte Hektor seinen früheren Nachbarn Rafael, der gerade von Deutschland nach Griechenland gekommen war und mit seiner sympathischen Frau in der Nähe von Kalamata, 200 Kilometer von Hektors Grund entfernt, ein Haus mit einem großen Olivengrundstück erworben hatte. Er hörte gut zu, aber seine ganze Aufmerksamkeit schenkte er heute dem »astreinen Hirtenhund«, wie er sich ausdrückte. Stundenlang war Rafael heute schon mit dem Hund durch die herbe Landschaft der Marni gestreift.
»Es fühlt sich an, als würden wir uns schon Jahre kennen«, sagte Rafael berührt, was Pluto zu einem zustimmenden Kopfnicken ermunterte. Hektor hatte man Plutos Schicksal schon gebeichtet. Er hatte sich jedoch schon klar ausgedrückt, Pluto wegen seiner vielen Reisen nicht in seinem Hause aufnehmen zu können. Maries Frauen-WG in München war mit mit Findelhündin Bagi, der kleinen Bulldogge Pippilotta und drei geretteten Katzen mehr als ausgebucht. So wurde der Bund einer neuen Lebensgemeinschaft von Rafael, Gattin Ulrike und Pluto mit einem kräftigen Olivenzweig und einem herzhaften »Willkommen« besiegelt. Heiße Tränen rollten beim unweigerlichen Abschied über Maries Wangen. Sie wusste, es war die richtige Entscheidung, die sie für ihren vierbeinigen Freund getroffen hatte. Bis

zu ihrem Heimflug in zwei Wochen würde sie nun ohne Pluto an Hektors Seite gefesselt sein, das war ihr klar. Mit Freund Ajax Treulos war nicht mehr zu rechnen. Hektor hatte ihr erzählt, er sei nach Athen gereist, um dort Recherchen für sein Studium zu tätigen.

»Mein bester Freund Ajax hat mich sehr enttäuscht und ich weiß diese Situation nicht klar einzuordnen, Pluto. Aber eines weiß ich, es wird mir hier nicht vergönnt sein, in mein geliebtes Meer einzutauchen. Hektor weigert sich, mit seinem blechgeschädigten Vehikel eine Fahrt zu unternehmen, wie er es mich gestern wissen ließ. Mir ist es gar nicht gut ums Herz«, klagte Marie ihrem Hundefreund auf einer alten Steinbank eines uralten Kakteengartens.

»Du musst stark sein, jeder kleine Atemzug, den du machst, hat seine Zeit und das gilt auch für die großen Ereignisse deines Lebens, die vor dir stehen. Deine Seele kennt das Ende dieser Reise, nimm jeden Schritt auf dem Wege dahin als Geschenk, weil dein Leben dadurch einen neuen Ausdruck finden wird. Mach's gut, Marie«, tönte Plutos Stimme, für die anderen unhörbar, tief in ihrer Seele.

Jetzt war es aber Zeit für ihn, sich hurtig auf den Weg zu machen, um die Heimfahrt mit Rafael und seiner Frau nach Kalamata nicht zu verpassen.

Das großzügig propagierte Burghotel Hektors hatte sich als kleine gemauerte Festung ohne Strom und hygienische Einrichtungen erwiesen. Das Wasser pumpte man aus einem Brunnen im Garten, das heißt, nur wenn die Pumpe bei Laune war. Als Toilette fungierte eine ausgehobene Grube, ein kräftiger Balken darüber lud zur täglichen Sitzung ein.

»Wo ist das Gästezimmer, damit ich meine Utensilien schon mal einräumen kann«, versuchte Marie bei ihrer Ankunft eine bescheidene Frage zu stellen. Es existierte nur eine Wohnküche und ein kleiner Schlafraum, der keine Fenster aufzuweisen hatte, musste sie schaudernd zur Kenntnis nehmen.

Mai

»Hier, auf dem Lager des Herrn, nächtigen alle meine Gäste an meiner Seite, damit musst du dich schon arrangieren, Marie«, verkündete Hektor bestimmt bei der Führung durch seine Trutzburg. Die ersten vier Nächte verbrachte Marie, in Kompagnie mit Pluto, in einem Schaukelstuhl sitzend. Seit zwei Tagen hatte sie sich in voller Montur auf der äußersten Bettkante von Hektors Lotterbett ein paar Stunden Schlaf abgetrutzt.

Die ersten Tage verliefen dennoch sehr harmonisch, waren ausgefüllt mit Erzählungen und gesammelten Erkenntnissen aus einem Pool von Lebenserinnerungen. Hektor und Marie schienen sehr gut zu harmonieren. Hektor machte sich täglich nach dem Frühstück zu Fuß auf den Weg, um weitere griechische Olivenbauern für seine Genossenschaft zu gewinnen. Das geerntete und verarbeitete Öl gemeinsam zu ernten und zu vermarkten, war sinnvoll und hatte durch einen Großabnehmer in Deutschland Glück gebracht.

Erst gegen Abend wurde Hektor, meistens von Freund Jason, zurückgebracht. Rafael hatte spaßhaft bekundet, dass man sich ja erst gestern in fröhlicher Runde mit seinem Bruder und einigen aufregenden Frauen in der Bar des Hotels Thalassa vergnügt hätte. »Und wenn es so wäre, lass diese Dinge des Lebens laufen. Versuch nur, sie glimpflich zu überstehen. Konzentration, Marie«, hörte sie eine vertraute Stimme, der sie gerne folgen wollte. Am urgemütlichen Herd, holzbeheizt, hatte sie schon feine Leckereien zubereitet, Schweinebraten mit Ananassauerkraut und Serviettenknödeln, um nur mal das heutige Abendessen zu benennen.

Das schmeckte dem unter alkoholgetränkter Fahne heimgekehrten Olivenbauern, er war zufrieden, ja außerordentlich zufrieden. Plutos Platz blieb heute leer, Hektor schien ihn gar nicht zu vermissen. Er war sehr aufgekratzt, hatte wohl gute Geschäfte abgewickelt und neue Partner gewonnen.

Nach dem Nachtisch, einem delikaten Obstsalat, kredenzte er seinen aufgebrühten griechischen Kaffee, mit einem kräftigen Metaxa veredelt. »Auf unseren letzten Tag, Marie«, prostete Hektor rotwangig in ihre Richtung.

»Da haben wir ja noch vierzehn schöne Tage vor uns, oder kokettierst du mit dem Weltuntergang? Ich bedanke mich immer nur für einen geschenkten Tag, Carpe diem«, antwortete Marie und erfreute sich an ihrem Kaffee-Mix.

Für seinen kostenfreien Unterricht hatte Hektor heute den »Dreiklang der Schöpfung« zum Vortrag auserkoren. »Wäre

Gott nur in einer Person vertreten, dann wäre er niemals schöpferisch. In der Folge darauf gäbe es in der unendlichen Schleife eine Zwei, was aber immer eine Trennung oder Abstoßung bedeuten würde. Die Zahl Drei präsentiert also die Schöpfung in ihrer Vollkommenheit. Vater, Sohn und Heiliger Geist«, wusste Hektor auch heute wieder Maries Interesse zu fesseln.

»Das hieße dann doch, dass sich bei einem Liebespaar erst durch ein Kind der beiden die Zahl Drei als Symbol einer Vervollkommnung ergäbe und eine Trennung, durch die Existenz des neuen Wesens, das sich aus der Zweiheit ergeben hat, gar nicht mehr stattfinden kann. Das prägt in meinem Leben auch die Beziehung zum Vater meiner wunderbaren Tochter«, philosophierte Marie. »Wie heißt es doch so schön im Volksmund, alle guten Dinge sind drei. Wenn doch nur endlich Ajax zu uns stoßen würde, um unsere verabredete Dreiheit zu vervollkommen und damit vielleicht eine Abstoßung unserer Zweiheit zu verhindern«, ergänzte sie dann. »Ich bin gerne in deiner Nähe, Hektor. Nach den sechs Tagen, die wir jetzt zusammen sind, muss ich mein klopfendes Herz ermahnen und meine Seele fängt schon an, sich dir vertrauensvoll zu öffnen, gute Nacht, Hektor, hab schöne Träume.«

Nach diesen Worten gab sie sich unter ihrer wärmenden Decke, vom Tagewerk rechtschaffen müde, einem wohlverdienten Schlaf hin.

»Wenn auch ein Tag uns klar vernünftig lacht, im Traumgespinst verwickelt uns die Nacht, gute Nacht, Marie, die morgige Nacht wird die Nacht deines Lebens, vertraue mir«, sprach Hektor inhaltsschwer zu Marie hinüber.

»Ich vertraue dir, das weißt du doch«, murmelte Marie zurück, während Hektor noch eine lange Zeit an die dunkle Decke seines Zimmers starrte.

Mein Begehr und Willen ist –
in der Kneipe sterben,
wo mir Wein die Lippen netzt –
bis sie sich entfärben!
Aller Engel Jubel-Chor –
wird dann für mich werben:
Lass den wahren Zechkumpan –
Herr, dein Reich ererben!

»Heureka, Freunde«, beendete Ajax unter großem Applaus den Text des am Hofe des Kaisers Barbarossa gern gesehenen Vaganten Rainald von Dassel. Wein floss in Strömen und ein herzhafter Geruch kam von einer riesigen, mit aufgepackten Innereien überladenen Eisenpfanne, die sich auf einer selbstgebauten Feuerstelle suhlt. Schweineleber und -nieren, große Stücke von Rindermilz und Magenwänden, Bries von Kälbern, frische Hoden vom Stier brutzelten um die Wette. Der Vollmond stand in vollem Zenit, Mars und Jupiter hatten sich heute nichts zu sagen, doch Mars war in Hochform und trübte mit seinem Kumpanen Neptun Realitätssinn und Wahrnehmung einer wilden Freundes-Truppe Hektors, die mit zwölf Personen erschienen war.

Männliche und weibliche Mischkost, die sich vorwiegend auf der Terrasse und im Wohnraum breit gemacht hatte. Das Ruder hatte laute Heavy-Metal-Musik übernommen, die das kleine Dorf heftig beschallte, aber auch die Waldhänge der gegenüberliegenden albanischen Grenzregion nicht verschonte. Heute hatte ein unersättlicher Galan Gusto auf Wiener Blut. Langmähnige Töchter der Nacht drückten ihre Körper ekstatisch an heiße Zackenbarsche aus der Wiener Metropole. Die griechischen Herren der Schöpfung, Hektors Favoriten und Tavli-Kumpane, konnten sich nicht beklagen. Die Mädels waren heiß und tanzten ausgelassen. Ajax war, wohlweislich mit vollweiblichem Anhang, ohne Vorwarnung mit der aufgedrehten, angeschickerten Clique aufgetaucht. Von Entschuldigung keine Spur, Ajax'

lapidare Bemerkung über sublimierte Studienflächen, die er plastisch mit flottem Zugriff auf einen prallen Hintern untermalte, gaben Marie den Rest.
Unbemerkt war es ihr gelungen, sich mit ihren Siebensachen in den kleinen Schlafraum zurückzuziehen. Wie gut, dass Pluto in Sicherheit ist, ging es Marie durch den Kopf, und sie entschloss sich spontan, ihre dringlichsten Unterlagen und Kleider über eine Holzleiter nach oben in ein kleines Heulager zu bringen und sich dort schon ein Lager für die Nacht herzurichten. Zwei junge, menschenscheue Kätzchen hatten dieselbe Idee und blieben wohlweislich oben. Gerade hatte Marie die Leiter zum Heuboden, für die wilde Meute unsichtbar, an der hinteren Hauswand platziert, als Ajax' angetrunkene Gespielin Theoba, flankiert von zwei furiosen Weibsbildern, hereinstürmte, um die widerstrebende Marie nach draußen auf die Terrasse zu zerren. Die Stimmung hatte sich mittlerweile in eine infernalische Dimension transformiert.
Hektor wurde im Kreise seiner wilden Racker und glühenden Anbeterinnen, dank Lederrock, sexy Shirt und Highheels, in eine monströse Frauen-Schabracke verwandelt. Von Marie nahm er schon seit Stunden keine Notiz, und auch Ajax reagierte nicht, als die drei Furien die um sich schlagende Marie an einen Stuhl banden, die wildledernen Schuhe auszogen und unter dem zustimmenden Gejohle der Gäste an die Hauswand nagelten. Maries Wickelbluse wurde ebenfalls konfisziert und um Hektors Oberkörper gewunden. Marie entschied, angebunden an ihren Stuhl, so lange unbeweglich sitzen zu bleiben, bis dieser Alptraum vorbeigegangen sein würde. Falsch gedacht, Marie, denn die weibliche Horde hatte noch nicht genug!
»Wir sind dir auf der Spur. Du sollst kein Asyl finden. Unser Wild bist du, für unseren Altar bestimmt. Auf, Schwestern, lasst sie uns mit unserem Reigen umtanzen und ihre beschwichtigte Seele durch unsere Gesänge zu neuem Wahnsinn aufregen!«, gab Theoba den Ton an, und furios nahm die Gruppe tanzbesessener Eumeniden Marie samt Stuhl in ihren Fokus.

Marie dachte nur noch an Flucht, die auch mit Hilfe eines alten Griechen gelang. Volltrunken und mit unlauteren Absichten befreite er Marie mit Hilfe einer Schere, und sie machte sich aus dem Staub. »Apage Satana, hebe dich hinweg, Satan«, betete Marie von ihrem provisorischen Lager auf dem Heuboden aus, die kleinen Kätzchen in ihren Armen geborgen.

Im Morgengrauen war wieder Ruhe in der Trutzburg eingekehrt. Die Clique war zum Chillout in das Hotel Thalasso zurückgekehrt. Durch eine kleine Ritze ihres Verstecks konnte Marie einen Blick auf Hektors Lager erhaschen, das er volltrunken mit Theoba teilte, ohne es wirklich zu realisieren. Da machte sich große Trauer in Maries Herzen breit. »Verrat und Argwohn lauscht in allen Ecken, aber für euch werde ich geradestehen, meine süßen Katzenkinder«, flüsterte Marie und schmiegte sich unter ihrer wollenen Decke an sie.

Am nächsten Tag verließ Hektor sein Haus, um nach Wien zu reisen. Auch Ajax hatte sich Karawane angeschlossen. Hektor behauptete, er hätte ihr seine Absicht schon vor Wochen brieflich angekündigt. Er billigte Marie jedoch zu, während seiner Abwesenheit als Gast zu bleiben. Ihr blieb nur noch die Sicht in einen qualmenden Auspuff.

aus Maries Tagebuch:
Die erste Nacht alleine überstanden,
kaum geschlafen, mein Gesicht vom vielen
Weinen ganz verschwollen. Herz schmerzt.
Werde heute das ganze Haus putzen.

Rapport:
Marie muss noch für zwei Wochen die Stellung halten. Da sie keinen Kalender zur Hand hat, macht sie sich für jeden Tag

einen Strich an die Wand, um den Rückreisetag nicht zu versäumen. Die Türe des Hauses ist nicht verschließbar, das macht ihr Angst. Die zwei Kätzlein schenken ihr nachts Wärme und Zärtlichkeit. Die Reisekasse ist nach dem Einkauf der Innereien für das große Fest fast leer, die Kreditkarte nicht einsetzbar.
Sie entdeckt Reis- und Mehlvorräte. Mineralwasser und Zündhölzer sind Mangelware. Im leeren Hühnerstall findet sich eine alte Wehrmachtspistole. Sie bekommt einen Platz am Ende des Bettes zugewiesen. Marie jagt einen ums Haus schleichenden alten Griechen durch einen Warnschuss in die Flucht. Danach bleiben die Dorfbewohner angstvoll fern. Marie hat große Angst, ihren Unwillen zu wecken. Sie kaschiert ihren Körper mit einem schwarzen, langen Wollkleid.
Nach einer Woche gehen Lebensmittel und Wasser aus. Der Hunger nagt wie bei den kleinen Katzen. Marie durchsucht ihr Gepäck. Sie findet einen Hundertmarkschein in der Manteltasche. Sie übergibt ihn an eine griechische Bergbäuerin im Dorf. Marie bekommt dafür einen Korb mit Lebensmitteln. Wein, Oliven, Ziegenkäse, Wurst, Eier, Joghurt, Brot, Auberginen, Zucchini, Ziegenfleisch. Das Essen ist also gebongt. Es gibt noch ein Busticket nach Kalamata, als Dreingabe eine gute Flasche Retsina. Marie schneidet den verwahrlosten Feigengarten aus. Ein fauler Stachel ritzt die Haut ihres Fußknöchels und sie zieht sich eine gefährliche Entzündung zu. Maries Bein wird dicker und dicker. Es sieht aus wie ein Elefantenfuß. Kein Arzt weit und breit. Marie entdeckt einen Spitzwegerich-Stock neben der Steinbank. Eine in Wodka hergestellte Tinktur bringt Rettung. Das kranke Bein schwillt ab, die Entzündung kommt zum Stillstand.
Unverhoffter Besuch von Rafael und Pluto. Marie kocht Gemüse-Lasagne und gebackene Leber. Hektor wird erst in ein paar Monaten zurückkehren. Marie ist besorgt. Rafael wird Katzenvater und nimmt die beiden mit auf seinen Hof.
»Die beiden Kätzchen werden mein Augenmerk bekommen. Das verspreche ich dir, Marie. Sei nicht enttäuscht, weil es nicht so gekommen ist, wie du es dir gewünscht hast. Merke dir, deine

Seele wird das, was du dir wirklich wünschst, mit dem in Übereinstimmung bringen, was du wirklich brauchst«, tröstet Pluto seine alte Freundin zum letzten Mal.
Der Tag der Abreise. Marie wartet von 8 Uhr morgens bis um 1 Uhr mittags. Der Bus nach Kalamata kommt. Marie steigt ein, ihr Ticket ist nicht gültig. Drachmen sind nicht genug, die Kreditkarte wird vom Fahrer nicht angenommen.
Marie beginnt zu weinen. »Aeroporta Kalamata, please, I fly to Munich, I am verloren gegangen!«, bettelt sie.
Der griechische Busfahrer spricht reinstes Hessisch. Zehn Jahre hat er in Frankfurt gelebt. Bei General Ford Autos gebaut. Wieder heimgegangen auf den Peloponnes.
»Sei ned draurisch, Mädele, des kriegn wia scho miteinand hin, a ohne den Zaster.« Er spricht väterlich mit ihr und fährt Marie zum Flughafen Kalamata.

Nach drei Ausnahmewochen kam die Urlauberin körperlich und seelisch erschöpft, aber unversehrt wieder nach München zurück. In trauter Runde gab es da Bericht zu erstatten.
»Ihr müsst wissen, die erste Nacht war schrecklich für mich und ich bin vor Angst fast vergangen. Wie gut, dass ich die Kätzchen an meiner Seite hatte. In der Küchenschublade fand ich Malfarben, Mehl und Olivenöl. Aus den Farben mischte ich mir das herrlichste Blau der Welt. Ich meditierte so lange auf die Farbe, bis kein erdiger Gedanke mehr durch mein Gehirn düste. ›Brainless diving‹ nenne ich diese Übung. In diesen freien Raum sandte ich meine Stoßgebete zum Schöpfer. Und stellt euch vor, was dann passierte: Ein geheimnisvolles Licht, das wie ein Glühwürmchenschwarm aussah, führte mich zu der Stelle, wo ich neben uralten maroden Kakteen kräftige Spitzwegerich-Pflanzen fand. Ich konnte dieses Licht, das ein Freund seiner Meinung nach als Feen-Licht ausmachte, auf ein Foto bannen. Mein

linkes Bein war so schlimm entzündet und so angeschwollen, dass ich dachte, man muss es bestimmt abnehmen. Ich musste ja noch zehn Tage allein auf dem Berg überstehen. Nach einer Behandlung mit einer Spitzwegerich-Tinktur, die ich hergestellt hatte, ging die Entzündung rapide zurück. Das war ein Wunder, sag ich euch.«

Mutter Agnes schüttelte den Kopf. »Übrigens war Hektor vor ein paar Tagen hier und wollte sich entschuldigen. Feinstes Olivenöl hat er mitgebracht, hat einen Brief für dich abgegeben, den er vor deiner Abreise nach Griechenland aus Versehen nicht abgeschickt hatte. Das ist vielleicht ein gutaussehender, charmanter Mann und reden kann der«, erzählte Agnes und Maries Gesicht sprach Bände.

»Eines ist mir noch bei deiner Geschichte aufgefallen, Marie. Das Soldbuch deines Vaters zeigt an, dass er im November 1944, nach der Rückkehr von seinem Genesungsurlaub, in das Grenzgebiet der albanischen Seite des Peloponnes abberufen wurde. Nach einer Schussverletzung am linken Bein wurde er in ein deutsches Lazarett überführt. Ein Heckenschütze machte dich zur Halbwaise und bescherte deinem Vater seine Fahrkarte in den Himmel, und das einen Monat vor der deutschen Kapitulation. Ja, das Schicksal webt, wie es will, wir Menschen halten doch immer nur die Fäden in den Händen«, meinte Agnes resigniert.

»Das klingt geheimnisvoll, darüber muss ich nachdenken, Mutter. Wichtig ist, dass ich mich, nun wissender geworden, dem Fluss des Lebens wieder voll anvertraue. Meine Lieben, was für ein gutes Gefühl, wieder in eurer Mitte zu sein!« Mit diesen Worten und einem kräftigen Schluck Rotwein beschloss Marie den Abend. Panta rhei!

In einer felsigen Kate, auf einem kargen Hügel des Peloponnes haben sich die Brüder Hektor und Ajax nach einem anstrengenden Tavli-Turnier dem rückhaltlosen Weingenuss ergeben.
»Klasse Oliven, gute Ernte haben wir heuer eingefahren, Ajax«, bemerkt Hektor mit sichtlich zufriedener Miene und schiebt sich ein ordentliches Stück Ziegenkäse in den Mund.
»Dein geplantes Erntedankfest in München ließ ja zu wünschen übrig, man ist dir wohl nicht mehr gewogen?«, fragt Ajax und schneidet sich eine Scheibe von einem duftenden Brotlaib herunter.
»Ja, das ist dumm gelaufen. Falsche Zeit, falscher Ort, theosophische Addition war nicht möglich durch eine Fehlerquelle in der Struktur des Zahlenaufbaus. Das nagt an mir, denn ich hatte sie wirklich gern, weißt du, Ajax«, analysiert Hektor gedankenvoll.
»Das war einfach die falsche Strategie, Herr Astronom, keine Solistenauftritte mehr. Ein Prosit auf die konzertierte Aktion, Bruderherz«, scherzt Ajax und nimmt Hektors neuem, bezauberndem Urlaubsgast Jocaste den feingekämmten Kaschmirmantel ab. »Kannst du meine Siebensachen schon mal auf mein Gästezimmer bringen lassen?«, flötet es in Hektors Ohr. »The same procedure as every year, kurze Besuche verlängern die Freundschaft, auf die Freundschaft, meine Freunde«, tönt die wohlklingende Stimme des Hausherrn über die seufzenden windgeschüttelten Tannenwipfel eines albanischen Waldgebiets.

Spitzwegerich (*Plantago lanceolata*)

Und du, Wegerich, Mutter der Pflanzen,
offen nach Osten, mächtig im Innern.
Über dich knarren Wagen, über dich ritt das Grauen.
Allem widerstandest du und setztest dich entgegen.
So widerstehe auch dem Gift
und bringe Menschen Segen!

Diese Heilpflanze, übrigens meine absolute Favoritin, wird seit Jahrhunderten hochgepriesen und sie weiß diese Ehre mit nie erlahmender Dienstleistung für uns Menschen wettzumachen. Schon seit Urzeiten hat sich der Wegerich, wie er auch genannt wird, als Beherrscher und König der Wege in allen Kontinenten einen Namen gemacht. Herbeiziehendes Übel, das an bestimmten Tagen über Gräben, Wiesenwege und feuchtes Ödland schleicht, hat oft die Rechnung ohne diesen Tausendsassa gemacht. Dann gibt es an ihm kein Vorbeikommen, liest man in alten Kräuterbüchern.
Das gilt auch für Graf Dracula, der seinen Aktionsradius in den Dschungel moderner Großstädte erweitert hat. Die Zeit im Nakken, das Morgengrauen bietet ihm schon die Stirne, das Spitzwegerich-Bataillon am Asphalt-Rand schiebt immer noch Nachtdienst, Gewehr bei Fuß.
In der Not frisst der Teufel Fliegen und Sir Dracula trinkt Krötenblut. Die Biss-Stelle schmerzt unsäglich nach dieser transylvanischen Attacke. Bei ihren Wegerich-Schutzpatronen, über die der Baron achtlos flüchtete, hat unsere Krötenmutter wieder wunderbare Hilfe erlangt. Schwierige Zeiten für Vampire:

Menschliches Blut ist durch chemische Verunreinigung ungenießbar geworden und ein Großteil der Menschen durch Bisse von transformierten Artgenossen schon selbst zu blutdurstigen Vampiren mutiert.

Was für Zukunftsaussichten! Ob sich dieses kollektive Leck durch kilometerlange Zelluloid-Bluttransfusionen jemals wieder auffüllen lässt?

Liebe Leser, ich wurde Zeugin einer Spontanheilung, als ein Bienenstich bei einer Freundin einen gefährlichen allergischen Schub auslöste. Ihr Gesicht, angeschwollen wie ein aufgeblasener Luftballon, schien jeden Moment zu platzen. Die Pflanzenblätter waren mit einem Messer schnell zerkleinert und der austretende Saft flugs auf die attackierte Hautstelle gestrichen. Es dauerte keine Stunde und das verunstaltete Antlitz begann abzuschwellen. Auch ich habe mich einmal bei einer lebensgefährlichen Infektion am Bein, die einen Elefantenfuß hervorrief, inständig an eine Wegerich-Sippe gewandt. Schon das Auftragen des rohen Saftes, aus abgeschnittenen Pflanzen gewonnen, half auf der Stelle. Die schrecklichen Schmerzen wurden gelindert und es gelang mir, die überdimensionale Schwellung zum Rückzug zu bewegen.

Schon in jungen Jahren durfte ich bei der Herstellung von Großvaters Spitzwegerich-Honig, der noch mit Thymian angereichert wurde, dabei sein.

»Zur Stärkung des Immunsystems nimmt man täglich einen kleinen Löffel davon. Da suchen alte Blutschlacken und vermoderte Säfte, die dem Körper das Leben schwer machen, das Weite, das könnt ihr mir glauben. Von dieser freigebigen Pflanze kann man alles verwenden: Wurzel, Kraut, Blüte und Samen. Tut mir ja nichts vergeuden von meinem Hergotts-Geschenk«, bat uns Opa inständig.

Nach abgeleisteten Schulstunden pflückte ich Wegerichpflanzen, mit denen ich meine Mutter zu beglücken gedachte, was mir bei der abgeernteten Fülle nicht immer gelang. Mutters müde Beine profitierten jedenfalls von aufgelegten Blättern des Breitwegerichs, der Rest kam in meine Schuhe, um meine aufgeriebenen Fersen zu trösten.

Hier noch ein heißer Tipp, auf den mein Ausbilder und Doktor für Innere Medizin Stein und Bein schwor: In der Zeit der Rekonvaleszenz eines Knochenbruchs streicht man selbstangesetzten Spitzwegerich-Honig auf der Hautfläche über der Bruchstelle aus, gibt frische, gehackte Breitwegerichblätter darauf, umwickelt die Unfallstelle mit einer Mullbinde und lässt eine Nacht vergehen. Die Durchblutung wird gesteigert, die wichtige Kallus-Bildung angeregt und so mancher Kollege der Fakultät staunte schon Bauklötze. Auf unseren Spitzweg-Sirup war Verlass!

Darauf setzte auch unsere Mutter. Mein quälender Keuchhusten wurde durch geduldige Einnahme in die Schranken verwiesen und so den Antibiotika-Präparaten in der Warteschleife die kalte Schulter gezeigt. Ihrem Bronchialleiden, das sich in jährlichem Turnus um die Weihnachtszeit räuspernd und hüstelnd bemerkbar machte, rückte unsere Mutter vier Mal täglich mit einer Teemischung aus getrockneten Spitzwegerich-, Thymian-, Minz-Pflanzen, gepaart mit Sternanissamen zu Leibe und das half.

Über die Jahre verbindet mich mit dem heilsamen Spitzwegerich, meinem ›Wega‹, wie ich ihn zärtlich rufe, eine große Freundschaft. Die Dankbarkeit über die Rettung meines schon verloren geglaubten linken Beines spielt natürlich dabei eine Rolle. Von der außergewöhnlichen Wirkungsbreite meines Wega-Schatzes konnte ich Freunde und Mitmenschen schon oft überzeugen und mit ihnen auch auf erfolgreiche Behandlung anstoßen.

Liebe Leser, darf ich auch Ihnen meinen weitgereisten pflanzlichen Wege-Genossen ans Herz legen und Ihnen als Beigabe auch das Geheimrezept meines komponierten Kräuterschnapses preisgeben? Er wird Ihren Körper entgiften, prophylaktisch Ihr Immunsystem stärken und wann immer seine hilfreichen Dienste anbieten, auch bei akuten Erkältungen der dritten schweinischen Art, wenn Sie wissen, was ich meine.

Wega-Rex
Spitzwegerich-Likör aus Mariannes Schatzkiste

200 g Spitzwegerichblätter, frisch	$1/2$ Zimtstange
3 kräftige Minzezweige, frisch	1 Limette, ungespritzt
2 Thymianzweige, frisch	7 Stück Würfelzucker
1 Ingwerstück, ca 1 cm lang, frisch	1 EL Akazienhonig
3 Sternanissamen, zerteilt	650 ml feiner Doppelkorn
10 g Fenchelblüten, getrocknet	

Normalerweise gäbe man nun die Kräuterzutaten zusammen mit dem Korn in eine Flasche, stellte sie für drei Wochen an einen warmen dunklen Platz und damit hätte es sich. Unter Frau Holles Regie läuft es etwas vielschichtiger ab.

Man schneide Spitzwegerich, Minze, Thymian und Ingwer klein. Dann nimmt man einen großen Topf, gibt den Würfelzucker auf den erhitzten Topfboden, bis er schmilzt und zu kandieren beginnt. Den Akazienhonig dazugeben und kurz aufschäumen lassen.

Man nimmt den Topf von der heißen Platte und gibt schnell nacheinander die Spitzwegerich- und Minzblätter, Thymian und Ingwer dazu und lässt diese Mischung unter vorsichtigem Umrühren kurz andünsten. Achtung: Von den Kräutern jeweils ein Drittel der frischen Menge zurückbehalten.

Man löscht mit ca. 300 ml Korn ab, gibt den Sternanis, die Zimtstange und die Fenchelblüten dazu, rührt kräftig um und lässt das Elixier ein paar Mal aufkochen. Ein Teil des Alkohols zieht dadurch Leine, aber das ist so gedacht.

Zur Krönung gibt man 2 TL geriebene Schale von der Limette und deren Saft dazu, dann zieht man den Topf von der Flamme. Dieser Zaubermix hat sich nun eine ruhige Stunde verdient, um all die Eindrücke und Einblicke zu verdauen.

Nach der Ruhepause erhitzt man zum Finale den Topf samt seiner Ingredienzen, die ja schon Zeit hatten, geheimnisvolle Verbindungen einzugehen, und gießt den Topfinhalt durch einen Filter in eine ausgekochte Literflasche ab.

Jetzt kommt die Stunde der verbliebenen 350 ml: Noch hochprozentig ergießt sich der selbstgefällige Doppelkorn über das Elixier. Aus ist's mit der Alleinherrschaft, was ihm gerade recht zu sein scheint, denn er taucht sogleich ab.

Vor dem Verschließen des Zaubergetränks, das jetzt für etwa drei Wochen hinter den Bergen bei den sieben Zwergen seine Exerzitien abzuhalten hat, gibt der Brauer oder die Brauerin noch die übrig gebliebenen Kräuter, einen ganzen Anisstern und drei frische Limetten-Scheiben zu dem Flascheninhalt. Stöpsel drauf und ab in ein dunkles Eckchen des Kleiderschrankes. Hm, das wird aber intim. Wega-Rex wird mega-gut! Wetten, dass?

Weiche, Semmelgeist, weiche!
Wegerich-Majoran-Öl nach Urgroßmutter Corona

30 g Breitwegerichblätter, geschnitten, frisch	¹/₂ TL Meersalz
30 g Majoranstiele, frisch, oder 1 TL Majoran, getrocknet	200 ml feinstes, kaltgepresstes Olivenöl

In eine Halbliterflasche gibt man die klein geschnittenen Breitwegerichblätter, den gerebelten Majoran und das Meersalz zusammen, gießt mit kurz erhitztem, nicht kochendem Olivenöl auf. Die Flasche wird dicht verschlossen, ein paar Mal auf den Kopf gestellt und neben dem reifenden Wegerich-Likör für etwa zwei Wochen im Schrankfach der Dame des Hauses gebunkert.
Dann ist's an der Zeit, den unguten Semmelgeistern zu zeigen, wo der Barthel seinen Most holt.

»So hat's schon deine Urgroßmutter Corona gehandhabt«, wusste Großvater Franz-Xaver seiner Enkelin zu berichten. Das angesetzte Öl seihte er ab und füllte es in eine fein ziselierte, mundgeblasene Flasche. »So, Madl, jetzt tränken wir unseren Wattebausch mit diesem feinen Extrakt und legen ihn zuerst auf die beiden lymphigen Stellen an die Kieferenden. Dann betupfst du dir die Stelle an der Nasenwurzel, zwischen den Augenbrauen. Und jetzt nehmen wir die zwei Stellen neben dem Hals, wo die Schlüsselbeine aufhören. Und dann gibt es noch einen Riesentupfer auf den Solarplexus, da, wo wir unser Jesus-dir-leb-ich hinklopfen. Das macht klare Sicht, das macht die Lymphgänge sauber und treibt die Kobolde raus aus'm Körpertempel. Das sollst du jeden dritten Tag machen, Madl. Dein Kopfweh wird gleich vorbei sein, pass auf!«, höre ich noch heute Opas Stimme, wenn ich meine Augen schließe.
»O jeggerl, jetzt hätt ich beinah das Gebet zur Ölkur vergess'n. Sag's mir langsam nach, Kleine, das ist noch von meiner Mutter Corona, das hilft.

*Es wachsen drei Lilien auf'n Christus sein' Grab.
Die erste ist Gottes Mut,
die zweite dem Gott sein Blut,
die dritte ist dem Gott sein Wille.
Jesus hilf uns, dass sich das Gute erfülle.*

*Jetzt kommt noch der Schluss, Kleine. Im Namen des Vaters, des Sohnes und des Heiligen Geistes, Amen.«
Mein Kopfweh war vorbei. Dieses Öl-Gebets-Ritual habe ich, zu meinem Wohlbefinden, bis heute beibehalten.
Es steht Ihnen natürlich frei, für den Gebetsteil Ihre eigenen Gedanken und Worte zu verwenden. Auf gutes Gelingen!*

Bronchofix
Spitzwegerich-Sirup mit Thymian

200 g Wegerichblätter	300 g Rohrzucker
50 g Thymianblüten	250 g Bienenhonig
50 g Goldrute	1 EL Korn
Etwas Weißwein	

Wegerichblätter, Thymian- und Goldrutenblüten in einen Mixer geben, einen kleinen Schuss trockenen Weißwein zugeben, damit das Ganze geschmeidig wird. In einem Topf erhitzt man den Bienenhonig, fügt den Blätterbrei und dann unter ständigem Rühren den Rohrzucker dazu. Man lässt die Masse sieden, bis eine dickliche Flüssigkeit entsteht, die man heiß in ausgekochte Gläser füllt, mit einem Esslöffel Korn bedeckt, verschließt und möglichst im Kühlschrank aufbewahrt.

Diesen Sirup kann man teelöffelweise im Mund zergehen lassen oder in einer Tasse mit Tee genießen. Bald können Sie Bäume ausreißen oder doch lieber mit der neuerlangten Energie eine kleine Apfelbaumkolonie pflanzen!

Die Liebe

Es ist Unsinn,
Sagt die Vernunft.

Es ist, was es ist,
Sagt die Liebe.

Es bringt Unglück,
Sagt die Berechnung.
Es ist nichts als Schmerz,
Sagt die Angst.
Es ist hoffnungslos,
Sagt die Einsicht.

Es ist, was es ist,
Sagt die Liebe.

Es ist lächerlich,
Sagt der Stolz.
Es ist riskant,
Sagt die Behutsamkeit.
Es ist unmöglich,
Sagt die Erfahrung.

Es ist, was es ist,
Sagt die Liebe.

(frei übersetzt nach Erich Fried)

Juni

Leben ist das, was uns zustößt,
während wir uns etwas ganz anderes vorgenommen haben.
(Hermann Hesse)

Die Sunville-Sage

»Wolle die Wandlung«

Es geschah vor gar nicht allzu langer Zeit, da wurde eine junge Familie durch die Macht der Obrigkeit auseinandergerissen. Eine große Angst überkommt die junge Mutter von drei kleinen Kindern, denn ihr Ehemann, Soldat der amerikanischen Armee, hat den Befehl für die Rückversetzung in die Vereinigten Staaten erhalten. Frau Cathy und seine drei Kinder sollen in ein paar Monaten nachkommen.

»Unsere Kinder und ich gehen mit dir, wir sind amerikanische Staatsbürger, auch wenn ich in Südafrika geboren bin und in Deutschland erwachsen werden durfte. Ich bin deine rechtmäßige Frau, wir bleiben hier nicht alleine zurück. Hier steht, wir sollen diese Wohnung bei deinem Weggang freimachen und vorübergehend über das Sozialamt eine andere Unterkunft erhalten. Ohne mich, das sag ich dir, ohne mich, wir sind amerikanische Staatsbürger«, wettert Cathy und geht türenschlagend aus dem Zimmer.

Hinter dem Türrahmen kommen große erschrockene Kinderaugen zum Vorschein. So wütend haben die beiden Schwestern Nathaly und Celia ihre Mom noch nie erlebt. »Nur gut, dass unser Bruder Jim, das Mimöschen, mit seinen Freunden gerade den Sportplatz unsicher macht und ihm die Aufregung erst mal erspart geblieben ist, Mom. Der fällt doch mit seinen sieben Jahren beim geringsten Stress gleich um.« Nathaly versucht tapfer die Ruhe zu bewahren.

Erst gestern hat die Familie ihren fünften Geburtstag gefeiert. Da war der ganze Himmel noch mit rosaroten Wolken bedeckt. Eine von Sahne nur so strotzende Geburtstagstorte, von

Juni

Grandma Kim aus pinkfarbenem Marzipan erbaut, thronte dreistöckig auf dem Kaffeetisch neben einem neuen Paar schicker Spangenschuhe, in sattestem Pink versteht sich, der Farbe, die auch in Nathalys Kinderzimmer residierte. Im Hause Sunville wurde Tag und Nacht das Lachzepter geschwungen. Mom Cathy war die Lachkönigin und ein nie versiegender Brunnen, wenn es um Ideen für neue Spiele und frische, freche Kinderlieder ging. Zu Nathalys Festtag trugen die beiden Schwestern filigrane Frisuren, die von ihrer Mom mit großer Geduld und in traditioneller Weise nach afrikanischer Art geflochten worden waren.

»Kinder, ihr habt dunkle Haut, wie ich, euer Dad, unsere Grandma Kim und alle unsere Verwandten, die in Südafrika und in Amerika leben. Wir leben hier als Gäste mit unseren hellhäutigen Menschenbrüdern und -schwestern zusammen. Jesus Christus liebt uns alle auf die gleiche Weise. Für ihn sind alle Menschen auf Gottes Erden wertvoll und schön«, sagte Mom und steckte Nathaly noch eine kleine Schmetterlingsspange ins Haar.

»Ich bin Schneeweißchen und du die kohlenschwarze Rabenfrau«, quäkte Geburtstagsgast Lilly dazwischen. Die aufgebrezelte Kleine ist eine Kindergartenfreundin von Celia, Nathalys dreijähriger Schwester.

»Meine Mom hat uns heute zum Geburtstag ein leckeres Huhn mit Kokosmilch und einem Kurkuma-Geist darin gemacht. Sie kocht so gut wie eine richtige Köchin vom Mississippi-Fluss«, wusste die kleine Celia ignorant, aber kochlöffelschwingend zu parieren.

»Ich kann es nicht glauben. Alles, was bis gestern so harmonisch und freudvoll stattfand, soll nun mit diesem eingeschriebenen Brief zu Ende gehen«, geht es bei einem Spaziergang am Flussufer besorgt durch Vater Sunvilles Kopf. Die heftige Diskussion mit Ehefrau Cathy hat den geplanten Grillabend im Freien mit Familie und Freunden zum Kentern gebracht.

Vater Sunville ist nun seit einigen Jahren in München stationiert. Auf über neun Dienstjahre kann er in Deutschland blicken. Seine Eltern und Geschwister hat er die erste Zeit sehr vermisst, doch die Liebe zu Cathy und die Gründung seiner eigenen Familie haben dieses Manko schnell wettgemacht. Seine drei gelungenen Sprösslinge, eine gemütliche Betriebswohnung, von der Armeeführung bereitgestellt, samt fahrbarer Familienkutsche, und

Nächstenliebe

Gerechtigkeit

natürlich seine temperamentvolle, bildschöne Frau machen sein Glück vollkommen. Günstige Family-Tickets, von seinem Kommandeur organisiert, ließen den Traum der Familienzusammenführung in Las Vegas vor ein paar Monaten wahr werden.

»Meine Eltern leben, arm an Gütern, aber reich mit Herzenswärme gesegnet, in einer kleinen City in der Nähe von Las Vegas. Wir werden in nächster Zeit dorthin zurückkehren, das heißt, ich werde zuerst dorthin zurückkehren müssen«, berichtet Jason mit zitternder Stimme einem alten Mann, der sich zu ihm auf die Bank gesellt hat. »Und was geschieht mit Ihrer Frau, Ihren Kindern, das ist ja unglaublich«, ereifert sich der Grauhaarige mit den scheinbar müden Knochen und rückt noch näher an den zerknirschten Soldaten und Familienvater ran.

»Ich bringe es einfach nicht übers Herz, meiner Frau zu berichten, dass ich in ein paar Monaten entlassen werde. Die Politik hat die Truppenreduzierung beschlossen. Wir werden mit einer kleinen Übergangszahlung in unsere Heimat zurückgeschickt. In Las Vegas besitze ich nur einen kleinen Wohnwagen auf dem Grundstück meiner Eltern, für fünf Personen viel zu klein!«

»Ich glaube, ich höre nicht recht. Sie planen doch nicht etwa, Ihre arme Familie in Deutschland zurückzulassen? Da bringen Sie mich aber jetzt in Rage«, kontert der alte Mann.

»In Deutschland sind sie sicher. Es gibt ein Sonderabkommen, dass Soldatenfrauen und -kinder mit doppelter Staatsbürgerschaft in den Notfallzeiten einer Truppenreduzierung dem deutschen Sozialgesetz unterstellt werden können«, antwortet Jason, der sich schon kundig gemacht hat.

»Das halte ich nicht aus, Sie werden sich um Ihre Familie kümmern, Sie sind noch jung, haben das ganze Leben noch vor sich. Kümmern Sie sich, ich bitte Sie inständig. Mein Vater und meine Brüder sind im Krieg gefallen, mein Großvater und meine Mutter kamen auf der Flucht in Schlesien ums Leben und ich vegetiere mutterseelenallein in einem drittklassigen Altersheim vor sich hin, aus dem ich heute ausgebüchst bin und nicht mehr dahin zurückkehren werde.« Mit diesen Worten nimmt der alte Mann sein kleines Bündel und macht sich klapprig aus dem Staube.
»Sometime, old man! I have to be cool. Jason gives no information!«, rappt Jason vor sich hin. Ich werde die Familie schon noch rüberholen, und zwar dann, wenn es an der Zeit ist. Da müssen meine Familymembers jetzt mit mir durch!«, ist Jasons entschlossene Parole, bevor er sich auf den Heimweg macht.

Seit dem Frühling sind einige Monate ins Land gegangen. Auf einer alten Parkplatzbank in Oklahoma, einem Staat im fernen amerikanischen Lande, hat Marie ihre Knie fest um ihren altgedienten Koffer gezwängt. Ein böiger Sturm fegt zur Begrüßung um die flachen Hausdächer. Die Straßen sind leer, denn Orkan Johnjohn wütet bereits im flachen Land. Kein Taxi, hier Cab genannt, weit und breit.
Noch immer klingt Mutter Agnes' vorwurfsvolle Stimme in Maries Ohr. »Jetzt ist aber bei dir Hopfen und Malz verloren, Tochter. So weit zu fliegen, um die drei Kinder nach Deutschland

zurückzuholen!« Agnes' Stimme klang hart. Dieses Mal war sie mit Maries entrücktem Plan, wie sie es nannte, ganz und gar nicht einverstanden.
»Ich muss es tun, Mutter, Cathy ist mit ihren Kindern in Las Vegas gestrandet. Sie wollte sich nicht mit dem Apartment im Rotlichtviertel zufriedengeben, das ihr vom Sozialamt für sie und die drei Kinder zugewiesen worden war. Ihr Ehemann hatte das Versprechen, das er sich selbst gegeben hatte, eingelöst und sich seit seinem Abflug mit der Militärmaschine wohl in Luft aufgelöst. Schwiegermutter Ann aus Las Vegas hat mich angerufen und um Hilfe gebeten. Cathy hatte sich Dollar um Dollar geliehen und vier One-way-Tickets nach Las Vegas organisiert.«
»Ja, dann ist ja alles in Butter und du rührst immer noch weiter, bis daraus ein Ziegelstein wird«, schimpfte Oma in ihren Suppentopf hinein.
Cathys Ehemann war tatsächlich aus der Armee entlassen worden. Er lebte bei ihrer Ankunft schon eiskalt mit einer neuen Partnerin und deren beiden Kindern in seinem Wohnwagen. Für seine Frau und Kinder gab es in seinem Herzen offenbar keinen Platz mehr. Cathy ließ in ihrer großen Not die Kinder bei ihrer Schwiegermutter, ihrem meist alkoholisierten Noch-Ehemann und seiner rüden Partnerin und nahm eine Arbeit in einem Hotel in Oklahoma an, mit dem festen Vorsatz, die Kinder später nachzuholen.
Marie versuchte mit ihrer Schilderung nun das Herz der mittlerweile eingetroffenen Tochter zu rühren. Aber Lea ist von Maries Idee, Klein Celia, Nathaly und Bruder Jim nach Deutschland zu holen und für ein Jahr zusammen mit deren Grandma zu stabilisieren, gar nicht angetan und macht sich große Sorgen über Maries Reiseunterfangen.

Wie recht sie doch hatte, denn mittlerweile wird die Lage für Marie in Oklahoma kritisch. Wohl oder übel hat sie sich wieder im Zweikampf mit gnadenlosen Sturmböen in den Vorraum des Flughafens zurückgekämpft. Auf einem großen Bildschirm zieht

Tornado »Johnjohn« seine unkalkulierbare Bahn, um den Flughafen herum. Doch siehe da, plötzlich greift wohl Kollege »Thunder«, wie er über eine »urgent«-Durchsage angekündigt wurde, mit in das dramatische Geschehen ein.
Alle menschlichen Zweifüßler, die sich noch nicht in Spezialbunkern verbarrikadiert haben, werden aufgefordert, sofort den Bunker im rückwärtigen Gebäude aufzusuchen. Auf dem Wege dahin geschieht das Unfassbare. »Big Thunder« hat sich in eine voluminöse Windhose verwandelt und verschlingt gierig alles im Radius von etwa zehn Metern auf seinem Zick-Zack-Kurs. Autos, Blechgaragen, Hausdächer, Bäume werden mit Tosen und Brausen, von nie gehörten, gurgelnden Lauten begleitet, in das Zentrum des Unholds gesogen und auf Nimmerwiedersehen abgewrackt. Diese Reise ohne Wiederkehr geht knapp an Marie vorbei, ihre elektrisch aufgeladenen Haare stehen noch für die nächsten Tage des Wartens zu Berge.
Dazu hat sie noch mehr Grund, denn Cathy taucht mit ihren Kindern zum verabredeten Termin nicht auf.
Agnes und Lea, Tausende Kilometer entfernt, ahnen nicht das Geringste. Grandma Kim kann die Rückkehr ihrer Enkelkinder kaum erwarten. Sie putzt, kocht und dekoriert, was das Zeug hält. Sie hat mit Marie vereinbart, bis zu Cathys Rückkehr, mit den Kindern die Wohnung zu teilen. Marie hat schon vor ihrer Abreise die Patenschaft und die finanzielle Verantwortung für die ganze Transaktion übernommen.
»Wenn das mal gut geht – unsere Marie ist einfach unverbesserlich, wenn es um den Dienst am Nächsten geht. Denk an die Delfinmütter, hat sie gesagt. Die Sorge um die Nachkommenschaft wird auch von Tanten und Nichten getragen, um eine überlastete Mutter zu schonen«, sagt Agnes bei einer gemütlichen Kaffeerunde zu ihrer jüngeren Tochter Rena, als das Telefon erlösend durch die Küche schellt.

Marie hat wieder bayerischen Boden unter ihren müden Füßen. Morgens um sechs Uhr hatte der Flieger aufgesetzt. Wenn einer eine Reise tut, da könnte ich ja ganze Romane erzählen. Das lasse ich lieber sein, dem Himmel sei Dank bin ich ja mit meiner kostbaren Fracht zurückgekommen, geht es durch Maries Kopf, dem auf der schwierigen Reise mit den drei Kindern so gar keinen Schlaf gegönnt worden war. Cathys Kinder sind verschlafen, müde und zerknittert. Die Aussicht, gleich ihre geliebte Grandma Kim wiederzusehen, hat Jim und Nathaly nach einem langen Flug, mit Umsteigestress in Chicago, wieder lebendig gemacht. Klein-Celia hat sich während des Flugs wie ein Klammeräffchen an Maries Bauch geschmiegt. In der langen Warteschleife der Zollkontrolle hält sie sich immer noch in der gleichen Haltung an Marie fest. Nathaly hat mit Maries Mantelzipfel vorliebgenommen. Der große Bruder Jim steht Marie als Kavalier koffersichernd zur Seite. Aufgeregt winkt er seiner geliebten Grandma zu, die er zusammen mit seinem Onkel Clive hinter der Glaswand entdeckt hat.

Maries Herz schlägt wie wild, denn nun gilt es noch die große Hürde der Passkontrolle zu nehmen. Die deutschen Pässe der Kinder sind vor drei Monaten abgelaufen, die amerikanischen Pässe glänzen durch Abwesenheit. Da schießen Marie auf ihrem Wartepodest viele quälende Gedanken kreuz und quer durch den Kopf.

In Oklahoma hatte sich Mom Cathy erst am dritten Tage nach Maries Ankunft blicken lassen, einen dubiosen Freund im Schlepptau, der versuchte, bei der Übergabe der Kinder noch Geld von Marie abzustauben. Er hatte Cathy nach Las Vegas gefahren, um die Kinder dort herauszuholen. Celias Kleider waren nicht mehr aufzufinden, Jims Finger angebrochen, ein Erziehungsrelikt seines alkoholkranken Vaters. Nathaly war völlig verstört, sie war von der Stiefmutter täglich in ein dunkles Verlies gesperrt worden, um ihren Widerspruch zu brechen. Die Kinder erschienen Marie außerdem total unterernährt.

Dad Sunville befand sich außer Haus, als Cathy ihre weinenden Kinder mit Schwiegermutter Anns Hilfe befreien konnte. Sie liebte ihre Enkelkinder und hatte ja den entscheidenden Hilferuf getan. Jim, Nathaly und Celia waren erst mal wieder bei ihrer Mom, ihre amerikanischen Pässe hingegen befanden sich immer noch in der Manteltasche von Dad Jason. Er benötigte sie ja für eine Welfare-Unterstützung der Kinder.

Marie kommt mit den Kindern immer näher an die Zollschranke. Mittlerweile sind auch schon Agnes mit Tochter Lea und Freunden der Familie im Wartebereich eingetroffen, als die Zollbeamten die Schauspielerin Marie erkennen.

»Da kommt ja unsere Marie, hallo, da kommen wir aber von weit her so früh am Morgen?«, ruft ein Beamter belustigt und deutet mit einer einladenden Bewegung an, sie möge schon mal mit den müden Kindern nach vorne kommen.

»Bitte, Vater im Himmel, sei uns gnädig«, betet Marie leise in sich hinein.

»Werden das noch mehr Kinder im Lauf der Zeiten, machen Sie jetzt aus Ihrem Film Realität?«, fragt der Mann freundlich.

»Ach, wissen Sie, höchstens noch ein Bus voll, aber erst an Weihnachten«, gibt Marie lachend und mit zitternden Knien zurück. Auch die abgelaufenen Pässe, die sie hinter ihren eigenen Pass gesteckt hat, bibbern leise vor sich hin.
»Gehen S' durch, alle miteinander, gehen S' nur gleich durch. Sie schaun ja so viel müd aus, als ob sie mir gleich zusammenbrechen«, fügt der Kollege liebevoll hinzu und Marie muss aufpassen, dass es ihr jetzt nicht in die Hosen geht. Wegen ihres Klammeräffchens Celia war an ein Aufsuchen der Toilette gar nicht zu denken gewesen.
Jim und Nathaly stürzen sich schon in die Arme ihrer Grandma, als Marie noch einen kleinen Kommentar des Zollbeamten mit anhört: »Du, Hans, die Frau, die reist in der ganzen Weltgeschichte herum. Nach Frankreich rein, nach Italien runter und bis weit nach Amerika rüber. Du, aber die kommt immer wieder zu uns nach Bayern zurück.« So klingt es noch liebevoll in Maries Herzen nach, als auch sie erschöpft, aber überglücklich ihre Familie wieder in die Arme schließen darf.

Übrigens, Mom Cathy kam ein Jahr später mit einem drei Monate alten Söhnchen Sam im Arm zu ihren Kindern nach München zurück. Neue soziale Eingliederung durchboxen, Kindergartenplätze ertrutzen, Familienstreit schlichten, Freizeit gestalten … es gab noch genug zu tun für Patentante Marie, und das für einige Jahre.
Dad Jason ist nicht mehr zu seiner Familie zurückgekehrt. Er überlebt immer noch in Las Vegas. Grandma Kim lebte sieben Jahre lang mit Tochter und Enkelkindern, hat aber leider schon das Zeitliche gesegnet. Mom Cathy ging nach neun Jahren wieder in die Vereinigten Staaten zurück. Sie lebt mit Kindern und Enkelkind im Schutz einer Religionsgemeinschaft im Mittleren Westen. Alle sind wohlauf.

Zitrone
(Citrus medica, citrus aurantifolia)

»Komm in das Land, wo die Zitronen blühn«, gurrte es in den Fünfzigerjahren verlockend aus dem Transistorradio. Doch wie in diese südlichen Gefilde gelangen? Fahrbarer Untersatz Fehlanzeige, mein Drahtesel würde es nie über die Alpen schaffen. Da blieben nur sehnsuchtsvolle Blicke auf eine zitronenbestückte Postkarte, die mir von einer betuchten Schulkameradin ins Haus geflattert war. Schnell einen Schwapp von Mutters angesetztem Zitronensirup ins Glas, mit Wasser aufgefüllt, Strohhalm rein, Augen zu. Schon zog blauer Himmel auf und romantisches Meeresrauschen lockte mit sanften Tönen. Einmal in den Süden reisen, unter einem duftenden Zitronenbäumchen vom Alltag pausieren und einem Glas Chianti die letzte Ehre erweisen – diese Wunschbilder tanzten durch meine sehnsuchtsvolle Teenie-Seele.

Erst mit siebzehn Jahren war es mir vergönnt, einen jungfräulichen Blick in einen Meeresspiegel zu tun, und zwar auf der Höhe von Genua. Das Reiseziel war die Insel Krk in Kroatien. Die Mithilfe bei der Ernte vor Ort bescherte uns als Gegenleistung volle Taschen duftender Zitronen.

Die Zitrone zeigt der Umwelt saure Miene, weiß aber in der chemischen Konstellation mit einer gegenteiligen alkalischen Veranlagung zu überraschen. Eine körperliche Übersäuerung ist mit Hilfe eines Lackmuspapiers, in der Apotheke erhältlich, ganz leicht im Morgenurin festzustellen. Um bei einem positiven Befund Abhilfe zu schaffen, gibt man vor dem Frühstück den Saft einer Zitrone, ein Stück Zitronenschale und eine kleine Ingwernuss in 250 ml Wasser. Man lässt alles ein paar Mal aufkochen,

noch ein paar Minuten ziehen, seiht die Flüssigkeit in ein größeres Trinkglas und trinkt das duftende Gemisch in kleinen Schlukken so heiß wie möglich. Keinen Zucker oder Honig zugeben, da diese Zutaten wieder zu Säure mutieren würden. Das frisch aufgekochte Wasser bringt jedenfalls die Moleküle Ihrer morgenlahmen Energiefelder in Schwung, die Essenz der Ingwerwurzel kurbelt die Durchblutung der Verdauungsorgane an, der Saft von unserer Base, Fräulein Zitronata, entsäuert alte Restbestände und versorgt das Immunsystem mit reichlich Vitamin C, Kalzium, Kalium, Provitamin A und Spurenelementen. Lästige Halskratz-Viren ziehen Leine, aber auch die Gallenblase liefert als Reaktion die doppelte Menge und verjagt einen Tross freier Radikaler, die an den Zellwänden angedockt haben.

Diese Trinkkur mache ich heute noch, je nach Säurestand, zwei Mal wöchentlich. Ein paar Tropfen feinstes Olivenöl zugeben und die Darmwände antworten mit Geschmeidigkeit, ein Flüssigkeitsmanko wird durch diese Kur gebessert. Probieren Sie es einfach, liebe Leser, Mutti Reinthaler hat's getan und weiß nur Gutes zu berichten.

Im Laufe der Zeit hat aus der Familie der Zitrusfrüchte die Limette, auch *Citrus aurantifolia* genannt, immer mehr mein Herz erobert. Ob man einen Caipirinha-Cocktail mit dem Saft der Limette veredelt, oder die aromatische Schale über Fruchtsalate, Fische, Meeresfrüchte oder asiatische Curryhuhn-Gerichte reibt, die kleine selbstbewusste Limette macht unserer eingefleischten, stolzen Zitrone langsam Angst. Die muss sie gar nicht haben, denn ihre Haltbarkeit hat gute Kapazitäten, während die Limettenfrüchte nur kurze Zeit nach dem Pflückvorgang in ihrem eigenen Saft baden können. Die Zimmertemperatur lässt sie gar nicht kalt, Limetta trocknet schnell aus, vielleicht aus Sehnsucht nach ihrer fernen Heimat in tropischen Regionen.

Bei einer ganz besonderen Frucht, der Limettensorte Citrus latifolia, erinnern Form und Farbe eher an eine Zitronenfrucht, deren kernloses, schmackhaftes Fruchtfleisch von einer aromatischen Schale der delikatesten Art umgeben ist. Diese persische Limette, wie sie auch gerufen wird, ist vorwiegend auf einer bezaubernden Südseeinsel beheimatet.

Meine Assistenz bei Meisterkoch Johann Lafer bescherte mir vor ein paar Wochen Freude pur. Tugendhaft landete, nach aufregender Zubereitung, eine wohlmundende Vorspeise auf dem Teller. Frische Jakobsmuscheln wurden in eine Marinade von Limettensaft, geriebener Limettenschale, gehacktem Koriandergrün, Chili, Salz und Zucker eingelegt.

Ich merke, Ihnen läuft schon das Wasser im Munde zusammen. Wie richtig Sie liegen, denn die rohen Muscheln waren zu einer unvergesslichen Delikatesse mutiert und zusammen mit Pastinaken-Kartoffelpüfferchen und grünem Feldsalat auf Nimmerwiedersehen in begeisterte Mägen abgetaucht. Chapeau, Maître Lafer, das war Freude pur.

Zitronensuppe aus Mariannes Hexenküche

4 Eidotter	250 ml Weißwein trocken
1 EL geriebene Limettenschale	250 g Sahne
Saft von 3 Limetten	1 Prise Muskat
4 EL Kirschwasser, klar	1 Prise Salz
3 EL Zucker	$1/2$ EL Zitronenmelisse, gehackt

In einem Topf werden die Eidotter mit Limettenschale, Limettensaft, Kirschwasser und Zucker über einem heißen Wasserbad schaumig geschlagen. Dann rührt man nacheinander den Weißwein und die Sahne darunter und würzt mit Muskat und Salz. Einmal kurz aufwallen lassen, Zitronenmelisse darüberstreuen und schon ist die Zaubertunke bereit, Ihre Sinne zu streicheln. Dazu passt feinstes Käsegebäck. Bon appétit.

Saccinanda–Zitronenlikör Dreiklang

7 Stück Würfelzucker	$1/4$ Fenchelknolle, kleingeschnitten
2 EL Akazienhonig	750 ml Wodka
Saft von 3 Zitronen	1 Thymianzweig, frisch
Saft von 2 Grapefruits	1 kräftige Prise Muskat-Pulver
5 Streifen Zitronenschale	1 kräftige Prise Kreuzkümmel
1 Stück Ingwerwurzel, daumengroß	1 Prise Zimt, 1 Beutel grüner Tee
50g Fenchelkraut	2 große Zweige Zitronen-Minze

In einen erhitzten Topf gibt man den Würfelzucker, bis er karamellisiert. Dann kommen Akazienhonig, Zitronen- und Grapefruitsaft, Zitronenschale, die kleingeschnittene Ingwerwurzel, Fenchelkraut und die klein geschnittene Fenchelknolle dazu.
Man dünstet diese Mischung kurz an, übergießt sie mit der Hälfte des Wodkas und lässt alles unter vorsichtigem Umrühren für etwa 5 Minuten aufwallen, gibt den geriebenen Muskat, den Kreuzkümmel, den Zimt dazu und rührt alles vorsichtig um. Zum Schluss gibt man den Teebeutel in das Gemisch und stellt es für eine Nacht in den Kühlschrank.

Am nächsten Tag wird es durch einen Filter in eine saubere Flasche abgegossen, mit dem restlichen Wodka aufgefüllt und gut vermischt. Bevor die Flasche verschlossen wird, gesellt man ein frisches Stück geschälten Ingwer, zwei Zitronenschalen, den Thymianzweig und die frischen Zitronenminze-Zweige dazu. Drei Wochen Reifung an einem ruhigen Platz bei Zimmertemperatur, dann kommt die Stunde der Erkenntnis.

Diese Zeremonie kann nur gelingen. Wie Sie es schon an der Zutatenliste sehen können, hat es diese Mischung in sich. Da knattert's im Gebälk. Das ist Medizin und Sinnesfreude im Doppelpack. Dieser Likör prahlt nicht mit Bitternis, er schmeckt erfrischend, fördert Ihre Verdauung, wiegt Sie in einen geruhsamen Schlaf und steigert die Lebenskraft. Saccinanda!

Die Zitrone – eine gute Freundin unseres Haushalts

I

In einem Glasschälchen vermischen wir den Saft von 2 großen Zitronen und geben dazu einen Teelöffel Meersalz und rühren, bis sich das Salz ganz auflöst. Nun geben wir geben wir einige Tropfen Thymianöl dazu und rühren es vorsichtig unter. Jetzt steht einer Abreibung unserer Kupfer- und Messing-Schätze mit der gemixten Politur Marke Eigenbau nichts mehr im Wege!

II

Um den Abfluss eines Waschbeckens im freien Fluss zu halten, habe ich ihm einmal monatlich einen Durchlauf mit einer Pulvermischung verschrieben, die sich aus 300 g Natrium, vermischt mit 300 g Tafelsalz und 7 Tropfen Thymianöl zusammensetzt. Nach dieser Prozedur setzen wir, durch Zugabe von 250 ml Zitronensaft, vermischt mit dem Extrakt von 2 geriebenen Zitronenschalen, dem Ganzen noch ein feines Duft-Krönchen auf.

Juli

Der größte Demokrat ist Gott,
denn er gibt uns die freie Entscheidung
zwischen Gut und Böse.
(Albert Schweitzer)

Willkommen in Teufels Küche

Ihr kommt aus Germany und seid Artists. Die Deutschen lieben ihre Künstler nicht, aber wenn sie gestorben sind, setzen sie ihnen herrliche Denkmäler. Welcome in Swakopmund!«
Was für eine Begrüßung auf diesem anderen Kontinent. Mister Berger war stolzer Führer der alten Dampflokomotive, mit der er, die Waggons mit ihren eingerußten Abteile im Gefolge, von Kleinstadt zu Kleinstadt tuckerte. Kurz vor Ausbruch des Zweiten Weltkrieges hatten sich seine Eltern, damals in Berlin ansässig, zum Auswandern in das vermeintlich gelobte Land entschlossen.
»Freiwillig nach Swakopmund, man mag das gar nicht glauben, dass wir hier gestrandet sind, Marie«, bemerkt Ricco ironisch, setzt sich auf seinen kleinen Lederkoffer, um genüsslich eine mitgebrachte Banane zu verspeisen. Maries Antwort bleibt aus, sie starrt wie gebannt auf die eingestaubte Zufahrtstraße, auf der weit und breit kein fahrbarer Untersatz auszumachen ist. In den düsteren Bahnhofsecken entdeckt sie dunkelhäutige junge Männer, herumlungernde Einheimische, deren missmutige Mienen nicht gerade dazu angetan sind, Maries Gefühle aufzuhellen. Auch Riccos ansteigende Nervosität, die mehr und mehr in ironischen Kommentaren mündet, bietet keine Möglichkeit, Maries Zuversicht zu stärken.

Ricco hatte erst vor zwei Monaten seinen Wohnsitz in Kalifornien mit einem kleinen Apartment in München eingetauscht, das ihm unentgeltlich von Marie zur Verfügung gestellt wurde. »I am gay, it's a platonic friendship with Marie, don't be scared«, beruhigte er Maries Mutter Agnes.
Tochter Leas Sympathie hatte er schon bei seiner Ankunft gewonnen. Seine neue Schutzpatronin Marie entdeckte er in einem Tankstellen-Bistro Bagdads, am Pico Boulevard in Santa Monica, California, auf einer Kinoleinwand. Diese Begegnung erfuhr Tage später, in einem Blumenladen desselben Stadtteils, eine Fortpflanzung in natura. Marie kam in den Laden, um für Kollegin Mrs Turner einen pfiffigen Blumenstrauß zu ergattern. Blumenverkäufer Ricco sah in 3-D. Jasmin Münchgstettner war seiner Kundin Marie und seiner Mutter Jane wie aus dem Gesicht geschnitten. Von Jane war ihm nur ein Foto geblieben. Mom Jane hatte Ricco an seinem fünften Geburtstag verlassen, Vater Bill und Grandma Kathleen bekamen die Verantwortung für vier kleine Kinder übergestülpt.
Riccos spontaner Antrag mit der Bitte um Patenschaft wurde von Marie nach einer kleinen Probezeit mit einem Genehmigungsstempel versehen.
»Ich bin nicht deine Mutter, Ricco, sondern eine schwesterliche Freundin. Auf meine Freundschaft kannst du von heute an zählen, aber missbrauche sie nicht als Projektionsfläche, um auf ihr Rachegelüste gegen deine Mutter auszutoben«, klärte Marie von Anfang an die Fronten.
Über das Ausmaß seiner seelischen Zerrissenheit konnte sie sich damals noch kein klares Bild machen. Neben dem Zauber der Pflanzenwelt galt Riccos großes Interesse der Schauspielerei. Sein ganzes Sinnen und Trachten hatte er, neben seiner Gärtnerausbildung, auf dieses Ziel hin ausgerichtet. Marie hatte der inständigen Bitte ihres Schützlings nachgegeben, ihn zu Dreharbeiten nach Namibia mitzunehmen.
Bei einem ›Festival des Fantastischen Films‹ in Spanien hatte ein junger Kultregisseur aus England Marie in der Rolle einer Lei-

chenbestatterin, die zu einem zuckrigen ausgewachsenen Baby heranwächst, aufgespürt. Mr Richardson war von ihrer Performance sehr angetan und offerierte ihr die Rolle einer deutschen Ärztin, die in Namibia für das Rote Kreuz tätig sein sollte. Bei der ersten Begegnung war Marie über Richardsons Erscheinungsbild sehr erschrocken: schwarze, staubige Stiefel, schwarzer Anzug aus weit gereistem Lodenstoff, schwarzes altgedientes Cape mit Leder eingefasst, schwarzer, breitkrempiger Hut, mit markanten Adlerfedern bestückt, schulterlange Haare, blauschwarz mit einem olivfarbenen Hautton harmonisierend, wissende, bernsteinfarbene Augen, die einen, einmal ins Visier genommen, nicht mehr losließen.

»I love your role in your film. Sugar Baby's character is a midwife for dead human beings, and I do need a midwife like that for my next movie, too«, irritierte er sein Gegenüber verschmitzt.

Eine Midwife ist eigentlich eine Hebamme, erinnerte sich Marie. In den Ausführungen des Regisseurs wurde sie zu einer Ärztin, die einem jungen Mädchen, nach einem missglückten Mordversuch, das Leben rettet. Mister Richardson hatte Marie für diesen Film auf seine Wunschliste gesetzt und dieser Wunsch sollte jetzt in Erfüllung gehen.

»Welcome in Dust-City«, wird Marie plötzlich von Mr Richardsons Stimme aus ihren Gedanken gerissen. Cool wird das bizarre Duo aus Germany auf den Rücksitz verfrachtet und vom Meister der Zeremonie persönlich zum Ort des Geschehens gebracht.

Das aktualisierte Drehbuch verwandelt sich bei später Lesestunde zu einem gravierenden Problemfall: Der Mörder aus dem ersten Treatment hat sich im Laufe der letzten 9 ½ Wochen, ohne Maries Wissen, zu einem Serial-Killer gemausert, Maries

Ambiente wird von einem hygienisch einwandfreien Waschbecken einer Landarztpraxis in ein reagenzglasbestücktes Versuchslaboratorium einer Sterbeklinik transformiert und die deutsche Ärztin in Namibia zu einer deutschen Pathologin in Namibia umfunktioniert.

Nun ist Marie mit dieser unveränderlichen Tatsache konfrontiert, Tausende von Kilometern von zu Hause entfernt. Auf der Fahrt in ihr sicheres Hotel schickt sie noch ein Stoßgebet zum Himmel, doch nun treibt die unausweichliche Konfrontation mit einem Serial-Killer, wenn auch nur fiktiv, Tränen der Verzweiflung in ihre Augen. Eine Pathologin zu spielen, die sich ausschließlich im Terrain von Mordopfern zu bewegen hat, wäre ihr nie in den Sinn gekommen.

»Ich spiele meine Rollen nicht, ich verinnerliche das Geschehen und meine Seele macht sich, zusammen mit den erfundenen Figuren, auf einen realen Leidenspfad. Durch das in mir stark angelegte empathische Prinzip muss ich die gedrehten Szenen real erleben. Eine ganze Reihe von Morden und die Untersuchung der geschundenen Frauenkörper, das kann und will ich meiner Seele nicht antun. It's impossible!«, versucht sich Marie aus der anstehenden Aufgabe herauszuwinden.

»Your unique talent is the reason why I fought for your participation«, erklärt der junge Regisseur bestimmt und Riccos verklärte Miene lässt nichts Gutes ahnen.

»Ich sterbe, wenn ich nur daran denke«, seufzt Marie laut in sich hinein.

»Great experience, what an adventure«, lässt Ricco seinen Nachbarn augenblitzend wissen.

»You shouldn't do that, this will create misfortune«, warnt der einheimische Medizinmann Jack, der für die Drehzeit einen passablen Vertrag als ärztlicher Betreuer in der Tasche hat.

Die Dreharbeiten verliefen sehr zäh, Unfälle und technische Ausfälle waren an der Tagesordnung. Marie hatte ein Einsehen gehabt und sich mit Leib und Seele als die deutschstämmige Pathologin des revidierten Drehbuchs verdungen. Nach den ersten Drehtagen holte Mister Richardson noch seinen letzten Joker aus dem abgegriffenen Rucksack. »Wir drehen hier in Swakopmund, übrigens meine Geburtsstätte, nur an Originalschauplätzen, an denen vor dreißig Jahren ein Serial Killer die Menschen in Angst und Schrecken versetzt hat«, erzählte er seinem Stab bei einem Mittagessen in der Kantine des Filmstudios. Gerade an diesem Tag hatte Marie ihre intensivste Szene zu bewältigen: die Vorgehensweise des Täters anhand medizinischer Details zu erklären, und das am angekohlten Leichnam eines Mordopfers.

»Der Mörder brach seinem Opfer den fünften und sechsten Halswirbel, um es zu töten. Dieser Mann ist nicht in der Lage, eine sexuelle Befriedigung zu erlangen. Deshalb tötet er sein Opfer, verbrennt den Körper in der Illusion, mit dem nächsten Mord, der als eine Folge seines Handicaps auszulegen ist, wieder einen neuen, verzweifelten Versuch zu starten«, drang der Text, bei der nun zum fünften Mal wiederholten Szene, schluchzend aus Marie heraus, um danach in einer Flut ihrer Tränen zu ertrinken. Das Mitleid für Opfer und Täter überwältigte sie und verursachte dumpfe Herzschmerzen. Eine plötzlich auftretende Schmerzattacke an ihren selbigen Halswirbeln nahm ihr die Luft und versetzte sie in Angst und Schrecken, ihr ganzer Körper wurde von einem Zitteranfall heimgesucht. In ihrer rasenden Angst, diese Szene noch einmal wiederholen zu müssen, schrie Marie um Hilfe, doch ihre Stimme versagte.

»Wir nehmen Take one, guys, der ist perfect, da konnte unser Sensibelchen Marie die mentalen Spinnfäden unseres Dust Devils noch nicht ermessen«, entschied der Regisseur und nahm seine in sich zusammengesunkene Protagonistin, deren Arbeit ihn zutiefst zufrieden stellte, wie er sogleich bemerkte, in seine starken Arme. »This was your last take, Marie, du hast es geschafft und es genauso abgeliefert, wie ich es mir wünschte. Wie du weißt, erzählt unser Film von einer erdgebundenen Seele, die nach Verlassen ihres Körpers, durch ein ungläubiges, kriminelles Leben, so stark im irdischen Geschehen fixiert bleibt, dass sie nicht in der Lage ist, den notwendigen Weg in die jenseitige Sphäre zu gehen. So partizipiert diese Seele am Körper eines Lebenden, um wieder eine eigene Handlungsfähigkeit zu erlangen, die sich aber immer noch im unerlösten kriminellen Bereich austobt. Das ist nur möglich, weil die okkupierte Seele unseres lebenden Hauptcharakters durch Missbrauch in einer gewalttätigen Kindheit verstümmelt wurde und so gegen die feindliche Übernahme unseres Dust Devils, wie wir ihn genannt haben, nicht gefeit war«, versuchte nun der Regisseur den humanen Hintergrund seiner Filmstory in ein gutes Licht zu stellen und sich bei der von Weinkrämpfen geschüttelten Marie zu rechtfertigen.
Das war gar nicht nötig, denn sie hatte den großen Freigeist und Ganzheitsdenker bei tiefschürfenden privaten Gesprächen von einer ganz menschlichen, verletzlichen Seite kennengelernt und in ihr Herz geschlossen. »Man muss sich erst durch den Schacht der Hölle hindurchfallen lassen, um oben im Himmel wieder herauszukommen«, war ein Spruch, den er gerne am Abend nach aufwühlenden Drehtagen tätigte.
Das umgearbeitete Ende der Filmstory hatte Marie bewogen, die umgestaltete Rolle doch noch anzunehmen: Der fremddirigierte Serial Killer lernt in der Zeit seiner Obsessionen eine junge Frau kennen und verliebt sich in sie. Seine Neigung, Frauen das Leben zu nehmen, wird davon leider nicht berührt. Die Freundin des Killers wird Zeugin, als er versucht, sein letztes Opfer einzuäschern. »Du bist der gesuchte Killer«, sagt sie.

»Ja, ich bin es, jetzt weißt du es, jetzt musst du mich verlassen«, sagt er.
»Nein, ich werde dich nicht verlassen, denn ich liebe dich von ganzem Herzen«, sagt sie.
Der mordende Dust Devil fährt mit Gefauche und Getöse aus dem Körper des besetzten Mannes und macht den Weg frei für die rückhaltlose Liebe, gegen die keine Macht der Welt und Unterwelt mehr bestehen kann.

Der Weg nach Hause wäre nach einem anstrengenden Tag jetzt auch für Marie frei gewesen, denn sie war abgedreht, der Rückflug ließ aber noch zwei Tage auf sich warten. Das machte Marie noch große Sorgen, denn Freund Ricco hatte sich während ihrer schwierigen Drehzeit in ein uneinschätzbares Sorgenkind verwandelt. Einer Einladung, den täglichen Dreharbeiten beizuwohnen, erteilte er schon nach dem ersten Tag eine Absage. Seine Diagnose: gähnende Langeweile, die ihm durch unsere langatmigen Wiederholungen der gedrehten Szenen beschert würde. Den Tag verschlief er, der Abend, der Bruder Alkohol und den Mitgliedern unserer männlichen Crew gehörte, wurde zum Tage gemacht. Ein eigenes Zimmer sorgte für Schadensbegrenzung, sinnlose Streitthemen, aus kindheitsschwangeren Lüften heruntergeholt, kosteten Marie beim gemeinsamen Abendessen zusätzlich Kraft.
Am letzten Drehtag tauchte Ricco plötzlich mit kahl geschorenem Kopf zum Abendessen im Hotel auf, das man aus Sicherheitsgründen nie alleine verlassen durfte. Sein schulterlanges Haar habe er dem Hotelfriseur, seinem Barbier aus Transylvanien vermacht, ließ er Marie wissen. »Ich gab dem Teufel, was des Teufels ist. Schon mancher wurde ausgelöscht, weil er nicht an ihn geglaubt hat, die Kräfte des Chaos werden dich eines Besseren belehren«, zischte er. Riccos riesige Pupillen sprachen

Bände. Auch Schauspieler Joe, mit dem er sich schon in den Anfangstagen angefreundet hatte, wirkte sehr verändert. Mit zitternden Händen balancierte er ein halbes, gebratenes Huhn mit den Beinen nach oben auf seinem Kopf, sodass diese wie Hörner emporragten. »Auch ich gebe meine Stimme an Satan, denn nur durch diesen Meister hat die Freiheit einen Sinn. Freiheit ist auch, sich für das Böse zu entscheiden, Marie!« Das Huhn landete auf Maries Schoß.
»Ich gebe eurem gebenedeiten Luzifer seinen Platz im Weltenrund und meinen Respekt, aber deshalb bin ich nicht seine Dienerin. Euer Angebeteter scheint ja hier in Swakopmund sein Basislager aufgeschlagen zu haben. Wir sollten mal etwas Licht in die Chefsache des Fürsten der Finsternis bringen. Ihr seid wohl mit dem Kopf voraus in ein ganzes Alkoholfass abgetaucht«, versuchte Marie die angespannte Lage heiter zu lösen, während sie sich anschickte, auf ihr Zimmer zu gehen.
Sie hatte aber diese Rechnung ohne Ricco gemacht, der jetzt aufsprang, um ihr den Weg abzuschneiden, und wie ein Irrwisch um sie herumsprang. »Ja, Marie ist die Gute, hört, hört! Sie glaubt an mich, will mich retten, Leute. Hat schon Kontakt mit meiner Mutter aufgenommen. Mom wollte mich töten, aus Liebe, hat sie gesagt, wollte mich nicht bei Dad zurücklassen, sie liebt mich. Sie hat mir am Telefon gesagt, sie liebt mich, Leute, und diese alte Hexe Marie, die bei ihr angerufen hat, steht daneben und strahlt wie ein Atomreaktor«, tobte Ricco und trampelte auf Maries Strickjacke herum, die er ihr in seiner Wut heruntergerissen hatte.
Mittlerweile hatte sich Joes Freund Mike des Wüterichs angenommen und ihn in einen bereitstehenden Stuhl gedrückt. »Marie, unser Regisseur hat für morgen einen Betriebsausflug in die namibische Wüstenregion organisiert. Wir treffen uns um neun Uhr am Meeting Point. Ich kümmere mich um Ricco und Joe, sie werden morgen mit uns kommen. Heute ist einfach zu viel Alkohol im Spiel.«
Ricco saß weinend in seinem Stuhl. »Es ging mir gut in meinem

Psychokäfig. Da war ich geborgen in meinen Schmerzen. Es war eng und ich konnte den Hass auf meine Mutter und meinen Vater körperlich fühlen. Dann kam Marie und öffnete die Tür meines Verlieses. Komm heraus, Ricco, es ist schön hier draußen, es tut gut, sagte sie. Es tat mir aber nicht gut. Doch jetzt will ich aber auch nicht mehr hinein in diesen Käfig. Ich will aber auch nicht da draußen sein. I hate her, it's her fault, it's her fault.« Mit Engelszungen gelang es Mike, die beiden Trinkkumpane auf ihre Zimmer zu komplimentieren. Marie war schon dabei, ihre Sachen zu packen, da zogen die Abschiedsworte des Regisseurs nach dem Dreh hinter ihrer Stirn auf. »Marie, dem Bösen entrinnt man nicht dadurch, dass man es nicht anschauen will, man muss es anschauen und durch eine Handlung zu Licht transferieren.«

Nur noch zwei Tage bis zu Maries herbeigesehntem Heimflug waren durchzustehen. Ein kleiner Reiseproviant wurde mit Getränken ergänzt und festes Schuhwerk angezogen. Director Richardson hatte tatsächlich eine Tagestour gespendet und Mike dafür einen kräftigen, geländegängigen Jeep zur Verfügung gestellt. Die Jungs wirkten merklich angespannt und blickten sich dauernd um. Auch Ricco erschien wie ausgewechselt und sehr nervös, aus Vorfreude? Immer tiefer drang das Auto in die archaische Dünenlandschaft der Wüstengegend vor. Es flirrte und flimmerte über den Bergkuppen. Ein eisblauer Himmel stand über den riesigen Sandflächen.
Gedanken waren kaum mehr zu fassen, sie entleerten sich in geheimnisvolle Räume, wenn sie nur leise angetippt wurden. Ein tiefes Gefühl von Lichtdurchdringung überkam Marie. Es gelang ihr nicht mal mehr, eine kleine telepathische Botschaft an ihre Familie in Deutschland zu übermitteln. Adressen und Namen waren in ihrer Erinnerung wie ausgeblichen. Die Gruppe

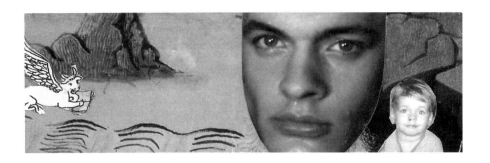

kletterte auf hohe, lichte Sichtflächen und pumpte sich mit unglaublichen Sinneseindrücken voll.
Joe wies jetzt auf ein einfach gebautes Dorf hin, das sich weiter entfernt schemenhaft abzeichnete. »Dort leben Schwarze, die sich permanent auf Diamantensuche befinden und kaum über Trinkwasser verfügen. So mancher Tourist ist schon ausgeraubt und abgemurkst worden.«
Nun war es an der Zeit, den Platz für ein geplantes Picknick zu bestimmen. Marie entdeckte plötzlich einen kräftigen Strauch am Wegesrand, der sich bei näherem Hinsehen als knorriger alter Rosmarinstrauch entpuppte. Er fungierte wie ein Wächter für ein windgeschütztes Plätzchen hinter einer Dünenschleife, auf das Joe in vollem Karacho losfuhr und mit einer Schleuderbremsung in die Vollen ging.
Marie war schon ausgestiegen, um sich einen Zweig des Strauchs zu pflücken und die stark duftenden Blätter zwischen den Fingern zu verreiben. Auch die Schläfen bekamen eine wohltuende Ration ab.
Das Picknick, das aus gekochten Eiern, Hartkäse, Salami, Tomaten, kleinen Essiggurken und schönem dunklen Brot bestand, weckte die Lebensgeister. Frisches, gekühltes Quellwasser aus einer Kühlbox löschte den Durst. Das Gefühl für Zeit war gänzlich verloren gegangen, doch auf Mikes Uhr war Verlass. Es war an der Zeit, die Rückfahrt anzutreten, denn langsam strich auch ein leichter kühler Wind über die Dünenkuppen. Joe und Ricco balgten sich, von Mikes traurigen Blicken begleitet, wie zwei ge-

sättigte Löwenkinder im Sand. Marie packte den Picknickkorb zusammen und Mike versuchte schon mal den Jeep zu starten, was auch problemlos gelang. Was aber nicht mehr gelang, war, den Platz zu verlassen, denn ein Hinterrad war schon in die Sanddüne gesackt, in die Joe das Auto bei der Anfahrt voll Übermut chauffiert hatte. Immer tiefer grub sich der Reifen in den Sand hinein. Alles Hieven und Schieben blieb erfolglos. Die Gruppe saß fest, mitten in einer der ältesten Wüstenregionen der Welt.
Zu allem Unglück nahm der kühle Wind immer mehr zu, während die späte Nachmittagssonne ungesund herabstach. Joe und Ricco fanden ihre Notstrandung äußerst amüsant, waren sehr stark mit sich selbst beschäftigt und schienen den Ernst der Lage noch gar nicht erfasst zu haben, als die Windgeschwindigkeit noch zunahm und das Sandtreiben immer mehr anfachte.
»Wir können hier nächtigen, wir haben ja noch Sekt in petto und restliche Brotzeit im Rucksack. Die suchen uns dann schon morgen mit dem Hubschrauber«, kommentierte Ricco betont sorglos.
»Wenn der Sandsturm sich weiter steigert, werden wir in Bälde zugeweht, dann ist nichts mehr mit Orten, außerdem startet morgen nachmittag euer Flieger nach Deutschland, Freunde«, sagte Mike kopfschüttelnd.
»Ich werde mich auf den Weg machen und versuchen, Hilfe zu holen, wer geht mit mir?«, versuchte nun Marie einen klaren Kopf zu behalten.

»Ist das ein Diamant, mein Herr?« Zwei Stunden später legte Marie einen funkelnden, durchsichtigen Stein in die große, männliche Hand eines Helfers, der sich mit ihr, Mike und seinem Laster auf den Rückweg gemacht hatte, um den Jeep mit den zurückgebliebenen Jungs zu bergen. Aber erst hieß es den Platz überhaupt wieder zu finden. Über eine Stunde waren sie nur in

ungefähr in Richtung Wüstendorf gelaufen, hatten aber die Orientierung verloren. Plötzlich hatte sich eine Vision vor ihnen aufgetan – ganz realen Ursprungs: Ein Ehepaar aus Kanada hatte sich mitten in der Wüste ein Zelt aufgebaut. Die Ehefrau stillte gerade ihr Kind unter dem Vordach.
»Das erinnert an Josef, Maria und das Jesuskind«, assoziierte Marie witzelnd, aber müde vom Laufen.
Der Mann, der spontan seine Hilfe angeboten hatte, war ein Geologe aus Kanada. Mit Frau und Kind hatte er diese einsame Region zu seinem Arbeitsfeld gemacht und versuchte, edle Steine und Mineralien zu bergen und zu katalogisieren.
Der faustgroße Wunderstein, den Marie aus dem Sand gebuddelt hatte, war kein Diamant, sondern ein Bergkristall, der sich aus wasserklarem Siliziumdioxid zusammensetzt.
»Um Stress, Aufregung und Zornattacken zu bewältigen, ist dieser Stein für Sie bestimmt vom Himmel gefallen«, bemerkte Mr Blanchard, wie er sich mit seiner Familie vorgestellt hatte. »Dieser Stein hat piezoelektrische Eigenschaften und lädt sich durch

Sonnenstrahlung elektrisch auf. Vielleicht hilft er uns bei der Suche nach Ihren Freunden«, schlug er gelassen vor.

Marie und Mike waren weniger gelassen, denn es gelang ihnen nicht mehr, die Senke zu ihrem Picknickplatz zu finden, obwohl sich Marie bei dem Wegmarsch vom Platz gezielt jede Sandkuppe, jeden verkrüppelten Baum gemerkt haben wollte. Aber der Wind war in den letzten Stunden nicht untätig gewesen. Er hatte alle Spuren verwischt und eine gewaltige Menge Sand herangetragen.

Maries Herz wurde schwer und schwerer, wenn sie an Mikes Berichterstattung vom Vortage dachte. Wann hatte Mike das am Vortag erzählt? Es musste spät in der Nachte gewesen sein. Ricco hatte seine Haarpracht nicht freiwillig geopfert. Er hatte sich als Bote einspannen lassen, um Leuten aus dem Produktionsteam kostenlose Proben einer Art Angel-Dust-Droge zu überbringen. Die Anbieter hofften, damit für den Rest der Drehzeit eine neue Klientel zu gewinnen. Die Übergabe wurde wohl von Polizeibeamten in Zivil überwacht, die Situation aber durch den cleveren Minuten-Glatzenschnitt für Ricco erst mal entschärft, denn man suchte im ganzen Ort nach einem Jungen mit langem Haar. Damit erklärte sich für Marie der psychische Zustand der beiden vom gestrigen Abend – sie hatten anscheinend eine Gratisprobe genommen ...

Hier, in der Wüste Namibias, legte Mike ein radikales Geständnis ab. Er, Joe und Ricco hatten für den nächsten Tag eine Razzia im Hotel befürchtet und deshalb einen Betriebsausflug inszeniert, um tagsüber fort zu sein.

»O Gott, wie war ich doch naiv, lass uns unsere Freunde finden«, betete Marie zum langsam blasser werdenden Himmel hinauf und suchte auf dem Rückweg alle Abzweigungen ab. Doch beim besten Willen konnte sie den Weg zum Picknickort nicht mehr finden. Plötzlich stolperte sie über eine Wurzel und verlor dabei ihren Bergkristall, den sie fest in der Hand gehalten hatte. Der Geologe wurde sichtlich nervös. Marie konzentrierte sich und ein plötzlicher Lichtblitz zog ihren Blick auf ein paar kleine, kräftige, eingestaubte Zweige, die aus dem Sand lugten. In ihren eingestaubten Spitzen hatte sich der Bergkristall gefangen. Marie stieß Freudenschreie aus, als sie feststellte, dass es die Zweige des guten alten Rosmarinstrauchs waren, den sie schon vor ein paar Stunden beehrt hatte. Der Weg ging direkt neben ihm zu dem eingewehten Platz. Mr Blanchard hatte Laster und Equipment im Gefolge. Sie schaufelten und schaufelten, bis sie den Weg freibekamen und die verlorenen Söhne wieder in die Arme schließen konnten. Sie saßen mutlos auf dem Dach, der Rest des Autos war im Treibsand versunken. Den vermeintlichen Bergkristall machte Marie ihrem Retter Mr. Blanchard zum Geschenk.

»Do you like tea or coffee, Madam?«, wird Marie auf ihrem Rückflug nach München gefragt.
»Do you have a glass of champagne, please?«, erwidert Marie kokett und lehnt sich mit einem wohligen Seufzer in ihren Sitz zurück. An ihrer Seite schläft Ricco, seinen Kopf hat er vertrauensvoll an Maries Herzensseite gelegt.
»Was immer auch geschehen mag, ich bin deine Freundin, Ricco. Wenn du mich rufst, werde ich dir beistehen, und wir müssen uns auch lieben, wenn wir es am wenigsten verdienen, denn dann brauchen wir es am meisten«, flüstert ihm Marie leise ins Ohr, nimmt seine Hand und einen tiefen Schluck aus ihrem Champagnerglas.
»Happy future, my friend!«

Rosmarin (Rosmarinus officinalis)

Was für ein heilkräftiger Duft, der einem da in die Nase steigt, wenn man seine nadelförmigen Blätter zerdrückt. Das duftende ätherische Öl hat kaum meine Schläfen benetzt, schon suchen die plagenden Kopfwehgeister das Weite. Ein Tee, aus 1 TL gezupfter Nadeln, mit 250 ml kochendem Wasser übergossen, hat meinem lahmen Kreislauf schon einen Stupser gegeben und mein Magen scheint danach auch schon viel besser gestimmt zu sein. Einen übrig gebliebener Stängel meines rosmarinigen Heilers habe ich zusammen mit einem Thymianzweig klein geschnitten und in einem schweren alten Aschenbecher zum Glühen gebracht. In diesen aromatischen Rauch, der sogleich durch den Raum zieht, hieve ich jetzt im dritten Gang meine Sorgen, die mir noch vom Vortage auf dem Herzen liegen. Was heißt liegen, die Plagegeister trampeln ja förmlich auf meinen Herzklappen herum.
Sie haben aber ihre Rechnung ohne Ritter Rosmarinus gemacht. Sein frischer Atem lässt diese frechen Stinker die Flucht ergreifen. Jetzt geht's raus an die frische Luft zum Hof kehren, Hecke schneiden, Gras mähen, Blumen und Kräuter gießen. Mein Kopf ist wieder frei, mein Herz erfüllt mit Dankbarkeit und Lebensfreude. Meine Rosmarin- und Thymianstöcke bekommen von ihrer Gärtnerin noch eine Extraration Eierschalen gespendet.
Wie man in historischen Archiven lesen kann, gab es im 18. Jahrhundert in England noch den Brauch, Kräuter streuende Jungfrauen bei Prozessionen vorausgehen zu lassen, um auf dem Wege lauernde Krankheiten zu bannen und natürlichem Ungeziefer den Weg zu verwehren. Natürlich fiel auf unseren Ritter

Rosmarinus die erste Wahl, aber auch sein Bruder Thymian und die damals hoch angesehene Gartenraute befanden sich in ehrenhaftem Einsatz:
Krankenzimmer ausräuchern, Luft reinigen, Motten verjagen, böse Geister von Liebespaaren fernhalten, sich in einen Brautkranz verwandeln, als Kirchenschmuck dienen, Haarspülmittel kreieren, Olivenöle und Weinessige veredeln, Lammkoteletts Geschmack verleihen, am Camping-Grill einfach so verglühen ...
Über mangelnde Nachfrage kann sich der fleißige Rosmarinus seit Jahrhunderten nicht beklagen.
Um diese Aufträge zu unserer weiteren Zufriedenheit erbringen zu können, bittet Rosmarinus um einen trockenen windgeschützten Platz, möglichst an einer Mauer. Seinen Boden wünscht er sich kalkhaltig und gut wasserdurchlässig durch reichen Sandanteil. Damit er ein großer, kräftiger Kerl werden kann, sollen wir ihn nach seiner Blüte kräftig zurückschneiden. Nasse, kalte Winter sind ihm ein Graus. Lassen Sie ihn lieber kühl und frostfrei in bequemen Töpfen in einem hellen Raum

überwintern, damit er uns im kommenden Frühjahr wieder treu zur Seite stehen und unser Gedächtnis stärken kann.

Jetzt hätte ich es fast verschwitzt. Königin Hatschepsut von Ägypten hörte um 1500 vor Christus wahre Lobgesänge von der gedächtnisstärkenden Heilkraft unseres Rosmarinus-Ritters. Sie musste ihn besitzen, um die rivalisierenden Herrscher der Länder geistig zu überflügeln, koste es, was es wolle.

Es kostete Tausende von Feigenbäumen das Leben, die zu Flößen umgebaut wurden und sich den Nil hinauf auf die Suche nach dem kostbaren Schatz zu machen hatten. Und man wurde fündig: Neben Thymian und Myrrhe stand er, stolz und hochgewachsen, seit dieser Zeit auch in den wunderbaren Gärten der Königin seinen Mann.

Darf ich Ihnen, liebe Leser, noch ein kleines aktuelles Bonmotchen anvertrauen? Wissen Sie, man hat mir berichtet, dass viele Richter unter ihren Roben immer noch kleine Rosmarin-Sträußchen tragen, um sich vor dem Rest der Menschheit zu schützen? Armer Ritter, was er sich alles anhören muss, von der Einatmung unter dem Ornat ganz zu schweigen. Da hätte unser Rosmarinus aber einen Extra-Orden verdient. Frau Holle!

Rosmarino
Frau Holles Sommerbrot

350 g Vollkornweizenmehl	1 EL frische Rosmarinblätter, gehackt
1 Päckchen Trockenhefe	
125 g Butter	125 g Weichkäse, nach Gusto, in Würfeln
65 ml lauwarmes Wasser	
250 ml warme Milch	5 frische Rosmarinzweige, zum Garnieren
1 EL Zucker	
1 TL Salz	grobkörniges Meersalz
1 EL Sesam	2 EL Sesamkörner
1 gehäufter EL geröstete Zwiebeln	

In eine große Schüssel gibt man Mehl, Hefe, Butter, Wasser, Milch, Zucker, Salz, Sesam, Zwiebeln und den Rosmarin und knetet alles zu einem glatten Teig. Die Käsewürfel fest in den Teig mit einarbeiten.

Jetzt wird eine Schüssel innen mit zerlassener Butter eingerieben, der Teig hineingegeben und mit einem feuchten Tuch abgedeckt. Für etwa 2 Stunden ist nun eine Ruhepause angesagt, damit er sich verdoppeln kann.

Jetzt wird mit dem Butterrest eine Kastenform ausgefettet, in der der geformte Laib Platz zu nehmen hat. Für etwa 45 Minuten Bedenkzeit gönnt man ihm noch mal eine Ruhepause. Nicht erschrecken, denn er wird sich noch einmal recken und strecken, bevor er sich dem vorgeglühten Backrohr ergibt.

Für 30 Minuten heißt es jetzt bei 190 Grad schwitzen und rösten. Nach 20 Minuten wird die Oberfläche leicht mit Butter eingepinselt und für die letzten 10 Minuten mit Pergament abgedeckt.

Der aus dem Kasten gestürzte duftende Brotlaib, Vorsicht: heiß, wird mit kleinen Rosmarinzweigen und gekörntem Salz garniert.

Dazu passt ein delikates Lachstöpfchen aus gekochten, pürierten Fischstücken, die mit Butter, Zitrone, geriebener Zitronenschale, Dill und gehackten Mandeln angereichert werden. Ein feiner, trockener Weißwein ins Gläschen und Ihre Gäste jubeln!

Rosemary and Strawberry
Maries Kräuterpunsch ohne Alkohol

450 ml flüssiger Akazienhonig	2 Flaschen Mineralwasser mit Kohlensäure
450 ml frischer Zitronensaft	
3 EL frische Rosmarinblätter, gehackt	450 ml frischer Limonensaft
	1 Tasse Eiswürfel
1 kg Erdbeeren, klein geschnitten	3 l Wasser
100 g Ingwer, geschält und püriert	5 Duftgeranienblütenblätter
Zucker	2 Rosmarinzweige für die Garnitur

In einem Topf bringt man 1 Liter Wasser, zusammen mit dem Honig, 200 ml Zitronensaft und den Rosmarinblätter unter Rühren zum Kochen, bis sich der Honig ganz auflöst. Die abgekühlte Flüssigkeit gießt man durch ein Sieb in eine vorbereitete Schale.

Jetzt geht's den Erdbeeren ans Eingemachte. Nach dem Zupfen und Waschen kommen sie zusammen mit dem Ingwerpüree in den Mixer. Eine kräftige Prise Zucker, den restlichen Zitronensaft und eine Tasse Sprudelwasser nach und nach mixen und das Ganze zur wartenden Flüssigkeit in die Punschschale geben. Mit dem Limonensaft und dem übrigen Mineralwasser auffüllen und mit einem Glasstab umrühren. Erst kurz vor dem Servieren kommen die Eiswürfel dazu.

Duftgeranienblütenblätter und ein Rosmarinzweig zieren die Oberfläche, wenn ich meinen Gästen diesen schmackhaften Kräuterpunsch kredenze. Bis zu 25 Gläser lassen sich daraus abschöpfen.

Rapunzels Haarspülung

70 g Rosmarinzweige, frisch	1 TL Borax aus der Apotheke
70 g Salbeiblätter, frisch oder getrocknet	1 l kochendes Wasser

Man nimmt eine Glasschüssel, schneidet die Rosmarinzweige und die Salbeiblätter klein und gibt sie hinein. Jetzt übergießt man alles mit dem kochenden Wasser, gibt den Borax hinein und lässt den Sud etwa 3 Stunden ziehen. Durch ein Sieb giesst man die entstandene Essenz in zwei ausgekochte Flaschen ab und bewahrt diese im Kühlschrank bis zu 14 Tage auf.

Nach dem Haarewaschen geben Sie ihre selbstgebraute Essenz auf ihre Haarpracht, lassen Sie alles ca. 30 Minuten einwirken, spülen das Ganze gut aus und trocknen Sie mit einem Frotteehandtuch nach.

Eine gut durchblutete Kopfhaut schickt angesiedelte Schuppen in die Wüste. Ihr Haar wird Sie nach dieser erfrischenden Spülung mit feinem Duft umschmeicheln und mit seidigem Glanz erfreuen.

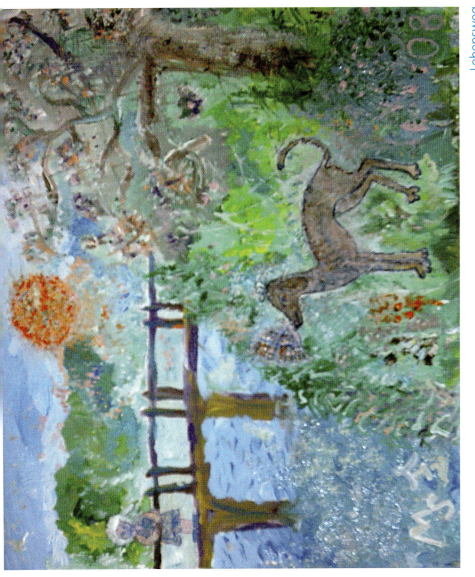

Lebensweg

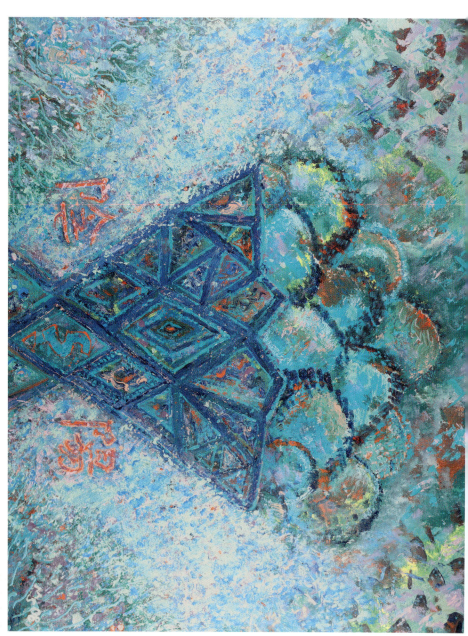

August

Ein Stern ist frei, solange er seine Bahn zieht,
die Unfreiheit beginnt
beim Verlassen seiner vorbestimmten Bahn.
(C. G. Jung)

Alles, was recht ist

Unter der Regierung des Kalifen Harun al Raschid lebte in Bagdad ein Kaufmann, der Ali Kodjah hieß. Er war ein wohlhabender Mann, der aber ganz allein, ohne Familie oder Verwandte, in der Welt dastand und mit seinem Handel recht zufrieden war. Da hatte er einstmals drei Nächte hintereinander ein und denselben Traum. Es erschien ihm nämlich ein ehrwürdiger Greis mit strengem Blick, der ihm Vorwürfe darüber machte, dass er die nach dem Gesetz vorgeschriebene Pilgerfahrt nach der heiligen Stadt Mekka noch nicht gemacht habe.

Ali Kodjah war durch das Traumgesicht sehr beunruhigt. Als guter Muselmann wusste er wohl, dass es seine Pflicht schon lange gewesen, diese Reise zu unternehmen, um in der Stadt des Propheten zu beten; aber da er ein kaufmännisches Geschäft besaß, das er doch allein zu betreiben hatte, so war ihm dies seither immer eine genügende Entschuldigung gewesen, daheim zu bleiben. Er glaubte durch Almosen und gute Werke anderer Art seinem Schöpfer genug zu tun. Jetzt aber fing ihn das Gewissen an zu peinigen und es überkam ihn eine gewaltige Furcht, es möchte ihm etwas Schlimmeres zustoßen, wenn er dem Befehle der Erscheinung nicht Folge leiste. Deshalb vermietete er auf unbestimmte Zeit seinen Laden, verkaufte das Hausgerät und einen Teil seiner Waren und machte sich mit dem anderen Teil, den er hoffte in Mekka zu verkaufen, auf die Reise. Nur wollte er, nachdem er alles geordnet hatte, eine Summe von tausend Goldstücken nicht mit sich nehmen, da er sie nicht nötig hatte und die Münzen ihm nur lästig gewesen wären. Er wählte deshalb, um das Geld sicher und ohne Aufsehen aufzubewahren, ein Gefäß

von passender Größe, legte die Goldstücke hinein und füllte Oliven darauf. Nachdem alles gut verschlossen war, brachte der Kaufmann das Gefäß zu einem guten Freunde und sagte zu ihm: »Lieber Freund und Bruder, du weißt, dass ich in einigen Tagen mit der Karawane eine Pilgerfahrt nach Mekka mache. Gewiss hast du die Gefälligkeit, dieses Olivengefäß hier bis zu meiner Rückkehr aufzubewahren?«
Der Freund antwortete sehr verbindlich: »Da, nimm den Schlüssel zu meinem Speicher, trage dein Gefäß selbst dahin und setze es an einen dir passenden Ort. Ich verspreche dir, dass du es unversehrt wieder antreffen wirst.«
Ali Kodjah tat, wie ihm geheißen, nahm Abschied, setzte sich auf sein Kamel, das auch die Ware trug, und zog mit der Karawane aus Bagdad. Glücklich erreichte er Mekka und besuchte vor allem die weltberühmten Kaaba, um hier nach den vorgeschriebenen Gebräuchen seine Gebete zu verrichten. Dann stellte er seine Waren aus, um sie entweder zu vertauschen oder zu verkaufen. Es kamen unter anderen zwei Kaufleute, denen die hübschen Sachen gefielen, die der Kaufmann aus Bagdad mitgebracht hatte. Sie kauften zwar nichts, aber der eine äußerte: »Wenn dieser Verkäufer klug ist, so zieht er mit seinen Waren nach Kairo; dort wird man ihm mehr als das Doppelte dafür bieten, als er hier in Mekka erhält.«
Ali Kodjah überlegte nicht lange angesichts dieser Rede. Er bepackte sein Kamel und zog nach Ägypten in die schöne Stadt Kairo. Hier hatte er keine Ursache, seinen Entschluss zu bereuen, denn er bekam für seine Ware mehr, als er erwartete, und war sehr vergnügt über das gute Geschäft, das er gemacht. Nun kaufte er andere Gegenstände dafür ein, hielt sich noch einige Zeit in Kairo auf, besuchte die am Rande der großen Wüste gelegenen Pyramiden und zog endlich mit einer Karawane nach Palästina, da er die Absicht hatte, seine Geschäfte in Damaskus weiter fortzusetzen. Weil nun der Handelszug auch durch Jerusalem kam, nutzte Ali Kodjah die Gelegenheit, hier den heiligen Tempel in Augenschein zu nehmen, der nach der Kaaba in

Mekka von allen Muselmännern als das größte Heiligtum angesehen wird. Dann gelangte er wohlbehalten nach Damaskus. Wieder blieb er hier geraume Zeit und ergötzte sich an der herrlichen Umgebung dieser Stadt, bewunderte die prachtvoll angelegten Gärten und schönen Wiesen, und was er früher von all den Herrlichkeiten gelesen, das ward ihm zur Wahrheit. Aber er vergaß seine Heimat dennoch nicht. Sein Weg führte ihn nun auf der Heimreise über Aleppo, wo er wieder einige Zeit verweilte. Von da aus setzte er über den Euphrat und schlug die Straße nach Mossul ein, um zur Beschleunigung seiner Reise mit dem Schiff auf dem Tigris nach Bagdad zu fahren. Es war eine Zeit von sieben Jahren verflossen, seitdem Ali Kodjah seine Heimat nicht wieder gesehen.

Der befreundete Kaufmann, dem er das Gefäß mit den Oliven anvertraut hatte, hatte gar nicht mehr an dasselbe gedacht. Gerade um die Zeit aber, da Ali nach Bagdad unterwegs war, kam er mit den Seinigen gesprächsweise darauf zu reden. Seine Frau äußerte nämlich das Verlangen, Oliven zu essen, die in der Zeit selten waren. »Ei«, meinte der Hausherr, »da fällt mir eben ein, dass Ali Kodjah vor nunmehr sieben Jahren bei seiner Abreise nach Mekka ein Gefäß dieser Früchte, die er eingelegt, bei mir zurückgelassen hat. Er wollte sie bei seiner Rückkehr wieder in Empfang nehmen. Wenn er aber überhaupt hätte wiederkommen wollen, würde es wohl schon längst geschehen sein. Wer weiß, wo er sein Ende gefunden. Freilich hörte ich, er sei nach Ägypten gereist, ohne Zweifel ist er aber dort gestorben und wir können getrost die Oliven verspeisen, das heißt, wenn sie noch essbar sind.«

»Lieber Mann«, entgegnete die Frau, »ich beschwöre dich beim Propheten, lass dich nicht danach gelüsten; rühre fremdes Eigentum nicht an. Du weißt, dass nichts heiliger ist als anvertrautes Gut, mag der Wert ein großer oder geringer sein. Welche Schande für dich und deine ganze Familie, wenn Ali dennoch wiederkehrte und sein Gut aus deinen Händen verlangte. Ich erkläre dir, dass ich nicht im Geringsten danach Verlangen trage und keine einzige Frucht anrühren werde.« Aber der Gatte lachte und sprach: »Ich bin selbst neugierig, was daraus geworden ist, und empfinde eben einen großen Appetit auf Oliven«, und ohne auf die Frau zu hören, ergriff er die Schlüssel zum Speicher. In der Vorratskammer fand er bald das Gefäß, mit Staub bedeckt, noch in derselben Ecke stehen, wohin der Eigentümer es gestellt, öffnete den Deckel und fand alle Oliven ganz und gar verfault. Um sich aber genau davon zu überzeugen, schüttete er den Topf um und, siehe da, es klang wie eitel Gold. Der erstaunte Mann traute seinen Augen kaum, als er immer mehr Goldstücke vorfand. Er füllte den Inhalt wieder in das Gefäß, verschloss es und kehrte zu seiner Familie zurück, wo er sich aber nichts merken ließ, sondern ruhig die Vermutung bestätigte, dass die Früchte ganz verdorben wären. Die Frau aber sprach: »Ach, hättest du doch die Neugierde gezügelt; mir ahnt, dass uns ein Unglück daraus erwächst.«

Aber diese Worte machten keinen Eindruck auf den Kaufmann, in dessen Herzen sich die Habgier zu regen begann. Diese aber ist wie ein giftiger Wurm, der, wenn er nicht getötet wird, immer weiter und weiter frisst. Und so geschah es auch hier. Die Nacht darauf konnte der Kaufmann nicht schlafen und schon am frühen Morgen schlich er wieder auf den Speicher. Er hatte eben vorher frische Oliven gekauft. Diese tat er in das Gefäß, nachdem er die schlechten herausgeworfen und die Goldstücke an sich genommen hatte. Den Topf stellte er gewissenhaft an seine vorige Stelle, als wenn keine Maus ihn angerührt hätte.

Etwa einen Monat danach traf Ali Kodjah wirklich in Bagdad ein. Sein erster Weg führte ihn nach dem Hause seines Bekannten. Dieser umarmte ihn freundschaftlich und gab seiner Freude, den Verschollenen wiederzusehen, durch die herzlichsten Worte Ausdruck. Aber sein Herz dachte ganz anders. Nun bat der Ankömmling, ihm das aufgehobene Gefäß zu übergeben. »Nimm die Schlüssel zur Kammer«, sprach der Kaufmann, »und hole deinen Topf selbst; er muss sich gewiss noch an demselben Orte befinden, wo du ihn gelassen hast.«

Ali Kodjah ging auf den Speicher. Wie erschrak er aber, als er seine tausend Goldstücke auf so unerklärliche Art allesamt in Oliven verwandelt sah! Wieder und wieder schüttete er alles durcheinander, aber keine Münze zeigte sich. Das hatte er nicht vermutet. Sollte derjenige, den er bisher für seinen besten Freund gehalten, so schändlich an ihm gehandelt und ihn betrogen haben? Voll Besorgnis eilte er zu dem Kaufmann.

»Lieber Bruder«, sagte er, »ich erkenne wohl das Olivengefäß als das meinige; allein außer den Oliven hatte ich noch tausend Goldstücke hineingelegt und diese sind daraus verschwunden. Hast du vielleicht Geld notwendig gebraucht, so hat dies nichts zu bedeuten; nur bitte ich dich, mich von meiner Unruhe zu befreien und mir über das Geld einen Schuldschein auszustellen. Du magst es mir zurückzahlen, wenn es dir bequem ist.«

Der Kaufmann war auf diese Rede gefasst und wusste auch schon eine Entgegnung darauf. »Lieber Freund«, sagte er, »du wirst mir selbst zugeben müssen, daß ich dir die Aufbewahrung deines Gefäßes überlassen und dasselbe niemals angerührt habe. Habe ich nicht den Schlüssel zum Speicher dir selbst in die Hand gegeben? Hast du den Topf nicht an demselben Platze und unter demselben Verschlusse vorgefunden? Wenn du Geld hineingelegt hast, so muss es wohl noch darin sein; du sagtest mir, dass nur Oliven im Gefäße sich befänden, und ich habe es bis jetzt geglaubt. Mehr weiß ich nicht von der Sache. Übrigens halte davon, was du willst; ich habe nichts angerührt.«

Ali Kodjah wandte alle mögliche Überredungskunst auf, um den Kaufmann zum Eingeständnis seines Unrechts zu bringen. »Ich halte gewiss mit jedermann Frieden«, sprach er unmutig, »und es würde mir sehr wehe tun, wenn ich gegen dich, den ich für meinen treuesten Freund hielt, klagen sollte. Bedenke doch, mein Bruder, dass Kaufleute wie wir eher auf alles andere verzichten müssen als auf ihren guten Ruf. Sei nicht so hartnäckig oder du zwingst mich, meine Zuflucht bei dem Gerichte zu suchen.«

»Ali«, entgegnete trotzig der Kaufmann, »du gestehst selbst ein, dass du mir ein Gefäß mit Oliven gefüllt übergeben hast, und

jetzt kommst du und forderst tausend Goldstücke von mir? Was soll ich davon denken? Bist du irre geworden? Ebenso könntest du Perlen und Diamanten von mir verlangen. Lass dir raten: Gehe jetzt nach Hause, damit nicht alles Volk vor meinem Laden zusammenläuft.« In der Tat, es waren schon einige Leute stehengeblieben, da der Kaufmann die letzten Worte sehr heftig gesprochen hatte und Ali in derselben Weise ihm entgegnete. Die benachbarten Kaufleute traten auch hinzu, um sich nach der Ursache des Streites zu erkundigen und denselben womöglich zu schlichten. Als Ali Kodjah ihnen die Sache auseinandergesetzt hatte und sie ihrerseits den Kaufmann befragten, blieb dieser bei seiner vorigen Aussage. »Ich nenne euch als Zeugen«, fügte er hinzu, »dass Ali Kodjah mich in meinem eigenen Hause beschimpft hat, und verlange dafür von ihm Genugtuung.«
»Der Schimpf bleibt auf dir sitzen«, rief Ali erzürnt; »ich fordere dich vor das Gesetz Gottes. Wir wollen sehen, ob du die Frechheit hast, vor dem Kadi dasselbe zu behaupten.« Auf diese Vorladung, welcher jeder Muselmann Folge leisten muss, wenn er nicht widerspenstig gegen die Religion erscheinen will, wagte es der Kaufmann nicht, etwas zu entgegnen.
»Ganz recht«, rief er, »das eben ist mein Wunsch; wir werden dann sehen, wer von uns beiden recht bekommt.«
Vor dem Richterstuhl des Kadi klagte nun Ali Kodjah gegen den Kaufmann. »Hast du Zeugen, dass du die tausend Goldstücke in den Topf getan?« fragte der Kadi. »Diese Vorsichtsmaßregel erachtete ich nicht für nötig«, antwortete der Gefragte, »da ich an der Ehrlichkeit dieses Mannes nicht zweifelte.« Der Kaufmann aber verteidigte sich auf dieselbe Weise, wie er Ali und den Nachbarn gegenüber getan hatte, und fügte hinzu, er wolle seine Aussagen durch einen Eid bekräftigen. Der Kadi forderte ihm den Schwur ab und entließ ihn dann völlig freigesprochen. Ali Kodjah war aufs Äußerste ergrimmt. Nicht allein der Verlust der großen Summe schmerzte ihn, sondern auch die Gottlosigkeit und Niedertracht seines ehemaligen Freundes. Er erklärte dem Kadi, dass er sich nicht mit dem Richterspruche bescheide, son-

dern die Sache nochmals vor den weisen und gerechten Kalifen Harun al Raschid bringen werde. Den Kadi ließ diese Erklärung ganz ruhig, da er derlei Äußerungen schon von der verlierenden Partei gewöhnt war. Hatte doch Ali Kodjah keine Zeugen, wie wollte er ein Unrecht, das ihm geschehen, beweisen?
Während nun der Kaufmann voll Freude, über Ali Kodjah den Sieg davongetragen zu haben, nach Hause eilte und schmunzelnd in seiner Habgier das so wohlfeile Gold betrachtete, verfasste jener eine Bittschrift an den gerechten Kalifen und trug sie am folgenden Tag zur Moschee, wo der Herrscher von Bagdad nach dem Nachmittagsgebete vorübergehen musste. Als dies geschah, übergab er das Schreiben dem Beamten, welcher dergleichen Schriften in Empfang zu nehmen hatte, und folgte dem Zuge nach dem Palaste, denn Harun al Raschid erledigte die eingegangenen Bittschriften sofort nach seiner Heimkehr. Es dauerte auch nicht lange, so wurde der harrende Kaufmann zum Kalifen beschieden. Dieser bezeichnete ihm Tag und Stunde, wo die Verhandlung stattfinden sollte. Es war der folgende Tag dafür bestimmt.
Am Abend machte der Kalif mit seinem Großwesir Djafar, und zwar verkleidet, seine gewöhnliche Runde durch die Stadt. Indem er nun durch eine wenig belebte Straße schritt, hörte er in einem Gehöfte Lärm. Er trat näher und kam an ein Hoftor, hinter dem Kinder im Mondschein noch ihre Spiele trieben. »Wir wollen einmal den Kadi spielen!«, rief eine muntere Stimme und aufmerksam dadurch geworden, blieb der Kalif vor dem Tore stehen und schaute durch eine Ritze desselben. Da erblickte er mehrere Knaben, unter denen der älteste sich eben als Kadi gemeldet. »Ich bin der Richter«, sprach derselbe, »und ihr müsst mir den Ali Kodjah und den Kaufmann, der ihn bestohlen haben soll, vorführen.« Da erinnerte sich der aufmerksam lauschende Kalif der Bittschrift, die er am Morgen empfangen. Das war ja in der Tat ein merkwürdiges Spiel!
Der Streit zwischen den beiden Kaufleuten war nämlich in der ganzen Stadt bekannt geworden und hatte die Neugier aller er-

regt, sodass er sogar unter den Kindern Aufsehen machte. Niemand verwehrte dem Knaben die Rolle des Kadi, und der Vorschlag ward mit Freuden von den anderen Gespielen angenommen, die sich in die übrigen Rollen teilten. Ein Gerichtsdiener führte den Kaufmann vor, ein anderer Knabe trat als Ali Kodjah auf und klagte gegen diesen.
Der kleine Kadi nahm mit wichtiger Miene das Wort und fragte Ali Kodjah: »Was begehrst du von diesem Kaufmanne?« Der angebliche Ali verbeugte sich tief und trug seine Sache Punkt für Punkt vor; zuletzt bat er den kleinen Richter demütiglich, durch sein Ansehen ihm wieder zu der Summe zu verhelfen, die der Angeklagte gestohlen habe. Nun wandte sich der kleine Kadi an den Kaufmann und fragte, warum er jenem das Geld vorenthalte. Der Beklagte brachte dieselben Gründe vor, wie der wirkliche Kaufmann sie schon vor dem Kadi von Bagdad aufgezählt hatte, und erbot sich, einen Schwur zu leisten. »Nicht zu rasch, nicht zu rasch«, sagte der Gestrenge. »Bevor du es beeidigst, möchte ich erst einmal das Olivengefäß sehen. Hast du den Topf mitgebracht, Ali Kodjah?«
Dieser tat, als stelle er das Verlangte vor den Richter hin. »Nun, siehst du, du erkennst ihn als den deinigen an. Das ist ganz gut, aber sehen wir einmal hinein. Richtig! Es sind noch Oliven darin.« Er tat, als koste er eine. »Sie schmecken ganz vortrefflich. Indessen – sollten das wirklich Oliven sein, welche vor sie-

ben Jahren in dem Topfe aufbewahrt worden sind? Man führe mir einmal einige Olivenhändler herbei.« Zwei Kinder traten herzu. »Seid ihr Olivenhändler?«, fragte der Knabe. »Ja, das ist unser Gewerbe«, war die Antwort. »Sagt einmal, wisset ihr wohl, wie lange Oliven, wenn sie richtig eingelegt worden sind, sich gut und genießbar erhalten?« – »Herr«, antworteten die angeblichen Händler, »wenn man derartige Früchte noch so gut aufbewahrt, länger als drei Jahre halten sie nicht, sondern verfaulen.« – »Wenn dies der Fall ist«, erörterte der kleine Kadi weiter, »so kostet einmal von diesen Oliven.« Die beiden taten so und erklärten, dass die Früchte ganz gut und frisch seien. »Da irrt ihr euch«, sprach der Richter. »Dieser Ali Kodjah sagt mit Bestimmtheit, er habe die Oliven vor sieben Jahren in das Gefäß gelegt.« – »Herr«, entgegneten die Sachverständigen, »wir können mit gutem Gewissen versichern, die Oliven sind von diesem Jahre und das wird jeder Olivenhändler in Bagdad auch sagen.« Der Verklagte wollte gegen dieses Zeugnis der sachverständigen Händler noch etwas erwidern, aber der kleine Kadi schrie: »Tu deinen Mund nicht mehr auf; du bist ein Dieb. Man hänge ihn!« Die Kinder endigten unter allgemeiner Freude das Spiel, indem sie in die Hände klatschten und auf den angeblichen Spitzbuben losstürzten, als wollten sie ihn zum Galgen führen.

Mit wachsendem Erstaunen war der Kalif der Verhandlung gefolgt. Er bewunderte den Verstand und die Weisheit des Kindes, das ein so richtiges Urteil in einer Sache gefällt hatte, die am andern Tage vor dem Kalifen selbst zum Austrag gebracht werden sollte. Er fragte seinen Großwesir, was er dazu meine, und dieser antwortete: »Beherrscher der Gläubigen, niemand kann mehr über eine so seltene Klugheit in so zartem Alter verwundert sein als ich.« – »Aber«, sprach der Kalif, »weißt du auch, dass ich morgen über denselben Fall zu entscheiden haben werde und dass mir der Ali Kodjah eine Bittschrift übergeben hat?« – »Ich erfahre es eben erst aus dem Munde meines Herrn«, war die Antwort. »Glaubst du wohl, dass ich ein anderes Urteil fällen könnte als das, welches wir eben gehört haben?« – »Wenn ich offen sprechen darf«, erwiderte der Großwesir, »so glaube ich nicht, dass mein Herr anders verfahren und urteilen kann.« »Merke dir dieses Haus«, sprach Harun, »und lass den Knaben morgen zu mir bringen, weil ich ihm bei der Verhandlung das Amt des Richters überlassen möchte. Führe auch den Kadi herbei, damit er von dem Kinde lerne, was seine Pflicht sei, und in Zukunft danach handle. Ferner soll Ali Kodjah sein Olivengefäß mitbringen und dann trage Sorge, dass zwei Olivenhändler bei der Verhandlung zugegen sind.« Nachdem der Kalif seine Runde fortgesetzt hatte, ohne dass ihm noch etwas Besonderes aufgestoßen wäre, kehrte er in seinen Palast zurück.

Am andern Tage ging Djafar in das Haus, wo der Knabe wohnte, und verlangte den Hausherrn zu sprechen. Dieser war abwesend und der Großwesir bat die Mutter des Knaben, denselben ihm mitzugeben. Als die Frau erfuhr, der Kalif verlange nach ihrem Sohne, bekam sie Angst, er möchte etwas begangen haben, aber der Großwesir beruhigte sie bald, indem er ihr versprach, das Kind wohlbehalten zurückzubringen.

Die gute Mutter zog dem Sohne sein bestes Gewand an und beide, der Großwesir und der kleine Kadi, erschienen bald darauf vor dem Kalifen. Dieser sah, dass der Ankömmling etwas bestürzt war. Freundlich sprach er zu ihm: »Mein liebes Kind, also du hast gestern den Streit zwischen Ali Kodjah und dem Kaufmanne, der ihm sein Geld gestohlen, entschieden? Ich habe dich gesehen, dir zugehört und bin wohl zufrieden mit dir.« Der Knabe beruhigte sich und antwortete bescheiden auf diese Frage. »Nun gib acht, lieber Junge! Heute sollst du den wahren Ali Kodjah und den Kaufmann zu sehen bekommen. Komm her und setze dich zu mir.« Mit diesen Worten nahm der leutselige Harun al Raschid das Kind bei der Hand und hieß es neben sich auf den Thron sitzen. Dann ließ er die streitenden Parteien eintreten und nannte ihre Namen, während sie sich zur Begrüßung vor dem Throne niederwarfen. Hierauf begann der Kalif: »Jeder trage nun seine Sache vor. Dies Kind wird euch anhören und Recht sprechen.«

Ali Kodjah und der Kaufmann kamen dem Befehle nach. Als aber der Kaufmann wieder denselben Eid ablegen wollte, den er schon vor dem Kadi geschworen, sagte der kleine Kadi, dazu sei noch Zeit, man müsse zuerst das Olivengefäß sehen. Bei diesen Worten holte Ali Kodjah dasselbe unter seinem weiten Mantel hervor. Der Kalif besah die Oliven, nahm eine und kostete sie. Hierauf traten die sachverständigen Olivenhändler hinzu und gaben nach genauer Prüfung der Früchte den Bescheid ab, die Oliven seien gut und von diesem Jahre. Das Kind sagte ihnen, Ali Kodjah behaupte, er habe die Oliven vor sieben Jahren eingelegt, worauf die Kaufleute eben dieselbe Antwort gaben wie die Kinder, welche deren Rollen gespielt hatten.

Obwohl der Beklagte mit Schrecken einsah, sein Urteil sei dadurch gesprochen und die Schuld vollkommen erwiesen, so wollte er sich dennoch verteidigen. Der kleine Kadi hütete sich indes wohl, ihn zum Aufhängen zu verurteilen, sondern sah den Kalifen an und sagte: »Beherrscher der Gläubigen, gestern verurteilte ich den Kaufmann im Scherze zum Galgen; jetzt ist's aber Ernst und ich darf nichts mehr in dieser Sache sagen.«

Der Kalif war nun von der Unredlichkeit des Kaufmanns überzeugt. Er überantwortete ihn dem Henker. Nun ermahnte der weise Fürst den wirklichen Kadi ernstlich, von dem Kinde zu lernen, sein Amt recht und pünktlich zu verwalten. Dann küsste er den Knaben und schickte ihn mit einem Beutel voll Goldstücke zu seiner Mutter zurück.

Siehst du, Marie, gut Ding will Weile haben. Der kleine Kadi wird's schon für dich richten, wenn's an der Zeit ist. Geh du lieber in den Garten, füttere die Vögel und hüte deine Pflanzen?, sagte Frau Holle weise und nahm einen kräftigen Schluck von Maries vollmundigem Holunderlikör.

Die Esskastanie (*Castanea sativa*)

Sklaven der Materie holen »Goldene Kastanien« aus der erloschenen Glut ihrer Leidenschaften, ich halte mich lieber an den unschätzbaren Wert der leibhaftigen Kastanie. Den speziellen Duft der eingetüteten, gerösteten Maroni zuerst tief in die Nase gezogen, dann dieselbigen geschält und genüsslich verspeist, bevor die klammen Kinderfinger wieder im Popeline-Handschuh verschwinden. Diese Momente sind unauslöschlich auf der Festplatte meiner Kindheitserinnerungen gespeichert. Der Wärme spendende rußige Ofen und die gutmütige Maronibraterin mit der blau gefrorenen Nase runden das Bild harmonisch ab.

Eine Törggelen-Jause, die wir vor Jahren bei unseren Dreharbeiten zum »Kleinen Lord« in Meran abgehalten haben, ruft zu genüsslichen Wiederholungen auf. Feinster luftgetrockneter Tiroler Schinken teilte sich den Platz mit heißen Maronen, saftigen dunklen Weintrauben, frischer Fassbutter und würzigen Brotscheiben aus dem Holzofen. Die duftige Blume eines süffigen Rotweins schwebte über dem handgezimmerten Esstisch.

Weit gereist, von Kleinasien über das Mittelmeergebiet, ist meine *Castanea sativa*, übrigens mein Lieblingsbaum. Von Kleinasien führte sie ihre Bestimmung in das Mittelmeergebiet, von wo ihr Samen, von föhnigen Winden begünstigt, in süddeutsche Gefilde getragen wurde.

Die Edelkastanie gehört der Sippe der Buchengewächse an, womit die von den Eichhörnchen so begehrten Bucheckern als Vettern und Cousinen einzustufen wären. In den von Armut geprägten Nachkriegsjahren stand sie bei den Hausfrauen nach dem Motto »Aus der Not eine Tugend!« in hoher Gunst. Das

August

Kastanienmehl musste die schmerzliche Lücke füllen, die durch die entbehrten Produkte aus Weizen, Roggen und Hafer entstanden war. Ausgebombte Felder erzielten knapp gefüllte Getreidespeicher. Castanea sativa war »in«.

Kastanienbrot, Kastanienpudding, Kastanieneis, Kastanienauflauf – wir, die Nachkriegsgeneration, wissen die Nahrhaftigkeit und die heilende Wirkung der Esskastanien gar nicht mehr zu schätzen, meinte Mutter bei der Probe meiner gerade erfundenen Maroni-Honig-Seelentröster-Bonbons.

Aus medizinischer Sicht hielt mein Chef, der Ganzheitsmediziner, große Stücke auf die talentierte Baumfrucht Sativa. Darmflora unten, Depressiva obenauf? Jetzt schlägt die Stunde der Maronis. Gekocht oder geröstet füttern sie die ermatteten Gehirnzellen mit Botenstoffen, der Darmtrakt wird beruhigt und durch den edlen Stärkeanteil wohlig ausgekleidet. Das Kernöl der Maroni gibt Nervensträngen und Haarwurzeln Auftrieb, auch der Herzmuskel kann seinen Zuspruch gut gebrauchen.

Mein indianischer Filmpartner Aquilar der Adler verriet mir

während unserer Dreharbeiten in der Mojave-Wüste die Zusammensetzung einer stammeserprobten Spezialcreme. Aus abgekochten, pürierten Esskastanien, eins zu eins mit ausgelassenem Schweineschmalz vermischt, entsteht eine heilsame Salbe, die, auf unangenehm juckende Hämorrhoiden aufgetragen, sofort Linderung bringt. Doch damit nicht getan, auch die äußere Fruchtschale wird, aufgekocht mit kleinen Rindenstücken, jungen Zweigen und Frühjahrsblättern, von Aquilars Familie in eine medizinische Heiltunke verwandelt. Durch Ankurbelung der Durchblutung und den natürlichen Abbau der Blutschlacken würden auch die müdesten Beine wieder auf Vordermann gebracht, von seinem einbeinigen Kameraden ganz zu schweigen, beliebte Mister Aquilar anzüglich zu scherzen.
Auf diesem Ohr war meine Fülligkeit seit Jahren blind. Da interessierte es mich schon mehr, dass das angesprochene Elixier mit einem fiebersenkenden Inhaltsstoff ausgestattet ist, was vor allem den Indianerkindern im Reservat zugutekommen soll. Wie gelangte unsere veredelte Kastanie, die sich ja nach großer Reiseroute eher im Mittelmeergebiet angesiedelt hatte, über den großen Ozean in ein indianisches Reservat Arizonas? Auf dem amerikanischen Kontinent hatte sich ausschließlich der wilde Rosskastanerich im Norden des Landes, aber auch in den Landstrichen um Arizona herum eingebürgert, der die kargen Höhen des Balkanlandes sein eigentliches Zuhause nennen darf. Kühle, schattige Bergwälder und ausgehöhlte Schluchten sind dort in der unangetasteten Natur immer noch sein Refugium. Ironie des Schicksals: Gerade der wilde Racker Aesculus wurde schon im 18. Jahrhundert mit der Auszeichnung »alleentauglich« zum Strammstehen an Schlossauffahrten oder an Landstraßen verdonnert. Bei einer Lebenserwartung von bis zu 300 Jahren ein schweres Los, fürwahr. Rosskastanienextrakt ist seit Zeiten ein großes Heilmittel und heiß begehrt. Steter Aderlass machte »hippo« bitter und brachte seine Gerbstoffe in Wallung. Eine Verzehrbarkeit, wie bei Soulsister Maroni, war bei den hippocastanums nicht mehr angesagt und so der Ausbeutung bis aufs

Blut ein Riegel vorgeschoben. Nur das Kinderlachen, das an Kastanien-Sammeltagen in seine imposante Astkrone hinaufdrang, machte Aesculus fröhlich, was er dann mit einem kräftigen Rauschen seiner Blätter quittierte. »Nimm mich mit, mir stinkt's, ich will in die weite Welt hinaus«, raunte eines Tages ein alter dicker Rosskastanienbaum den Kindern beim Aufsammeln ins Ohr. Das ließen sie sich nicht zweimal sagen. Und so geschah es auch mit einem Sack voller Maroni, den der Aquilars Großvater, ein amerikanischer Soldat, bei Kriegsende in Tirol eingepackt und nach Arizona heimgeschmuggelt hatte. Grandpa did very well, denn heute zählt die Sippe der Aquilars eine stattliche Anzahl von Edelkastanienbäumen, zwischen Felsgestein in nahrhaften Böden angesiedelt, zu ihren ökologischen Kostbarkeiten, wie mir ein Schwarz-Weiß-Foto mit Knickohr stolz bestätigte.

Tranquilo
Honig-Maroni-Bonbons, Marke Eigenbau

4 Esskastanien	1 kleines Stück Ingwer
500 g Würfel-Zucker	$^1/_2$ kleine Zwiebel
150 ml Wasser	4 EL Akazien-Honig

Die Esskastanien werden an der Unterfläche eingeschnitten, auf einem Backblech für etwa 10 Min. bei 250 C geröstet. Die Schalen entfernt man, die zerkleinerten Kastanien landen in einem Mörser und werden dort zu Brei püriert.
Der Zucker wird mit dem Wasser aufgesetzt, langsam erhitzt, bis er schmilzt und eine gelbe Farbe annimmt. Das Ingwerstück und die Zwiebel werden musig gerieben, mit dem Akazien-Honig versetzt, in einem eigenen Töpfchen leicht aufgeschäumt, dann gibt man zuerst diese Mischung zur köchelnden Zuckerlösung und lässt sie gut aufkochen. Nun zieht man step by step den pürierten Kastanienbrei darunter. Alles gut verrühren, zügig arbeiten, damit die Zuckerlösung nicht dunkel und bit-

ter wird. Man gießt die entstandene Masse auf das Blech, zeichnet mit einem spitzen Messer Karos oder Rauten ein und wartet, bis sie erstarrt ist. Nach dem Auseinanderbrechen werden sie am besten in einer bunten Blechdose, die mit feinstem Pergamentpapier ausgekleidet ist, oder in einem Glas mit breitem Schraubverschluss aufbewahrt. Sie stehen so bei Nachfrage eines Herzweh-Kandidaten jederzeit zu Diensten. Sie schmecken vorzüglich, drei Mal täglich gelutscht und alsbald reißt sich die abgedunkelte Seele die Gardinen vom Leibe.

Maries Maroni-Kugeln Marke Naschkatze

Diese Seelentröster waren der Renner während meiner Ausbildungszeit, in einer internen Facharzt-Praxis. Ich kreierte sie und testete sie erfolgreich an meinen Kolleginnen und machte auch Herrn Doktor zu meinem Probanden. Diese süße Verführung auf dem gesunden Urgrund der Maroni wurde regelrecht ein Hit und meine Produktionskapazität begann langsam zu schwächeln. Da sich unser Herr Doktor auch auf die Herstellung von Placebo-Tabletten, aus Calcium, Magnesium und Milchsäure, spezialisiert hatte, war er an meinen Kugeln, vor allem wegen ihrer nervenstärkenden Wirkung, sehr interessiert.
Im Dreierpack verschenkte er sie gerne an seine Stammpatienten als einmalige Belohnung für ihre Treue, hatte sich aber seine geliebte Ration wohlweislich vorher zurückgelegt.
Liebe Leser, es ist einen Versuch wert.

500 g Esskastanien	200 g Kokosflocken
6 cl Grand Marnier	Pralinenhüllen aus dem Fachgeschäft
250 g Puderzucker	
1 TL Mandelöl	

Rösten Sie die eingeschnittenen Kastanien auf einem Blech vor, damit man sie besser schälen und enthäuten kann. Man kocht sie in einem großzügigen Topf mit Wasser weich, das mit ein paar Tropfen Mandelöl angereichert wurde. Man gibt sie in einen Mixer und püriert sie, gibt den Grand Marnier und den Puderzucker darunter und mixt alles weiter zusammen. Aus der zusammengerührten Masse entstehen nun wohlgeformte, runde Kugeln, die sich sofort in einer vorbereiteten Schale mit Kokosflocken wälzen dürfen. Und dann heißt es für die delikate runde Bande posieren, husch husch ins Pralinenkörbchen zum Präsentieren, meine Herrschaften, wenn auch eine rasche Auswicklung nicht lange auf sich warten lassen wird. Wohl bekomm's!

Kastanien-Elixier Fortuna aus Frau Holles Schublade

750 ml trockener Weisswein	1 Zimtstange
1 Hand voll junge Baumrinde	3 Sternanis
2 Fruchtschalen der Esskastanie	1 Limette
1 kleiner Thymianzweig	200 ml Wermut

In eine ausgekochte Literflasche geben wir die zerkleinerte Baumrinde, die Fruchtschalenstücke, Thymianzweig, Zimtstange, Sternanis und zwei Streifen Limettenschale. Den Limettensaft vermischen wir mit dem Wermut, geben 1 TL geriebene Limettenschale dazu und gießen diese Mixtur ebenfalls in die Flasche. Wir stellen sie für etwa 3 Wochen an eine ruhige, warme Stelle.

Dann hat auch diese einmalige Rezeptur ihren Reifestand erreicht und sie ist sich ihrer Wirkung wohl bewusst. Nachdem wir das angesetzte Getränk durch ein Sieb abgegossen haben, empfiehlt sich eine Trinkkur über drei Wochen, pro Tag zwei Gläser von jeweils 2 cl, morgens und abends. Dann setzt man für ein paar Monate aus und wiederholt diese Kur immer wieder in Abständen.

September

Ohne Gott bin ich ein Fisch am Strand,
ohne Gott ein Tropfen in der Glut.
Ohne Gott bin ich ein Gras im Sand,
ein Vogel, dessen Schwinge ruht.
Wenn Gott mich beim Namen ruft,
bin ich Wasser, Feuer, Erde, Luft.
(Jochen Klepper)

Auf dem Weg zur inneren Einkehr

*Sieben Worte bin ich alt,
und sieben Jahre jung.
Der ganzen Welt begegnet,
ein Kindlein ohne Mund.
Schon in der Gunst uralter Sprache,
dann ausgesetzt am großen Wasser.
Jetzt bin ich Mond und Boot und Gras,
Libelle, Wind und Welle.
Bin angesiedelt und umfangen,
bin grenzenlos.*

Cosy Piero

»Keiner gelangt je rein zufällig an einen bestimmten Platz und erlebt dort ganz zufällig bestimmte Dinge – immer ist es ein Spiegel des inneren Zustands, der schicksalshafte Einlösung verlangt«, diese klugen Worte eines Seelenfreundes haben Marie, die am frühen sonnigen Morgen ihrer Dornröschenhecke zu Leibe rückt, wieder wohlgetan. Die gleichmäßigen Bewegungen erhöhen das Wohlbefinden, der Schweiß fließt in Strömen, die gute Luft steuert kostenlos ihr Schärflein bei. Ein tiefes Glücksgefühl durchströmt Marie und sie weiß, dass es richtig war, vor neun Jahren der Stimme ihrer Seele zu folgen, das Stadtleben und die vielen Reiseaktivitäten aufzugeben, auch wenn das von vielen Menschen nicht nachzuvollziehen war.

Mutter Agnes war zu Lebzeiten nicht umzustimmen gewesen, mit ihrer Tochter zu den Wurzeln der Kindheit auf dem Lande zurückzukehren. Der Trubel der Stadt, in den sie gerne ein-

tauchte, taugte Agnes, sie konnte im ruhigen Schwabinger Hinterhof-Ambiente wieder ihre Batterie aufladen. Maries Wunsch, eine kleine Gärtnerei mit Gastronomie und kulturellen Aktivitäten zu eröffnen, boykottierte sie – und das mit Recht, wie Marie heute erkannte.
In der väterlichen Gärtnerei wurde Agnes' kindlicher Rücken vom vielen Bücken müder und müder. Die Pflänzlein wollten auf den Märkten ja noch an den Mann gebracht werden. Im Nest ihres Elternhauses warteten die halbverwaisten Geschwister auf ihre Fürsorge, denn auch dafür war die Große, wie ihr Vater sie nannte, in den ersten Jahren nach dem Tod der Mutter verantwortlich. So hatte sich Marie mit der Begrünung ihres Schwabinger Balkons begnügen müssen.
Auch manche Nischen des Hinterhofs wurden in bezaubernde Biotope verwandelt. Ihre Sehnsucht zu pflanzen und zu ernten war immer größer geworden. Nach dem tragischen Tod ihrer Mutter gab es nun für Maries Pläne kein Halten mehr. Ihren vierundfünfzigsten Geburtstag im August des Jahres 1999

konnte sie schon auf ihrem gepachteten Hof, im Hopfenland der Hallertau, feiern.

Eine innere Einkehr ist nach meinen vielen Reisen durch die Welt jetzt dringlich an der Zeit, erklärte Marie den ungläubigen Journalisten. Es wurden keine leeren Worte, denn sie hatte den Mut, diese Entscheidung auch bei größeren Angeboten, die sie über den Ozean führen sollten, zu verteidigen. Ein Fernsehfilm pro Jahr, mit der Möglichkeit, an der dramaturgischen Konzeption mitzuarbeiten, brachte Marie Glück und durch die Folgegeschichten auch eine existenzielle Absicherung. Die freigewordene Zeit wurde für Marie nie langweilig: Ein Buch über Kräuter und Überlebenssuppen verlangte ihre Aufmerksamkeit. Die Wartung des Hauses, Hege der Tiere und die Aufforstung und Neugestaltung eines großen Gartengrundstücks von einem Hektar, das Marie auch für die ortsansässigen Bürger zugänglich machen wollte, bestimmten den Tagesablauf und machten Marie rechtschaffen müde.

Nach einem Jahr wurde ihre Mühe belohnt. Blühende Apfel- und Zwetschgenbäume äußerten ihr neues Wohlbefinden. Maries Bauerngarten wusste auch die einheimischen Gärtnerinnen zu inspirieren, vor allem die Idee, die Kenntnis von Pflanzenfreundschaften in der Praxis gewinnend umzusetzen. Von der beliebten, soldatischen Reih-und-Glied-Ordnung einer Pflanzengattung hatte sich Marie natürlich, Großvaters Ratschläge beherzigend, verabschiedet. Das Geheimnis ihrer saftigen Tomatenfrüchte, die sich in großer Anzahl an ihren Plätzen sonnten, war den interessierten Besuchern schnell und gerne anvertraut. »Tomaten lieben die Nachbarschaft von heilsamen Ringelblumen, vor allem die Tagetes-Blumen sind ein seltener Glücksfall für sie. Durch ihren Geruch halten sie Fliegen und andere Schädlinge von den Tomaten fern, andererseits zieht die Tagetes eine bestimmte Fliegenart an, die für ihr Leben gern Blattläuse konsumiert, die wiederum Tomaten zum Fressen gernhaben. Eine Substanz in den Wurzeln der Tagetes greift die Würgewinde an und verhindert, dass Kartoffeln, Tulpen und Rosen dem täglichen Verzehrplan der gefrä-

ßigen Tafelwürmer zum Opfer fallen.
Also meine Damen, pflanzen Sie
diese Blumen auch zwischen ihre Rosenstöcke und Sie werden staunen«,
erklärte Marie begeistert und führte
die Gruppe zu ihrer Kräuterspirale.
Eine blühende, duftende Borretsch-Pflanze wurde von einer Bienenfamilie besucht, die sich freudig deren
Nektar einverleibte. »Die blauen Blüten dieser so bekömmlichen und heilsamen Pflanze ziehen Bienen unwiderstehlich an. Der wunderbare
Nebenerfolg ist, dass sie dabei auch
benachbarte Pflanzen bestäuben und so auf natürliche Weise für
deren Vermehrung sorgen. Die Blüten dieser Pflanzen, auch die
der Stiefmütterchen, der Duftveilchen, der Kapuzinerkresse und
des Ysops kann man alle essen und wunderbar frischen grünen
Salaten beimengen. Sie überraschen mit feinen ätherischen Ölen
und munden sehr.
Darf ich Ihnen noch ein Geheimnis verraten, wie die Heilkraft
von Pflanzen auch für ihre eigene Pflanzengattung eingesetzt werden kann? Setzen Sie Kamille prophylaktisch zwischen ihre Kräuter, aber auch zu gezielten Heilzwecken bei erkrankten Pflanzen.
Auch unsere gute alte Minze heilt im Pflanzenreich ihre Artgenossen. Sehen Sie diesen hundertfünfzig Jahre alten Apfelbaum?
Ihn wollte man abtöten, hat ihn mit Altöl begossen, mit Nägeln
durchbohrt, aber meine Minzaufgüsse haben nach neun Monaten Wirkung gezeigt und mein alter Apfelbaum blühte auf, auch
dank meines zusätzlichen Borretsch-Befruchtungstricks«, hörte
sich Marie in ihrer Erinnerung erklären, während sie sich nun
nach einem gelungenem Heckenschnitt ein ordentliches Frühstück gönnte. Ein Glas aufgekochtes Wasser mit einem Stück Ingwer versetzt, hatte sie sich schon vor ihrem Arbeitspensum
einverleibt, um ihren Kreislauf anzukurbeln.

Die immer wiederkehrenden Erinnerungen an den erwählten Platz ihrer ersten Wahl in der Hallertau machten Marie traurig. In fast drei Jahren hingebungsvoller Arbeit hatte sie ein heruntergekommenes Ambiente mit Liebe und Geduld, auch zur Freude der Ortsbewohner, in ein kleines Paradies verwandelt. Hinter den Mauern dieses restaurierten, zweihundert Jahre alten Bauernhofs fühlte sie sich geborgen, das zugehörige Grundstück gab Spielraum für Pläne, die sie schon angefangen hatte zu verwirklichen: ein bayerischer Kräutergarten, eine keltische, ungedüngte Wiese, auf natürliche Weise mit Pflanzenarten wie Sauerampfer, Butterblumen und vielen Wiesenkräutern bestückt. Die Wiese überraschte mit drei von Marie gesetzten imposanten Steinen, die keltische Muttergöttinnen darstellten. Eine Teichregion, ein Platz für Kinder, mit Beeten, die sie sich selbst bestellen konnten, ein Konzept, das später noch mit Baumhäusern gekrönt werden sollte. Es gab ein Pflanzenbiotop, um darin über natürlichen Geräuschen, wie dem Rauschen der Blätter oder dem Fließen des Wassers, zu meditieren.

Da wartete eine große, beheizbare Halle, die Marie für Theatervorstellungen, auch für Kindertheater, nutzen wollte. Das Ufer des alten Flusses, an den sich der Bauernhof schmiegte, hatte sie schon von einer einheimischen Gärtnerfamilie ausschneiden lassen, so dass sich für den Spaziergänger ein einmaliger Blick über die archaische Flusslandschaft auftat. Massive Sitzbänke aus Eichenholz, Tristan und Isolde genannt, komplettierten das Geschehen.

»Warum diese Bänke? Sie werden doch nur wieder von den Jugendlichen beschmiert«, zieht eine Stimme durch Maries Erinnerung, der sie nach sechs Jahren gerne entkommen möchte. Diese Stimme gehörte zu einer Dame, die von Anfang an ein doppeltes Spiel inszeniert hatte. Eine Interessengruppe hatte ein Auge auf diesen Platz geworfen, der Hauseigentümer war nicht gewillt, ihn zu verkaufen, er bestand auf einer Vermietung. Die Dame wickelte die Vermietung mit Marie ab und verwickelte sie dann in kräftige Turbulenzen. Marie verstand und verließ das

Haus, aber es brach ihr fast das Herz. Das Bauernhaus lachte nach Maries Engagement blumenbestückt in die Welt, die Pflanzen des Grundstücks waren wieder auferstanden. Die Bäume blühten wieder um die Wette, zum Leidwesen der Interessenten, die es bei Kauf abgraben und die Bäume ja fällen wollten, aber zur Freude des Bürgermeisters, der Marie sehr schätzte. Für die Einweihung der Sitzbänke, die auch als Taufe angelegt war, hatte der Herr Pfarrer sein Weihwasser gespendet, der Herr Bürgermeister eine feine Rede aus dem Ärmel gezogen. Beim ansässigen griechischen Gastronomen orderte Marie ein Büfett, das am Flussrand für Besucher aufgebaut wurde.

Jugendliche des Orts tauchten zur Festivität auf, was ja Marie nur recht war. Die türkische Fraktion wurde von der urstämmigen bayrischen schief beäugt, die rumänische und russische Fraktion blieben erst mal auf Abstand, sie wollten ihren Augen nicht trauen. So gelang es Marie mit Überzeugung und Leckereien, jeden Anwesenden zu einer Mitgliedschaft bei ihrer neuerstellten Sonnenbank anzuwerben.

Mit einem Polaroidfoto, von dem neuen Kunden auf der Bank sitzend aufgenommen, von ihm unterschrieben, von Marie gegengezeichnet, wurde die neue »Geschäftsverbindung« besiegelt. Diesen Ausweis bekamen auch alle Kids, was Yusuf, der Türkenjunge, erst gar nicht begreifen wollte. Für die Reinigung des Umfelds bezahlte Sonnenbank-Direktorin Marie ein Honorar nach Arbeitsstunden an die Jugendlichen, das aber nach einem Monat in ein monatliches Pauschalhonorar umgewandelt wurde. Boris, der vierzehnjährige, selbsternannte Businessman, hatte erst Müll angekarrt, um ihn dann in stundenlanger Mühe wieder zu entsorgen. »Die Menschen benehmen sich wie Schweine«, pflegte er dann bei seiner Lohnzahlung bedauernd zu übermitteln.

Nach Maries Auszug stand der Hof vier Jahre lang leer, das Gelände lag brach, der Kräutergarten wurde von der gierigen Winde überwuchert, der alte Apfelbaum brachte keine einzige Blüte mehr hervor und weinte nach seiner Marie. Heute beheimatet das Anwesen, renoviert und modernisiert, eine Hundepension, die Hecken sind gestutzt, die keltische Wiese gemäht und zu einem englischen Rasen umfunktioniert. Der alte Apfelbaum musste zusammen mit dem betagten Nussbaum das Zeitliche segnen. Der von Marie geschaffene Platz am Flussufer wird jetzt, sieben Jahre später, von der Gemeinde in Ehren gehalten, zwei aufgestellte Papierkörbe aus Messing bitten um Aufmerksamkeit. Die schweren Holzbottiche, mit einem lieblichen Blumenarrangement versehen, sind wohlauf.

Tristan und Isolde, gänzlich unbekritzelt, laden zum Innehalten am Ufer des alten Flusses ein, was sich Marie bei ihrem Besuch nicht zweimal sagen ließ. Ein unglaublich schöner Blickwinkel in das Biotop eines alten Flussarmes, den sie für immer in ihrem Herzen verankert hatte, tat sich wieder vor ihr auf. Ein Schwanenpaar hatte sich diesen Hergottsplatz klug als Brutstätte auserwählt. Ein stattlicher Schwanenvater hatte sich, kurz nach Maries Einzug, zusammen mit seiner Herzensdame an der Furt des Flusses vor ihrem Haus niedergelassen. Seine morgendlichen Besuche an ihrer Haustüre, mit anschließendem Watschelspaziergang auf dem Trockenen, waren zur Gewohnheit geworden. So war es kein Wunder, dass Vater Schwan Johannes, wie er von Marie gerufen wurde, ihr seine erwählte Gattin Elsbeth samt Kinderschar mit stolzer Brust vorzuführen pflegte. Um Marie zu mobben, schubsten Kinder gegen Bezahlung die sieben kleine Schwäne den Wasserfall hinunter in ein großes Auffangbecken. Doch Marie, Schulter an Schulter mit Herzensfreundin Frau Seidelbast, beide bis zum Busento im Wasser des Auffangbeckens stehend, half beherzt. Frau Seidelbast erklomm gerade mit zwei piepsenden Schwanenkindern den rettenden Hügel zur Straße. Marie, bis zum Brustkorb im Wasser, schon im zweiten Einsatz, versuchte gerade, ein zappelndes Schwanenkind in Schach hal-

tend, ein viertes einzufangen, als ihr Handy bimmelte. Tochter Lea verstand durchs Rauschen gar nichts, erst eine Stunde später konnte Marie schlotternd durchgeben: »Operation swaniriver mit Erfolg beendet, alle Schwanenkinder wieder auf dem Trockenen, roger«, und Lea brauchte einen Glimmstengel, um die Aufregung, die sich wieder einmal um die Spezialeinsätze ihrer Mutter rankte, zu verkraften.

Maries Besuch bei Frau Seidelbast verlief wie immer harmonisch. Kinder von damals, großgeworden und selbstbewusst, erkannten ihre alte Freundin wieder und kamen ihr mit offenen Armen entgegen.

Die Verbindung zu diesem Platz und seinen Bewohnern wird nie mehr abreißen, denkt Marie melancholisch, während sie am Küchentisch ihres jetzigen Domizils – eine Mini-Ranch mit schönem Gartenanteil, Stall und kleiner Wiese – ihre Salbeiblätter für einen bekömmlichen Brotaufstrich schneidet. Wäre da nicht noch diese Stimme dieser weiblichen Person, die immer wieder in ihren Schneewittchen-Urgrund dringt, denn auch Maries jetziger Standort gefiel ihr und so setzte sie ihn gleich mit auf ihre Estate-Liste »Habenwollen«.

Der Salbei wird ihr guttun, Nervenstränge entspannen und ihre schmerzlichen Gedanken vertreiben. »Jetzt ist Schluss mit deinem Nachtrauern, Marie. Du hast einen schönen Platz ergattert, der genau auf dich, deine Wünsche und deine Tiere zugeschnitten ist, freu dich«, meinte Tochter Lea noch vor Tagen bestimmt, als sie wieder einmal als Maries Klagemauer fungieren sollte. Wie recht sie hat, denkt Marie. Wie schön es hier ist. Meine Nachbarn zeichnet ein großer Respekt vor Mensch und Tier aus, wir leben seit sechs Jahren in friedlicher Eintracht. Mit meiner Nachbarin Hildegard, die mich an meine Mutter Agnes erinnert, verbindet mich ein geheimnisvolles inneres Band der Zuneigung und des Verstehens. Ihr großes Talent zu Backen und zu Kochen haben ihr den Titel einer Kuchenkönigin eingebracht. Ihr Ehemann Balthasar, am selben Tag geboren wie ich, steht mir bei allen handwerklichen Arbeiten hilfreich zu Seite.
Ein anregendes Gespräch mit Bäuerin Viktoria, einer ausgebildeten Kräuterpädagogin, oder meinen Familienmitgliedern und der Tag befindet sich schon in einer guten Anfangsspur.
Feinste Seelennahrung gibt es von Nachbarin Gabi, Antroposophin mit heilenden Händen, der Partnerin meines Vermieters Georg, der, seit seiner Rückkehr von Sardinien, von mir zu meinem Schutzpatron erkoren wurde. Meine Katzenfamilie stärkt meine Seelenkraft, spendet mir körperliche Wärme und versieht ihren Dienst als Wächter des Hauses gegen die bösen Geister mit Bravour.
Durch starke Lichtstimmungen bei Föhn ist mein Sternenhimmel hier so reich bestückt, wie ich es bis jetzt nirgendwo auf der Welt erleben durfte. Wie winzig doch unsere Erde in dem unendlichen Universum ist, wenn sie mit anderen Planeten um die Sonne kreist. Und doch sind wir alle im großen Sternensystem verbunden. Die Natur ist, seit ich innerlich zur Ruhe gekommen bin, meine große Lehrmeisterin geworden. Mutter Natur wird uns weiter versorgen, wenn wir auf ihre Zeichen hören, ihre Wesen achten und in Liebe auf ihr wandeln. Die Selbstheilungskräfte der Erde sind unglaublich, hat mein großer Lehrer immer ge-

sagt. Man kann sie verletzen, aber nicht zerstören. So ist es auch mit unserer Seele. Menschen, die der Natur und dem Schöpfer in tiefer Liebe verbunden sind, werden immer auf den richtigen Ebenen den Weg ihres Seins finden.

Mit diesem Gedanken beendet Marie ihre gedankliche Reise und macht sich aus Sesam, Haselnüssen, Knoblauchzehen, Salbeiblättern, Frischkäse, Olivenöl, Salz und Pfeffer einen wunderbaren Brotaufstrich, gießt sich ein Glas von frischem, perlenden Weißwein ein, das am Badewannenrand seinen Platz findet.
Heute hat Marie beschlossen, den Regenbogen der Versöhnung um alles Geschehene zu spannen, die beunruhigende Stimme der Königin mit eingeschlossen. Umsorgt von einem wohligen Kräuterbad aus Lavendel-, Rosen- und Kamillenblüten, mit einer Zimtstange und Anissternen veredelt, übermannt sie in der Badewanne ein tiefer Schlaf. Nur noch die Stimme ihrer Patin, Frau Holle, dringt in ihre Seele.
»Marie, du bist ein Indigo-Kind und von weiten Fernen aus freier Entscheidung zum ersten Mal bei den Menschen gelandet. Es fiel dir sehr schwer, dich mit dem Gefängnis eines Körpers abzufinden, so mussten wir dich im Laufe deines Lebens erdschwer gestalten.
Wir haben dich durch den Bogen NEUN geschickt. Das ist das Tor, was zum Ort des Teilens führt, ein Ort des Austauschs, der Großzügigkeit, der mitfühlenden Kooperation, der wahren Feier der Gemeinsamkeiten. Teilen ist das wahre Tor der Liebe. Wer dieses Tor betritt, hat in seinem Leben einen Punkt erreicht, an dem Geben und Nehmen in einem ausgewogenen Verhältnis zueinander stehen. Für dich ist Güte etwas Selbstverständliches und Verletzlichkeit die Quelle deiner Kraft. Du stehst zu deinen Verletzungen und Unzulänglichkeiten, dadurch hast du auch keine Angst mehr und du weißt es und lebst es ja auch zu unse-

Liebe Marianne!

6½ Jahre ist es her, daß Du uns erfreuest sehr.
Du bist eine liebe Nachbarin, das ist wahr,
mit Herz und Sinn. Als beste Schauspielerin
wurdest schon sehr oft geehrt, das finden wir
sehr lobenswert. Bist immer auf dem Boden
geblieben, das wissen ja auch Deine Lieben. Die
Vorlesungen umrahmst Du so wundervoll, das
finden wir an Dir so toll. Mit Deinen selbst-
gedichteten Versen, bringst mit viel Humor zum
Besten. Gehts irgendwem mal schlecht, dann
kommst Du, und machst alles recht. Sofort
bist Du dann zur Stelle, und kannst helfen
auf alle Fälle. Überhaupt liebst Du Mensch
und Tier von Herzen, und alle sollen haben
keine Schmerzen. Freigiebigkeit ist Deine Zier,
da gehts Dir gut, so für und für! Du bist ein
wunderbarer Mensch, der alles nur zum Besten
lenkt. So wie Skt. Martin seinen Mantel teilt,
für so was bist Du stets bereit. Wir hoffen, Du
bleibst immer unsere Nachbarin, mit viel Herz
und mit viel Sinn!

    Liebe Marianne, wir wünschen Dir
        von ganzen Herzen
    Viel Glück und ein Leben ohne
        Schmerzen
          von
    Hilde und Balthasar

rer Freude. Teilen ist der wahre Ort der Liebe«, kreisen ihre Worte über Maries Kopf, als sie frierend in ihrem Badezuber erwacht.

»Teilen ist der wahre Ort der Liebe, ich weiß, ich weiß, aber erkläre das mal meiner Familie und meinen Freunden«, antwortet Marie schlotternd und verkriecht sich an den wahren Ort ihrer gemütlichen Schlafstätte, nicht ohne eine kleine Notiz für ihr anstehendes Buch auf dem Schreibtisch hinterlassen zu haben:

Ich bin auf meinem Weg
in samtenen Tanzschuhen
und wallenden Röcken.

Ich bin die, die ich bin,
eine Frau allein,
rank und rund,
die im Regen durch den Wald
Surinams wandert.
Panta Rhei, alles im Fluss.

Heilung

Innerer Friede

Die Rose (*Gallica officinalis*)

Wilde Rose

Wenn ich ein Röslein sollte sein,
so wär ich eine wilde Rose,
die grüne Stachelhecke schmückend
und nie allein.

Ich saugte auf den Sommerregen,
ich sehnte mich der Sonn entgegen,
weit offen wär mein Blick.
Dem Himmel send ich meinen
Dank zurück.

Und wenn mein duftend Blatt
Vom Wind bewegt herniederfällt,
will ich nicht traurig sein,
ich hab gelebt!

Sophie Filgis

Was für ein wunderschönes Gefühl, das behütete Mitglied einer Rosa-gallica-Familie in einer Heckenkommune zu sein. Gemeinsames Aufwachen bei Sonnenaufgang, gemeinsames Einschlafen bei Abendrot, gemeinsame, eintrittsfreie Vogelkonzerte, gemeinsames Blätterfallenlassen und kollektives Mutieren zu einer Hagebutten-Sippe. Sich pflücken lassen, eingekocht auf Marmeladebrote geschmiert und begehrlich verzehrt zu werden, und nie allein!

Seit mehr als sechs Jahren lebe ich hinter einer Ligusterhecke, in die sich, an einigen Stellen, die duftende Rose gallica mit hineinverwoben hat. Von ihrem geschützten Ehrenplatz aus, der sich an einem Mauersims befindet, trug der Westwind ihre Samen weiter. Ihr zu Füßen habe ich einige kerngesunde, kräftige Lavendelstöcke gepflanzt. Was für ein wunderbarer Duft einem da während der Blühezeit in die Nase steigt. Ich weiß, ich weiß, es gibt da noch die edleren Sorten, um nur die Damaszener-Rose zu nennen, aber gerade die bescheidene Buschrose, auch Essigrose, mit ihrem bezaubernden, natürlichen Duft, hat es mir schon seit meinen Kindertagen angetan. Ihre Hingabefähigkeit fasziniert mich. Schon ihre frischen Blätter sind essbar und ein Highlight für Salate und Desserts, können aber auch kandiert zu einem Geschmackserlebnis werden. Das duftende Rosenwasser und das kostbare Rosenöl, im Orient Attar genannt, sind sowohl Heilmittel, können aber auch zum Kochen verwendet werden.

Die Hagebutte, die natürliche Frucht der Rosa gallica, ist ein Geschenk des Himmels. Ihr hoher Vitamin-C-Gehalt ist einmalig, die Herstellung einer Marmelade erfordert Geduld. Das Geschmackserlebnis ist der Mühe wert, ihr Heil- und Nährwert spricht für sich. Das geballte Vitamin C bläst den Grippeerregern den Marsch, der hohe Anteil an Gerbstoffen steht bei Durchfallerkrankungen hilfreich zur Seite. Ein Kräuterschnaps, für den die roten Butten mit Ingwer in Branntwein eingelegt werden, schmeckt sehr gut und erfüllt treue Dienste. Frisch gepflückte Rosenblätter, wie ein kleiner Teppich auf eine juckende oder verletzte Hautstelle gelegt, bringen Linderung und fördern den Heilungsprozess.

Der Rosenstock wünscht sich einen sonnigen Standort, einen nährstoffreichen Boden mit genügend Kalkanteilen, im Spätherbst zurückgeschnitten, mit Pferdemist gedüngt und mit Laub angehäufelt. Dem klirrendsten Winter zeigt er dann die kalte Schulter, um uns ab dem Frühjahr wieder mit sprießenden Zweigen und aufgehenden Knospen zu beglücken.

Schon im Garten Eden wurde die Rose mit dem Titel »Königin der Blumen« geehrt. Seherin und Heilerin Hildegard von Bingen liebte und malte sie in ihrer äußeren Schönheit, traute ihr aber auch große Taten, vom Himmelsauftrag abgesegnet, auf dem Heilungssektor zu. Von einem Rosenstrauch umkränzt, empfing Maria Gabriels Nachricht von Jesus' anstehender Geburt, mit der Dornenkrone eines einstmals blühenden Rosenstrauches wurde ihr Sohn Jesus Christus geschmäht.

»Der Rose süßer Duft genügt, man braucht sie nicht zu brechen und wer sich mit dem Duft begnügt, den wird ihr Dorn nicht stechen«, höre ich die Stimme meiner Mutter, wenn ich vor meinem vollerblühten Rosenbusch früheren Zeiten nachsinne. Man stelle sich eine Welt ohne Ingredenzien vor, die uns von unseren wunderbaren Rosenköniginnen gespendet werden.

Ein Hoch auf die freiwillige Hingabe! Ist sie im Plan unseres Schöpfers verankert?

Rosenwasser – selbst gebraut

350 g Rosenblätter Rosa gallica	1 EL Benzoe-Tinktur aus der Apotheke
600 ml destilliertes Wasser	1 EL Styrax aus der Apotheke

Wir geben die gezupften Blüten zusammen mit dem feinen Wasser in einen Topf, bringen den wertvollen Inhalt ganz langsam vom Sieden zum Kochen, geben einen Deckel darauf und lassen ihn etwa 1 Stunde bei reduzierter Temperatur leicht weiterköcheln. Die Flüssigkeit muss die Blätter immer bedecken, sonst leicht nachfüllen. Dann ziehen wir das Gebräu vom Herd und lassen es 2 Tage lang an einem kühlen Platz weiter durchziehen. Am 3. Tag erhitzen wir die Mixtur mit den Blütenblättern noch einmal für eine weitere Stunde, lassen sie leicht abkühlen und gießen durch ein Nylonsieb ab. Aus den Blüten den letzten Tropfen herauspressen, sofort mit den beiden Tinkturen versetzen und die kostbare Flüssigkeit in drei sterile Flaschen von je 150 ml füllen, schnörkelig beschriften, Deckel zu und auf die Wartebank für rosige Zeiten.

Rosenblüten-Dessert à la Mariana

600 ml Vollmilch (keine H-Milch)	250 g Crème fraîche
1 EL Zucker mit Rosenblüten angesetzt	20 kandierte Rosenblüten
40 ml Rosenwasser, selbstgezaubert	2 kleine Minzezweige zum Dekorieren
1 Päckchen Gelatinepulver	

Die Milch mit dem Zucker erhitzen, rühren bis kurz vor dem Aufwallen, den Topf vom Herd nehmen, flugs Gelatine und Rosenwasser einrühren und noch heiß in eine, mit kaltem Wasser ausgespülte, große Glasschüssel gießen. Mit Alufolie bedecken und sich etwa eine Stunde gedulden, bis das Dessert erstarrt ist. Kurz vor dem Servieren die Crème fraîche auf der Oberfläche verteilen, mit den kandierten Rosenblüten und der Minze garnieren.

Es geht die Mär, dass sich Marie-Antoinette diese Lieblingsspeise gewünscht hat, bevor sie ihren Kopf auf der Guillotine zurücklassen musste.

Kandierte Blütenblätter

Wir nehmen etwa 20 schön geformte Rosenblütenblätter, tauchen sie in festgeschlagenen Eischnee, sodass sie luftdicht abgeschlossen sind. Wir geben sie auf ein mit Alufolie ausgelegtes Backblech, bestäuben die kleinen Kunstwerke mit Puderzucker – evtl. schon mit Lavendel aromatisiert – und lassen sie ein paar Stunden vor der Garnierung trocknen.

Zucker aromatisiert

250 g Kristallzucker mit einer Handvoll Rosenblüten in ein Glas geben und das Ganze für einige Wochen aufeinander wirken lassen. Vor dem Gebrauch einfach sieben.
Man kann den Zucker auch mit Lavendelblüten oder Duftpelargonien-Blütenblättern ansetzen.

Rosenblüten-Creme Marke Jungbrunnen

1 Tasse Duftrosenblätter – Essigrose, *Rosa attica*	8 EL Olivenöl – kaltgepresst
1 Tasse Duftrosenblätter – Damaszener Rose	2 EL Bienenwachs, gereinigt, aus der Apotheke
	1 TL destilliertes Wasser

Ich nehme nur die frischesten und schönsten Blütenblätter, erwärme das Olivenöl in einem vorher ausgekochten Topf, über einem Wasserbad ganz vorsichtig und rühre die Rosenblätter ein, bis sie vom Öl ganz aufgenommen werden. Ich nehme den Topf heraus und stelle meinen Schatz für etwa 10 Tage in den Vorratsraum ans Fenster.

Dann seihe ich das Öl durch ein Sieb, presse die Blüten kräftig aus und erhalte meinen duftenden Extrakt. Jetzt wird es spannend: Ich bereite mir zuerst ein einzigartiges, durch Auskochen keimfrei gemachtes Tiegelchen vor, dessen Deckel ich mir später mit Lackfarben pfiffig bemale. Jetzt heißt es aufpassen und doch weiter zügig vorgehen.
Das Bienenwachs erwärme ich im Wasserbad und rühre langsam das gewonnene Öl darunter. Jetzt wird das destillierte Wasser tropfenweise mit einer Pipette zugegeben, bis die Creme die erwünschte Geschmeidigkeit erlangt hat.
Dieses zarte, wohlriechende Produkt ist Freude pur. Ich benütze es ausschließlich als Nachtcreme. Am nächsten Morgen obliegt die Reinigung und Erfrischung meiner Gesichtshaut einem feinen Rosenwasser. Aus eigener Produktion, versteht sich. Auf ein gutes Gelingen!

Mit meinem kleinen gedanklichen Kurztrip in das 19. Jahrhundert möchte ich meinem schon heimgegangenen Großvater, meiner geliebten Familie, meinen treuen Freunden und gutgesinnten Nachbarn, meiner Lektorin und unterstützenden Verlagsmitarbeitern, meinem kreativen Zeichner und meinen vertrauensvollen Co-Autoren und Ihnen, liebe Leser, so kurz vor Vollendung meines Buches mit einem duftenden romantischen Blumenstrauß, aus alten Zeiten neu entdeckt, schon mal ein herzliches Dankeschön sagen. Ich muss gleich wieder zurück an mein Schreibpult, in zwei Tagen ist Schlussredaktion angesagt.
Würden Sie sich den Strauß ausnahmsweise selbst zusammenstellen? Dann haben Sie noch einen gut bei mir. Auf die Plätze, fertig, los! Sie nehmen:

Biedermeierstrauß

7 pinkfarbene Rosen, edel und duftend
5 Lavendelzweige, blühend
7 Rosmarinzweige, frisch
7 Heidekrautzweige
9 Lorbeerblätter am Stiel
3 Efeuranken, kleinwüchsig

Die Lavendelstiele beschneiden, die Rosen mit den Lavendelzweigen als mittiges Zentrum des Straußes anlegen.
Heidekraut und Rosmarinzweige kreisförmig dazu arrangieren, 3 Stängel davon in die Mitte der Rosen stecken. Die Lorbeerblätter um den Strauß herum gruppieren, genauso die Efeuranken. Auf gleiche Länge stutzen.
Den Strauß am Stiel zusammenbinden und mit einer Schleife aus einer weißen oder beigen bestickten Borte verschönern, die Enden länger lassen.

Vitam impendere vero
Wir weihen das Leben dem Wahren

Die Vorsehung

Ein Wesen wie vom andern Stern! Diese Erkenntnis war das Endprodukt eines für mich ergiebigen, feinfühligen Interviews, in das ich mich mit allen Fasern meines Herzens hineingestürzt hatte. Für den erhaltenen Oberbayerischen Kulturpreis, der mich sehr erfreute, galt es Pressearbeit zu erfüllen, Hausaufgaben machen, wie ich es immer nenne.

Die Journalistin, die schon am Tisch des leeren Cafés auf mich wartete, wusste tatsächlich mit einem »von« aufzuwarten. Das konnte ich der Presseliste entnehmen. Meine Freude war groß und sogleich mein allumfassendes Weltenrund wieder in einer herrlichen Mitte.

Der Seelenadel war für mich nicht von der Integrität eines Adelsprädikats abzutrennen. Sie müssen wissen, Frau von Pacelli, so hieß nämlich die Journalistin, dass der Baron von Landsdorfer meine Mutter mit ihren beiden Kindern unter seine schützenden Fittiche nahm und Philip von Rosenthal über einige Jahre mein geistiges Schatzkämmerlein aktivierte. Familie von Godin, von Herrn von Rosenthal angespornt, ließ sich schnell von Mutters Schneidertalenten überzeugen und steuerte bezahlte Arbeitsstunden bei. Dietrich von Watzdorf wiederum, ehemaliger Programmchef des Bayerischen Rundfunks, überraschte den Sender mit einer eigenmächtigen Strategie und cancelte das Budget für eine geplante Opernproduktion. Er schüttete es dafür im Zuckerbaby-Produktionstopf aus. Ullrich von Gregor brillierte als Patenonkel, kürte Zuckerbaby zur Buttertorten-Königin, trennte sich von einem bereits erkorenen Movie und setzte sein zuckriges Baby dem kritischen Berliner Festivalpublikum als »hors

d'œuvre surprise« auf den Dessertteller. Das gab ein weltweites Umdiewetteschmatzen.
Meine Gesprächspartnerin zündete sich ungerührt eine Zigarette an und ließ mich quasseln.
Jetzt versuchte ich es auf die lustige Tour: »Herr Baron von Pillion überschrieb nonchalant sein abgewohntes Urnengrab, setzte damit der familiären ›Von-Symbiose‹ noch ein Krönlein auf. Natürlich hatte sich Franz Xaver von Gräftingen, seines Zeichens Friedhofsverwalter, für diese aristokratische Immobilie stark gemacht und sogar darauf bestanden, die Urne meiner heimgegangenen Mutter mit großer Grandezza zu Grabe zu tragen. Wissen Sie, dieses glückhafte Gesetz der Serie sehe ich als einen von Gott mitgelieferten Schutzmantel der Vorsehung.«
Die gnädige Frau von Unglauben lachte nicht. Nicht einmal der Anflug eines Lächelns traute sich während meiner Ausführungen in die Mundwinkel der Journalistin. Dafür rauchte sie wie ein Schlot und starrte auch schon mal, von einem tiefen Seufzer umrandet, aus dem Fenster des sonst menschenleeren Cafés.
Schon mal im Fahrwasser, ruderte ich unbeirrt gegen einen vermeintlichen Stromliniendefekt weiter. »Ich glaube, dass unser Lebensweg bei der Geburt schon feststeht und die Geburtsstunde sowie die Sterbestunde schon von Anfang an festgesetzt sind. Determination nannte das mein Religionslehrer. Wir können die Länge unseres Lebens nicht bestimmen, aber für die Tiefe können wir Verantwortung übernehmen. Ist das nicht ein kluger Ausspruch? Bitte sagen Sie doch auch mal was.«
Sie nahm einen kräftigen Schluck aus der offenen Rotweinflasche und einen noch kräftigeren Zug von ihrer handgedrehten Zigarette und ließ mich reden.
»Ich glaube, wir kommen sozusagen mit unserem ganz persönlichen Lebens-Script unter dem Arm auf die Welt. Durch die von Gott gegebene, persönliche Freiheit liegt es an uns, den vorgezeichneten Weg geradlinig einzulösen oder die Seele auf leidvollen Umwegen reifen lassen zu müssen.«
Immer noch keine Antwort!

Die Vorsehung

Jetzt redete ich mich in Rage. »Was für eine Vorsehung, dass mir mein Stiefvater damals den Weg zum Gymnasium versperrte! Wie traurig war ich zuerst darüber. Zwei Jahre später ertrutzte mein Klassenlehrer des Vertrauens für mich den Weg auf die Realschule. Dort traf ich alle wichtigen Menschen, die mich gefördert, gespiegelt und weitergeleitet haben. Mein Deutschlehrer, der eine Theatergruppe mit uns gegründet hatte, mein tief verehrter Kaplan, der heimlich einen buddhistischen Urgrund in seinen Unterrichtsstoff webte, eine Berufsberaterin, die mich aus ganz persönlicher Motivation zu ihrem besten Freund, einem Mediziner und Menschenfreund, in eine Ausbildung steckte. Dort musste ich hin, das war vom Schicksal so vorgesehen.«

Frau von Pacelli kippte mit einer beipflichtenden Handbewegung das halbvolle Rotweinglas auf unsere weiße Tischdecke. »Cerberus-Syndrom nenne ich das, wenn uns ein fest geplanter Weg versperrt wird und wir dann später feststellen müssen, wie weise und vorausschauend unser Gottvater doch alles plant. Kennen Sie diesen Umstand nicht, gnädige Frau?«, versuchte ich nochmals, eine Meinung aus ihr herauszulocken, und stellte das leere Glas wieder in eine geradlinige Position.

Frau Gräfin nahm sich einen letzten Schluck aus ihrer Cappuccino-Tasse, griff sich die abgelegte Strickjacke »Modell Eigenfaden« und schickte sich langsam an aufzustehen. »O mei Frau, Sie sind mir vielleicht ein komischer Vogel, was Sie da so alles verzapfen. Sie kommen mir ja vor wie eine vom andern Stern«, stellte sie jetzt belustigt fest. »Das ist mir ja in Ihre Filme gar ned so aufgefallen. Sie haben pausenlos geredet, aber meine Pause ist jetzt um. Ich muss weiterputzen. Jessas, den Zettel hätte ich glatt vergessn, der ist doch für Sie. Die Frau von Pacelli hat angerufen, dass des Interview heute ausfällt. Die ist unpässlich, die Schweinegrippe hat zugeschlagen. Sie sollen zurückrufen, dann können Sie ihr den ganzen Summs nochmal erzählen.«

»Herr Ober, einen Cognac bitte!« Mehr kam mir heute nicht mehr über die Lippen und das heißt was bei der Sägebrecht!

Oktober

Das Licht vom Himmel lässt sich nicht versprengen,
noch lässt der Sonnenaufgang sich verhängen
mit Purpurmänteln – oder dunklen Uniformen.
(Nikolaus Lenau)

Laudatio auf Marianne Sägebrecht

Marianne Sägebrecht ist etwas ganz Besonderes. So einen Menschen wie sie habe ich noch nie kennengelernt. Aber was heißt in diesem Fall schon »kennengelernt«? Eine flüchtige Begegnung vor Jahren, ihre Filme und vier sehr ausführliche Gespräche als Vorbereitung für diese Laudatio – was weiß man dann schon über einen Menschen, über eine Künstlerin? Vermutlich kennen Sie ihre vielen Tiere, die sie hat und liebt, besser als ich, aber sollte man einen Ziegenbock deswegen eine Laudatio schreiben lassen? Mich als Laudator auszuwählen, war gescheit von ihr, weil ich ihre Schwächen nicht kenne, weil ich nichts Schlechtes von ihr weiß, nichts Schlechtes über sie gehört habe und somit mit bestem Wissen und Gewissen nur Gutes von ihr und über sie sagen kann.

Marianne Sägebrecht ist Linkshänderin und Marianne Sägebrecht macht alles mit links: Kino, Fernsehen, Theater, Drehbücher-Entwerfen, Lebensbücher-Schreiben, Kochen, Fotografieren, Malen und Zeichnen. Marianne Sägebrecht malt seit ihren Kindertagen fleißig. Dass das nur wenige wissen, hat damit zu tun, dass man ihre Bilder nicht kaufen kann. Wenn man großes Glück hat, bekommt man eines geschenkt von ihr – aber was heißt schon eines? Sie denkt einem Menschen ein Bild zu, malt es eifrig und oft auch fiebrig eine ganze Nacht lang, bis zur Erschöpfung am andern Morgen malt sie es auf einen Menschen hin. Ein »Heil-Bild«, ein »Votiv-Taferl« von Mensch zu Mensch, ein Weihnachtskalender mit nur einem Türl. Und wenn das Bild fertig ist, malt sie einen Monat lang keines mehr, sammelt sich und ihre Kräfte für eine neues »Wegschenk-Bild«.

Und noch so etwas Spezielles: Ihr Vater, der noch vor ihrer Geburt starb und der ein wunderbarer Gärtner war, hat ihr wohl das Wissen um seine Blumengeheimnisse vererbt. Wenn Marianne Sägebrecht Blumen schenkt, schenkt sie keinen Blumenstrauß, sondern vielmehr ein Gebinde aus Blütenschönheiten, Heilkräutern, Gute-Wünsche-Zweigerln und Zauber-Zittergräsern. Wie bei den Bildern gibt es einen Strauß nur einmal und er gehört ganz dem Menschen zu, dem sie ihn schenkt. Da gibt es keine Menschenverwechslungen, keine Menschenverallgemeinerungen. Eine tiefe Verbindung zu Gottes Kreatur trägt Marianne Sägebrecht in sich und so wundert man sich auch nicht, dass sich neben ihren Katzen auch noch zwei Ziegenböcke und ein Pferd in ihr Leben eingemietet haben. Das Pferd heißt Armin und lässt Rückschlüsse auf seine Besitzerin insofern zu, als es sich von keinem Menschen auf der Welt Zügel anlegen lässt.
Kennengelernt habe ich Marianne Sägebrecht vor einigen Jahren im Münchner Literaturhaus. Wir saßen an einem Tisch auf der Bühne und lasen Texte von Marieluise Fleißer vor. Marianne Sägebrecht kam nicht alleine, sie hatte in einem Tragekorb eine kranke Katze bei sich, die sie nicht alleine in der Garderobe, geschweige denn zu Hause lassen wollte. Und somit war das arme Tier irgendwie Mitakteur auf der Bühne! Das Kunst- und Schauspielerleben hat das echte Leben der Marianne Sägebrecht nie überwuchert oder weggespült. Das echte Leben war immer wichtiger und auch in diesem Fall wog das Leid der Katze schwerer als der ungestörte Kunstgenuss des Münchner Lausch-Publikums. Was mir von diesem Abend als Einziges in Erinnerung blieb, war dieses schöne Bild, dieses kleine, schöne Echt-Theater, das man nicht mehr vergisst und dankbar eintauscht gegen die ohnehin irgendwann in die Vergessenheit zurücksinkenden Literatur- und Satzwolken. Nie wieder habe ich einen Menschen auf der Bühne in Begleitung eines leidenden Tieres erlebt.
Natürlich dürfen in Marianne Sägebrechts Arche Noah die Menschen nicht fehlen und so beschreibt sie die Zeit als ihre schönste, als sie zusammen mit Mutter Agnes, Schwester Renate und

Tochter Daniela in einer Schwabinger Wohnung in der Münchner Kaulbachstraße lebte. Von einem Journalisten nach ihrem größten Erfolg gefragt, nennt sie die Geburt ihrer Tochter Daniela. Ihre Tochter, ihr Enkelkind, ihre Schwester, ihre Mutter sind ihr das Wichtigste im Leben und dann erst kommen die Kollegen, Mitstreiter, Film- und Fernsehleute und Zeitungsmenschen. Natürlich fällt das auf: Wo sind die Männer in dieser Arche Noah? Ja, da gibt es schwere Verluste. Die in einem Interview gestellte Frage nach ihrer größten Niederlage beantwortet sie mit dem Verlust des Ehepartners durch Scheidung. Aber die eigentliche Schmerzensecke ist natürlich das Aufwachsen der kleinen Marianne ohne den Vater, der noch vor ihrer Geburt an den Folgen einer Kriegsverletzung stirbt. Die vielen Spiegelbilder, die ein Vater liebevoll von seiner Tochter entwirft, haben natürlich gefehlt und diese Spiegelbilder hat sie sich selber zusammengesucht in der Welt, hat sie alle selber erfinden, imaginieren und schauspielern müssen. Deswegen ist ihr Schauspiel auch so echt, so lebendig, so existenziell, anrührend und uneitel. Marianne Sägebrecht hat keine einzige Stunde Schauspielunterricht gehabt in ihrem Leben, sie hat auch keinen gebraucht. Marianne Sägebrecht schlüpft nicht in Schauspielrollen, die Rollen schlüpfen eher in sie, sie spielt nicht Frau Holle oder Marga Engel oder Jasmin – sie ist Jasmin, Marga Engel und Frau Holle.

Wie ein großer goldener Magnet zieht sie ihre Rollen an sich und entlässt sie strahlend als kleine Sterne ins Universum. Marianne Sägebrecht spielt nur Rollen, die sie gefühlsmäßig erspüren und ausloten kann, die sich aus ihrem Lebenskonzept erschließen und rechtfertigen lassen: Das »Zuckerbaby« bei Percy Adlon, die Jasmin in »Out of Rosenheim«, die Martha an der Seite von Michel Piccoli, die Susan im »Rosenkrieg« von Danny de Vito neben Michael Douglas und Kathleen Turner, die Klara im »Kleinen Lord« neben Mario Adorf, die reife Frau in der »Forsythe-Saga« bei Bob Wilson, eine Prostituierte in »Johnny« von Dylan de Jong oder die Tante Neta im »Unhold« von Volker Schlöndorff – und vielleicht auch mal die Gutemine neben Michel Ga-

labru und Gérard Depardieu in einem Asterix-Film. Was manchem den Atem stocken lässt, da wo viele innerlich noch im Nachhinein schreien möchten: »Marianne, geh hin und mach's!«, das sind Absagen an Woody Allen (weil er das Drehbuch nicht im Vorhinein herausrücken wollte), das klare No für einen Schwarzenegger-Film und die Absage für Harry Potter – alles Filmrollen, die sie sich nicht antun wollte. Natürlich sagen da gewisse Produzenten »die spinnt!« und sie spinnt ja auch – aber einen goldenen, einen goldrichtigen Faden! Lieber schon spendet sie ihre Kraft für Independent-Filme junger unbekannter und unbetuchter Regisseure. Als die deutsche Sauberkeits-Putzfimmel-Geschäfte-Kette ZEWA eine weltweite Werbeaktion mit Bildausschnitten von »Out of Rosenheim« plant, verweigert sich nicht der Regisseur Percy Adlon und auch nicht der Komponist Bob Telson, sondern die Schauspielerin Marianne Sägebrecht, der ihre Figuren, die sie bei Percy Adlon miterfindet und textlich und dramaturgisch mitgestaltet, heilig sind, die ihre Schauspiel-Erfindungen hütet und beschützt wie eine Mutter ihre Kinder.
Wie bei ihren Bildern achtet sie auch beim Filmen auf ihre Kräfte, aufs Kräfte-Haushalten. Ein bis zwei Filme dreht sie im Jahr, im Moment eine kanadisch-italienische Produktion mit dem Titel »Grandma«. In fortgeschrittener Planung ist die Eigenproduktion »Gegen den Strom, heim nach Surinam«, Marianne auf den Spuren von Maria Sibylla Merian. Den Rest des Jahres hält sie von ihrer Tochter organisierte Lesungen und schreibt Bücher, auch diese meist Bestseller wie zum Beispiel »Meine Überlebenssuppen – Geschichten und Rezepte« oder »Mein Leben zwischen Himmel und Erde«.
Surinam, das war übrigens während der oft harten Kinderjahre am Ostufer des Starnberger Sees schon immer das Traumland von Marianne Sägebrecht, das »Ausweg«-Land, die Rettungsinsel ihrer Fantasien. So schließt sich mit diesem Filmvorhaben ein Lebenskreis, wie er sich auch mit ihrer Rückkehr an den Starnberger See geschlossen hat. Hier in Starnberg haben ja auch ihre »Spinnereien« begonnen: 1971, als Wirtin der Kleinkunstbühne

»Spinn-Radl«, hatte sie hier bald Kultstatus erlangt. Später dann war sie Wirtin im legendären Münchner »Mutti-Bräu«: Marianne als Wirtin, Köchin, Actrice, Impresaria und Dompteuse eines wilden bis vogelwilden Künstler-Raritäten-Kabinetts, das sich in der grotesk-schönen Nachtschattengewächs-Orgie der Opera curiosa – einer oft bis zu vierzigköpfigen Varieté-Truppe – ins grelle Münchner Kulturlicht katapultieren sollte.
Als Schauspielerin für sich entdeckt hatte sie 1979 Percy Adlon. In »Adele Spitzeder« im Studiotheater München spielte sie die Prostituierte so zart und zerbrechlich eindrücklich, dass Adlon 1980 die Frau Pansa in seinem Film »Herr Kischott« mit ihr besetzte. Danach der Film »Die Schaukel«, dann schon »Zuckerbaby«, »Out of Rosenheim« und »Rosalie Goes Shopping« – alles große internationale Erfolge!
Noch heute spürt Marianne Sägebrecht Percy Adlon gegenüber eine tiefe Dankbarkeit, weil er als Erster ihr Talent erkannte und sie zu einer der international erfolgreichsten Schauspielerinnen Deutschlands machte. Auffällig, dass bei aller Vaterlosigkeit immer wieder Männer ihre helfenden Engelsflügel über sie hielten: In Berg am Starnberger See war es Philip Baron von Rosenthal, der Mariannes Mutter mit ihren zwei Kindern, ihren zwei »Bankerten«, wie man das im zu spät christianisierten Bayern früher nannte, aufnahm. In Aufkirchen verhalf ihr später Pfarrer Max Karbacher zum ersten Theaterstück und der Schulleiter Johann Rothenfußer förderte engagiert ihr schulisches Fortkommen. Maurus Graf, ein Bruder von Oskar Maria Graf, las ihr oft aus seinen Büchern vor und machte ihr Lust auf deutsche Literatur. In diese Reihe der Beschützer kann man auch Percy Adlon stellen, der ihr großes Talent sah und mit dem sie die Welt bereisen und erobern sollte. Percy Adlon hat die Schauspielerin einmal folgendermaßen gezeichnet: »Der leichte Gang, beim starken Gewicht, die Lachlust um den herzförmigen Mund, das Mädchenhafte, das Einsame.«
Für ihre herausragenden Arbeiten wurde Marianne Sägebrecht mit vielen Auszeichnungen bedacht. Wem sie einen Orden geben

würde, hat man sie in einem Interview gefragt; ihre Antwort war: »Den deutschen Trümmerfrauen, die uns den Weg freigeräumt haben.« Wohl hat sie bei dieser Antwort auch an ihre Mutter Agnes gedacht und wahrscheinlich im Inneren dieser auch ihre Auszeichnungen mitgewidmet, so wie sie auch ihre Preistrophäen großzügig an die Frauen ihres Familien-Wigwams verteilte: »Mein Filmband in Gold hat meine Schwester, den deutschen Verdienstorden meine Tochter und mit dem Bambi spielt mein Enkelkind«, erzählte sie mir. Bleibt zu hoffen, dass der neue Preis – der Kulturpreis des Bezirktags von Oberbayern – nicht bei ihren Geißen landet.
Ohnehin ist Marianne Sägebrecht trotz ihres Ruhms ein wirklich uneitler, normaler Mensch geblieben: kein Kokain, keine Suizidversuche, keine Sexorgien, nicht einmal Vollräusche in den Nightclubs von New York. Marianne Sägebrecht hat Suppenbücher geschrieben. Und wie merkwürdig es mich traf, als ich nach wochenlanger Filmruhm-Recherche auf das nüchtern-existenzphilosophische Statement ihrer Mutter Agnes stieß. Diese re-

tournierte den sensationslüsternen Ausruf der Nachbarin: »Gell, Ihre Tochter dreht grad wieder mit dem Michael Douglas« gelassen mit: »Wenn der amoi stirbt, is er a bloß a bissel a Dreck.« Marianne Sägebrecht hat trotz der spektakulären Rollen keine Reichtümer angesammelt, zumindest keine äußeren. Aber wenn man mit ihr spricht – gut, meistens ist es etwas umgekehrt –, dann sprudeln aus ihr Lebensromane, Filmdrehbücher, Lebensberatungsbücher und Kochbücher gerade nur so heraus, ein wirklich großer, fantastischer Lebensreichtum, den sie da in sich trägt. Und vielleicht spendiert sie einem auch nebenbei einen kleinen Katechismus, denn Marianne Sägebrecht ist praktizierende Christin. Den Herrgott hat sie sich als treuen Begleiter ausgesucht, einen solchen Tröster kann man schon brauchen auf einem oft auch schweren, schmerzvoll-vaterlosen Lebensweg durchs Lebensgebirge. Ihr Christ-Sein findet allerdings jenseits der ausgetretenen Amtskirchenpfade statt. Voller Liebe für ihre Mitmenschen ist sie, ohne Vorurteile und Überzeugungsallüren gegenüber Andersdenkenden und ohne Arg gegenüber Menschen, die ihr im Laufe ihres Lebens zugesetzt haben.

Als große, gütige Päpstin stelle ich sie mir vor, inmitten ihrer Künstlerfreunde, zu denen viele Schwule, Transvestiten, Groß- und Kleinkünstler, Vaganten und auch Prostituierte zählen – was gäbe das für einen schönen Film! Leben und Kunst, Leben und Film, Realität und Fantasie – all das ist eins im Leben der Marianne Sägebrecht und meist gar nicht voneinander getrennt.

Dass sie eigentlich gar keine richtige Schauspielerin wäre, hat Percy Adlon einmal gestichelt. Ich glaube, dass das stimmt. Die Marianne Sägebrecht ist eigentlich keine richtige Schauspielerin, sie ist eigentlich nur eine richtige Schau! Ich gratuliere Marianne Sägebrecht recht herzlich zum Oberbayerischen Kulturpreis 2009!

© Laudatio von Josef Brustmann auf Marianne Sägebrecht anlässlich der Verleihung des Oberbayerischen Kulturpreises 2009 am 12. Juli 2009 in Starnberg

Kulinarische Kräuterwanderungen
Mit Kräuterpädagogin Viktoria Seitner

Natur erleben und genießen, das ist mein Motto. Darf ich mich vorstellen: Mein Name ist Viktora Seitner, ich bin gelernte Hauswirtschafterin, mit Leidenschaft Bäuerin und seit 2006 staatlich geprüfte Kräuterpädagogin. Vielleicht fragen Sie sich jetzt, was eigentlich eine Kräuterpädagogin ist. Eine moderne Kräuterhexe?

Spaß beiseite: Hinter der Qualifizierung »Kräuterpädagogin« steckt eine fundierte und anspruchsvolle Ausbildung. Genauer gesagt: $1^1/_2$ Jahre intensives Schulbankdrücken inklusive Exkursionen in die Natur sowie theoretischer und praktischer Prüfung, um schließlich das Zertifikat zur »Kräuterpädagogin« zu erhalten. Und das ist auch gut so, denn im Umgang mit Pflanzen sollte man ganz genau wissen, was man tut! Schwerpunkt ist sowohl die traditionelle Kräuterkunde, im Besonderen aber die Ethnobotanik. Diese befasst sich mit dem Vorkommen und der Verwendung von heimischen, nicht kultivierten Nahrungs- und Heilpflanzen. Aufgrund beruflicher Bildung und Herkunft (auf dem Bauernhof aufgewachsen) bringen wir Kräuterpädagogen eine eigene Beziehung zur heimischen Natur mit. Uns liegt besonders am Herzen, das alte Kräuterwissen unserer Großmütter – kombiniert mit dem neuesten Stand der wissenschaftlichen Erkenntnis – weiterzugeben und dadurch einen wertvollen Beitrag zum naturschonenden Tourismus und zur nachhaltigen Entwicklung unserer heimischen Natur und Kulturlandschaft zu leisten.

Welch gesunde und wertvolle Schätze in unserem Garten, vor unserer Haustüre, am Wegesrand wachsen, wissen viele Men-

schen gar nicht und das Wissen um diese Naturschätze sind ein schier unerschöpfliches Thema.
Wer sich einmal damit beschäftigt, geht mit ganz anderen Augen durch die Natur und wird schnell begeistert sein! Einfach faszinierend, wie viele Arten in unserer unmittelbaren Umgebung vorkommen, welch gesunde Inhaltsstoffe die Pflanzen für uns bereithalten und wie viele Möglichkeiten es gibt, aus ihnen Köstliches und Gesundes herzustellen.
Um Menschen dieses Thema nahezubringen und sie dafür zu begeistern, organisiere ich unter anderem Gruppen für kulinarische Kräuterwanderungen. Hierbei lernen die Teilnehmer nicht nur etwas über die Pflanzen am Wegesrand, sondern wir sammeln da leckeres Grün und kochen im Anschluss gemeinsam. Lassen Sie sich überraschen, was für ein kulinarischer Genuss z. B. eine Giersch-Brennnessel-Quiche sein kann! Besonders am Herzen liegt mir, auch die Jüngsten unserer Gesellschaft für die Natur zu sensibilisieren, und biete deshalb auch speziell für Schulkinder und Kindergartenkinder Kräuterwanderungen an.
Wussten Sie zum Beispiel, dass die Brennnessel eine unserer ältesten und wertvollsten Kulturpflanzen ist? Wie achtlos wird oft an ihr vorbeigegangen! Sie begleitet uns das ganze Jahr hindurch und wir können von ihr so viel Nutzen ziehen.
Oder Giersch: Jeder Gartenbesitzer kennt Giersch als lästiges Unkraut. »Einmal Giersch, immer Giersch«, heißt es. Wer aber um die wertvollen Inhaltsstoffe weiß und welch köstliche Gerichte man damit zaubern kann, schätzt ihn. Prodagrakraut wird er auch nach alter Überlieferung genannt. Prodagra ist ein altes Wort für Gicht, mehr brauch ich dazu wohl nicht sagen. Oder der Schwarze Holunder. »Vor dem Holunder zieh den Hut«, sagt eine alte Weisheit. Man kann sich wohl denken, warum! Dann gibt es da noch die wertvollen Frauenkräuter ... Sie merken, ich komme ins Schwärmen!
Kommen auch Sie in den Genuss der Kräuter für die Sinne. Lernen Sie leckere Kräuterrezepte, Liköre, Marmeladen und Gelees zuzubereiten oder Tinkturen, Salben, Duftseifen und Lotionen

herzustellen. Das Wissen gebe ich in kleinen Workshops weiter. 2008 erweiterte ich meine »Kräuterkompetenz« um den Bereich ayurvedischer Kräutermassage. Erleben Sie eine zweistündige Rundumwohltat für Körper, Geist und Seele mit Kräuterölmassage, angenehm heißen Kräuterstempeln, Entspannung in der Wärmekabine und anschließendem Kräuterpeeling!

Vielleicht konnte ich Ihnen mit diesen Zeilen meine Begeisterung für die Natur und ihren faszinierenden Kräutern vermitteln und die Freude auf mehr wecken? Ich würde mich freuen!

Und nicht zuletzt möchte ich mich an dieser Stelle bei Frau Marianne Sägebrecht ganz herzlich dafür bedanken, dass sie mich in meiner Arbeit als Kräuterpädagogin so bestärkt und unterstützt. Frau Sägebrecht selbst hat ein sehr großes Wissen um unsere gesunden Kräuter und deren Nutzen. Denn: »Ohne Pflanzen kein Leben!«

Ihre Viktoria Seitner

Viktoria Seitner
Kräuterpädagogin
Aufkirchner-Weg 6
82069 Schäftlarn OT Neufahrn
Tel.: 08178-42999
Mobil: 0160-3571324
Fax: 08178-9979283

Gierschlimo
Ein schnelles Rezept für heiße Sommertage

1 l klarer Apfelsaft, Saft von 1 Zitrone, darin für mindestens drei Stunden ein Sträußchen Gierschblätter reinhängen.
Wer es gern recht aromatisch mag, kann noch etwas Zitronenmelisse oder Pfefferminze dazugeben. Abseihen und 3:1 mit Mineralwasser mischen. Prost!

Getränkter Zitronenkuchen

Von meiner Kuchenkönigin und Nachbarin Frau Hilde Fuchs

250 g Sanella	Butter und Semmelbrösel für die Form
150 g Zucker	
5 Eier	3 Zitronen
250 g Mehl und 1 Päckchen Backpulver mischen	200 g Puderzucker

Für den Teig Sanella und Zucker mit den Knethaken des Handrührgeräts 5 Minuten schaumig rühren! Eier zugeben und weitere 5 Minuten mit dem Handrührgerät rühren. Dann das Gemisch von Mehl und Backpulver nochmals 5 Minuten rühren. Eine Gugelhupfform gut ausfetten und mit Semmelbrösel ausstreuen. Den Teig einfüllen und bei 160 Grad eine Stunde backen
Inzwischen 3 Zitronen ausdrücken und den Saft mit 200 g Puderzucker verrühren. Wenn der Puderzucker mit dem Saft etwas klumpt, das macht nichts. Wenn der Kuchen gebacken ist, mit der Stricknadel Löcher stechen und den Saft über den heißen Kuchen schütten. Nach 25 Minuten den Kuchen stürzen, und wenn er ganz ausgekühlt ist, mit Puderzucker bestreuen.

Kräuterpaste aus Frau Holles Küche

Zaubern Sie sich diese Kräuterpaste und servieren Sie sie zu gegrilltem Fleisch- oder Fischgerichten. Da haben Geschmacksnerven Grund zum Feiern, getrübte Sinne werden geschärft und eingeschlafene Verdauungssäfte angekurbelt. Die Kräuter werden mit Öl angerührt. Damit verschmilzt das natürliche Aroma ihrer eigenen ätherischen Substanzen mit dem zugegebenen Basisöl, der Geschmack wird dadurch noch wesentlich intensiviert.

100 g Basilikum	1 Knoblauchzehe
100 g Petersilie	45 g Meersalz
100 g Zitronen-Minze	1 kleine Prise Zucker
100 g Estragon	100 ml feinstes Olivenöl,
50 g Bärlauch	kaltgepresst

Die Kräutermischung wird gewaschen, grob geschnitten und zusammen mit der Knoblauchzehe, Salz, Zucker und ca. 50 ml Olivenöl in einen Mixer gegeben und püriert.

Hat die Mischung eine breiige Konsistenz erreicht, füllen Sie Ihr Produkt in ein schönes Glas mit weiter Halsöffnung und gießen das restliche Olivenöl auf die Deckfläche. Dieser organische Ölteppich fungiert nun als Schutzpatron und konserviert Ihren Schatz, den Sie an einem kühlen Plätzchen bis zu vier Wochen bunkern können, frostiger Kühlschrank ausgenommen.

Diese Überlegungen sind wahrscheinlich gar nicht vonnöten, da diese Zauber-Paste bestimmt ratzeputz weggeputzt wird.

November

Heiligen wir das schwächste Glied unserer Ahnenkette
und heilen so unsere Familienseele.

Ab ins Archiv, Mutantalus!

Ein »Neues Virus« lag als Virusmantel wie ein UFO-ähnliches Gebilde aus einer anderen Welt auf einer Lichtung, seine Hülle in kaleidoskopisch schillerndem Farben- und Formenspiel metamorphisierend. Die Mitte der Konstruktion war hohl, einsehbar.
Die Abwehrspezialisten eines körperlich schwer geschwächten Abwehrsystems waren nicht gerade in bester Verfassung. Dr. Pfropf, schwerer Alkoholiker, schwankte, sah doppelt. Dr. Desolatius hatte sich noch gestern Nacht einer eingesogenen Rauchwolkenbrunst und geschmauchtem Marihuana ausgesetzt und fand seinen Heimweg nicht mehr. Seine bleiernen Beine verweigerten ihm den Dienst, als sie ihn zu dem zu identifizierenden Objekt tragen sollten. Er konnte sich nur in Gedanken auf den Weg machen. Frau Dr. Depressa hatte sich in der letzten Nacht beträchtliche Psychopharmaka-Dosen injizieren lassen. Sie hatte gerade in den letzten Wochen einem antibiotischen Bombenhagel die Stirn geboten und dabei Arme und Beine verloren. So war es auch für sie derzeit unmöglich, sich zum Ort des Geschehens zu begeben, überdies machte es ihr ein permanenter Schwindel schwer, Gedanken in Worte zu fassen. So oblag nun dem Assistenten Vitalo die Aufgabe, das feindliche Modell abzulichten und die Aufnahme unverzüglich in die Computerabteilung »Virologie«, zu bringen, um es dort identifizieren zu lassen. Aber die Antwort, die mit einem Verteidigungsplan gekoppelt sein sollte, ließ auf sich warten.
Unsere drei angeschlagenen Doktoranden lagen sowieso darnieder. Sie waren krank geschrieben und froh, dass sie die näch-

sten Stunden und Tage nicht zum Einsatz mussten und kränkelten so dahin. Vitalo aber war ungeduldig. »Lasst uns weitersuchen«, rief er durch die Öffnung des Virenmantels, die er wie ein Sprachrohr nach oben benutzte. »Kollegen, lasst uns im nächsten Archiv unter der Abteilung Bakteriologie nachschauen, vielleicht ist das Virus nur falsch etikettiert worden!« Es gab keine Antwort, nicht eine.
Dr. Desolatius hob nur kurz den Kopf, der Vitalo plötzlich vor die Füße rollte. Dr. Pfropfs Zunge schlängelte sich mit lallenden Lauten nach außen und war nicht mehr zu bewegen, in ihre Höhle zurückzukehren. Frau Dr. Depressa hatte schon ihren Geist aufgegeben. Vitalo kam eine großartige Idee, ihm war es aber als Assistenten, ohne Absegnung durch seine Vorgesetzten, nicht erlaubt, eine neue Maßnahme zu ergreifen. Handlungsunfähig saß er also traurig an einer Zellwand – ein Abwehrplan war immer noch nicht in Sicht. Eine komplette Blockade schien den Computer erfasst zu haben – und siehe da, schon schlich sich ein Staphylokokkus-Erreger, gefolgt von einer ganzen Sippe, um die Ecke, um alsbald den Rückweg, beladen mit großen Mengen Amino-Eiweiß-Bausteinen, anzutreten.
»Räuber! Hilfe!« Vitalo konnte im Moment alleine nichts ausrichten. »Ich komme schon«, versprach Dr. Pfropf und rollte sich zur Seite, um seinen Rausch auszuschlafen.
»Die Luft ist rein«, zischelte es aus einer anderen Ecke. Da hatte sich wohl eine lange Reihe von Influenza-classico-Erregern auf Raubzug begeben und stürmte gerade vehement die Vitamin B12-Lager und Calcium-Hallen. »Lasst uns das Magnesium und die Natrium-Bi-Carbonat-Fässer, sonst gibt's Ärger«, drohte der Tuberkulose-Erreger Großmaul.
»Raubbau, zu Hilfe!« Vitalos Hilferufe gingen an seinen ausgeknockten Kollegen vorbei. Dafür kämpften jetzt Erreger des Hepatitis-A-Virus gegen ein Battaillon der Abteilung B-Virus um eine ganze Schiffsladung von Leberzellen. Die Abteilung A siegte, die Abteilung B musste sich unter schweren Verlusten zurückziehen.

Vitalo wuchs über sich selbst hinaus und brachte, obwohl er keine offizielle Kompetenz besaß, ein neu fotografiertes Bild des Neuen-Virus-Eindringlings zur Spezialabteilung Bakteriologie. Die Antwort aus dem ersten Archiv Virologie stand immer noch aus. Das ganze Computersystem schien nach wie vor blockiert zu sein, als sich eine Horde von Syphilis-Bakterien auf den Weg machte, um das Mark des Rückens unter sich aufzuteilen.
Auch aus dem angepeilten bakteriologischen Archiv erfolgte keine Antwort. Da ereilte Vitalo ein Gedankenblitz. Wenn das Virus in retro auf die Welt gekommen ist, dann ist es ja ein Mutant, der für die Abwehrspezialisten gar nicht aufzufinden ist, auch wenn sie sich bis zu Adam-und-Eva-Datenbanken durchschlagen müssten.
Logischerweise müsste er für das »neue« Virus auch ein »neues« Archiv anlegen. Aber wer gibt ihm die Kompetenz? Von seinen Kollegen konnte er ja keine Unterstützung erwarten. So ernannte er sich im Schnellverfahren zum Contrafessor. Frau Dr. Regenerato stellte ihm mutig eine Urkunde darüber aus.
Er taufte den Eindringling auf den Namen Mutantalus I. und erstellte in Windeseile ein neues Archiv im Computer. Die Zeit drängte, denn plötzlich fädelten sich ganze Heerscharen von Candida-Pilzen, sich spreizend und gabelnd, in die Gänge, stahlen wie die Raben, fraßen, als hätten sie schon seit Jahren nichts mehr in den Rachen bekommen. Traubenzuckerhalden wurden weggeputzt, Säcke mit Stärkepulver waren mir nichts, dir nichts aufgezehrt. Ehe man sich's versah, waren alle Amino-Fässer ausgetrunken. Die Pilze wollten auf keinen Fall den Rückzug antreten und blieben gleich an Ort und Stelle kleben, plusterten sich auf und vermehrten sich, auf dem Rücken liegend, gar schrecklich, während sie sich Milch und Honig direkt in die offenen Mäuler laufen ließen.
Plötzlich schien Contrafessor Vitalos Konzept aufzugehen. Der große Computer erwachte aus seiner Erstarrung, die Blockade wurde aufgehoben. Dr. Pfropf erhob sich, zwar noch leise schwankend, um seinem Assistenten Vitalo beizustehen und auch

Dr. Desolatius hatte seinen Kopf wieder oben – begeistert klopfte er Vitalo auf die Schulter. Für Frau Dr. Depressa musste man unverzüglich um Ersatz ansuchen, sie wurde zusammen mit dem neuen Mutantalus zur Obduktion gebracht. Frau Dr. Regeneratus übernahm still ihre Stelle. Während die Pilz-Kolonisten mit Bitterstoffen aus Pflanzenschalen zur Aufgabe gezwungen wurden, waren die meisten räuberischen Viren- und Bakterienexistenzen bereits auf ihre angestammten Plätze verwiesen worden. Unter der Oberaufsicht der basophilen, granulozytischen Blauhelme, welche die interzelluläre Friedenssicherung darstellten, zog die schwergepanzerte Artillerie der B-Lymphozyten-Regimente am Ort des Geschehens auf, um den Feind mit ihren Antikörperraketen den Garaus zu machen. Der phagozytierend über das freigekämpfte Schlachtfeld ziehenden Infanterie von T-Lymphozyten oblagen die Restkämpfe und Aufräumarbeiten. Die Nachbestellung der geraubten Elixiere wurde gerade getätigt, als endlich auch Cauda, die entschlummerte Lebensschlange am Eingang des Rückenmarks, erwachte, sich auf ihre Aufgabe besann und sich mit schlechtem Gewissen anschickte, den ihr zugeteilten Lebenskanal wieder zu bewachen.
Cortisone versuchten sich wieder einzubringen, Eisen wurde angeliefert, Glukose abgeladen, Aminosäure schüttete sich in die Kanäle, Vitamine und Mineralien aller Sparten sprangen hinterdrein. Neuzugang Frau Dr. Regenerata strotzte vor Energie und Contrafessor Vitalo schwamm im Glück, er wurde Professor, erhielt den Nobelpreis und Frau Dr. Regenerata nahm seinen Heiratsantrag an.

Mutantalus I. und alle seine Retro-Artgenossen wurden im kollektiven, immunologischen Gedächtnis abgespeichert, damit die körpereigenen Abwehrsysteme nie mehr aus ihrer Bahn geworfen werden konnten. Heureka!

Heilsame Ratschläge

Ich bin du und du bist ich
Die Eigenblut-Therapie

Liebe Leser, ich möchte zu Ihrer Bereicherung noch mit einem Rat aus der Schatzkiste meines Lehrmeisters aufwarten. Schon in den Sechzigerjahren waren der Eigenblutbehandlung, auf die er große Stücke hielt, gute Heilerfolge beschieden. Die Aufzeichnungen der Studien des Arztes William Highmore aus dem Jahre 1874, der in England praktizierte, gaben der Spürnase des Doktors den ersten Impuls, sich selbst auf eine ausgedehnte Studienreise in die noch unentdeckten Welten der Blutsäfte und ihres Zusammenspiels zu begeben.

Schon die heilkundige Äbtissin Hildegard von Bingen pries den Aderlass, bei dem Blut abgezapft wird, um dadurch die Neubildung der Blutzellen anzuregen. Bei unserer Therapie geht es um eine Entnahme des eigenen Blutes, von innen nach außen, die mit einer Rückführung desselben in den Organismus, von außen nach innen, gekoppelt ist.

Die Blutentnahme geschieht intravenös, die Rückgabe intramuskulär. Das Abwehrsystem des Körpers ortet sogleich das vermeintlich feindliche Eindringen, beginnt zu analysieren. Schwachpunkte werden herausgefiltert, Mangelstoffe ausgewiesen, Fremdkörper ausgesondert und neu bestimmt. Der diese Therapie praktizierende Homöopath spricht, im klassischen Sinne, von einer unspezifischen Umstimmungstherapie durch Fremdkörperreiz und gesteht ihr eine Verbesserung der Selbstheilungskräfte und ein Vorgehen gegen körperfremde Eindring-

linge, wie Viren oder Bakterien, zu. Auch der Verbesserung der Fließfähigkeit des Bluts wird, als Side-Effect dieser Therapie, Raum gegeben.
Mein Doktor und Lehrmeister tastete sich zu diesem interessanten Themenkomplex auch von der anthroposophischen Sichtweise vor. Das autoimmune Prinzip des Körpers wird durch das vermeintliche Feindbild überlistet. Ressourcen einer mikrokosmischen Einheit werden nach einem makrokosmischen Urfeld-Plan aufgefüllt, um den Feind zu übermannen. »Was habe ich, was der Feind nicht hat?«
In den Blutkreislauf eingedrungene Genpartikel, Retroviren und kleinste Nanopartikel, die das Abwehrsystem bei seiner Aufklärung behindern und dadurch für eine Schwächung des Immunsystems und für allergische Erkrankungen mitverantwortlich zeichnen, erfahren durch die Blutzufuhr von außen eine Begegnung ihrer eigenen Art. Sie werden nach ihrer dualen Initiierung als Prototyp in einem neuen Archiv gespeichert, machen sich zwar noch als »Sputniks zirkulosae« im Blutkreislauf wichtig, spielen aber im Energiefluss des Immunsystems keine gravierende Rolle mehr. Der Patient verliert seine Anfälligkeit für Infekte, Allergien und Hauterkrankungen bessern sich und unser Herr Doktor rieb sich seinerzeit vor Freude die Hände. Einen Reibach konnte er mit dieser Behandlung, die ja sehr kostengünstig ist, nicht machen. Mein Doktor war von der Sitte des alten China begeistert, den Arzt nur in den Zeiten zu bezahlen, in denen es ihm gelang, den Patienten gesund zu erhalten. Die Intervalle einer Erkrankung und deren Behandlung waren kostenfrei, seine selbst hergestellten Medikamente natürlich ebenso. Für eine solche Neuregelung wolle er sich stark machen, meinte er immer verschmitzt, nicht ohne den kollektiven Aufschrei der pharmazeutischen Riesen zu imitieren.
Die chinesische Medizin kennt die Wirksamkeit der Eigenblutbehandlung schon seit Jahrhunderten. Durch Nadelstiche in die untere Hautregion wurden viele kleinere Blutergüsse erzeugt, die dann genauso eigenes Blut als Fremdkörperreiz in den Organis-

mus versenden. Auch von einer Kneifzange in den speziellen Blutinseln wusste Herr Doktor zu berichten. Einer Abkühlung des Blutes oder einer Aufschäumung mit Sauerstoff oder Kalzium vor der Injektion gab er keine Aussicht auf Erfolg. Es widerspräche dem klaren Begriff des »Eigenen«. Das hergestellte Gemisch sei dann ja schon fremdbestimmt und habe mit dem eigenen Mikrokosmos des Patienten nichts mehr zu tun, könne sich also auch nicht mehr in den zugehörigen makrokosmischen Bereich einklinken.

Eine Eigenblutverarbeitung, in der das entnommene Blut, ohne es in seiner Zusammensetzung zu verändern, in homöopathischer Weise potenziert und verarbeitet, dann aber oral eingenommen wurde, baute er seine Therapievorschläge hingegen mit ein. Vor allem bei Kindern war diese Methode praktisch. Seine Technik für die Erwachsenen und großen Kinder beschränkte sich erst einmal auf eine einmalige Transaktion: Aus der Armvene entnahm er 5 ml Blut, kippte es ein paar Mal hin und her, bereitete den edlen, noch warmen Körpersaft durch Wechsel der Nadel auf eine intramuskuläre Injektion vor, die er direkt in den oberen Außenbereich der Hüfte vornahm. Diese Prozedur wurde in vierteljährlichem Abstand noch drei Mal vorgenommen und mit einer jährlichen Auffrischung auf den Punkt gebracht. Seit über fünfunddreißig Jahren befolge ich dieses jährliche Ritual und bin dadurch immer auf dem neuesten Stand meines Mikro-Makro-Blutgemisches, na, wenn das Graf Dracula zu Ohren kommt ...

Eine wunderbare psychologische Nebenwirkung der Eigenblutbehandlung, auch bei einer Eigen-Urinbehandlung z.B., besteht darin, dass unser Körper beginnen muss, sich mit Dingen auseinanderzusetzen, die er bisher nicht aufgearbeitet hat und deshalb bisher über die Seelen-Zentrale symptomatisch unterdrückte, was ja bekanntlich wieder zu Krankheitssymptomen führt. Als Folge davon kann es nach den ersten Eigenblutbehandlungen zu einer vorübergehenden Erstverschlimmerung der beanstandeten Symptome kommen. Mein Doktor sah das gelassen. »Das macht mich jetzt aber glücklich, das ist nur die Bestätigung, dass die Behandlung anspricht. Jetzt ist es nur noch eine Frage der Zeit. Geduld frisst den Teufel!«, stellte er dann lachend in Zeit und Raum.

Raucht Ihnen von so viel freien Gedanken schon der Kopf, lieber Leser? Gerade habe ich von meiner Patin, Frau Holle, eine bildhafte Aussage zur Wirkung des so hochgelobten Umstimmungsprinzips erhalten. Sie sollen sich, wenn es nach ihr geht, einfach vorstellen, das alte Federbett aufzuschütteln. Die verklebten, staubigen Federn werden kräftig aufgewirbelt und fallen anschließend locker in eine natürliche Ursprungslage zurück. Zu bestimmten Gezeiten ist dann auch bei Frau Holle eine neue Lieferung angesagt. Die Feder-Veteranen tummeln sich einstweilen auf den Köpfen der Menschen, wirbeln um die Kamine der Städte, dringen in geheime Ritzen der Häuser, um sich, nach wilden Ritten, auf weiten Fluren dem Lauf der Dinge zu ergeben. Durch eine Umstimmungstherapie zu einem neuen, natürlichen Gleichgewicht. Liebe Leser, trauen Sie sich!

Im Namen des Vaters

Darf ich Sie, liebe Leser, zu dem Thema Versöhnung, das mir auf der Seele brennt, mit auf eine außergewöhnliche Reise nehmen? Wir jetten in die Sechzigerjahre und landen in München in einer internistischen Fachpraxis, wo ich als Auszubildende mit großem Enthusiasmus den Beruf einer Medizinisch-diagnostischen Assistentin anstrebte. Mein Lehrmeister fungierte als Ganzheitsmediziner, Internist, Homöopath, Psychologe, Humorist und Direktor seiner eigenen Sternwarte. Von ihm habe ich in den neun Jahren, die ich in seinem Umfeld verbringen durfte, viel gelernt. Das in mir schlummernde philosophische Weltbild wurde durch ihn gespiegelt und gefestigt. Mein Mentor, der schon in den Achtzigerjahren von uns gegangen ist, konnte

durch seine ganzheitliche Weltensicht, eine einmalige Menschenliebe und eine diagnostische Begabung große Heilungserfolge für sich und seine Patienten erzielen. Es macht mich glücklich, seine Zeitzeugin gewesen zu sein.
Noch heute ist es mir ein Anliegen, seine Behandlungstheorien und Lehrsätze an meine Mitmenschen zu ihrem Nutzen weiterzugeben, aber auch für mich und meine Familienmitglieder sind sie im Hier und Jetzt das A und O.

Darf ich Sie nun auf das ganzheitliche Thema »Versöhnung« einstimmen? Wahrscheinlich haben Sie schon von der Möglichkeit einer Familienaufstellung gehört, die ja in den letzen Jahren als Therapie-Urgrund-Ritual immer bekannter wurde und des Öfteren in theatralisch anmutenden Sitzungen mit Publikums-Hintergrund propagiert wird. Ein erfahrener Aufsteller oder ein unerfahrener, wenn man Pech hat, nimmt aus dem Publikum wahllos Besucher, die er z. B. als Ersatzperson für Vater, Mutter, Kind oder Großvater auf der Bühne Platz nehmen lässt. Auf gezielte Stichfragen, die sich auf persönliche Dramen oder Grundverhaltens-Strukturen der angepeilten Familie beziehen, reagieren die ausgewählten Personen rein emotionell, ohne die näheren Umstände der eingezingelten Familienmitglieder zu kennen.
Die Ergebnisse sind frappierend. Da werden auch Familiengeheimnisse ans Licht gebracht, aber alles »in front of an audience«, wie die amerikanischen Therapeuten das zu nennen pflegen. Den aufgewühlten Betroffenen steht anschließend oft niemand mehr zur Seite. Sie tragen schwer an einer neu aufgebürdeten seelischen Last.
»Das sehe ich als Arzt sehr kritisch. Das alte Sorgenpaket der Kandidaten ist meist noch gar nicht ausgepackt. Bei mir geht's fürsorglich ans Eingemachte, Löffelchen um Löffelchen auf den Urgrund der Persönlichkeit«, bemerkte mein Ausbilder besorgt und nahm einen tiefen Zug von seiner braunen, bauchgebundenen Havanna.

Unser Doktor sah die spektakuläre Abwicklung sehr kritisch. Er stand seinen Patienten mit immenser Geduld zur Seite. Der Anfang seiner Therapie war immer die Versöhnung mit dem eigenen Schuldprinzip.

»Das Verdrängen der eigenen Schuld und der damit oft verbundenen Projektion auf den anderen macht krank und schafft eine Verdrängung der Realität. Jeder Mensch lädt Schuld auf sich, vielleicht als Preis für einen unverzichtbaren Lernprozess. Auflichten des Schuldprinzips des Patienten durch Reue und Einsicht stellt die erste Aufgabe auf dem Wege zur eigenen Vergebung dar. Eine komplette Aussöhnung mit der Akzeptanz ihres eigenen Schicksals ist für meine Patienten sehr wichtig. Den Mitmenschen, die ihnen Unrecht getan und Leid zugefügt haben, eine Verzeihung angedeihen zu lassen, ist die nächste Station unserer Therapie. Es ist ein langer geduldiger Weg, bis ich mein angestrebtes Ziel ›verströmender Gnade vor angewandtem Recht‹ zusammen mit meinen Patienten erreichen kann«, erklärte er mir damals. Heute erscheinen mir seine Worte sinnvoller denn je.

Jetzt war es an der Zeit und ich durfte im Rahmen meiner Ausbildung wieder Zeuge eines Fallbeispiels werden. Der Meister saß hinter seinem Schreibtisch, die fragliche Akte mit allen Protokollen vor sich, der Lehrling Marianne hatte es sich mit gespitzten Ohren in einem alten Ledersessel gemütlich gemacht. Cola mit Zitrone auf den Tisch, Notizheft, Stift und es konnte losgehen:

»Ich werde dir heute eine Patientengeschichte übermitteln, die den Kern meiner Gedanken zur Aussöhnung trifft«, sagte er und schob sich seine Lesebrille auf die Nase.

»Eine Patientin, etwa vierzig Jahre alt, erkrankte an einem Gebärmutterhalskrebs, der sie gleichzeitig in eine schwere Depression stürzte. Sie war Mutter einer Tochter, die sie alleine aufzog.

Zu ihrer eigenen Mutter, die ihr zeitlebens nicht ruhig in die Augen sehen konnte, hatte sie eine sehr schmerzhafte Beziehung. Ihr jüngerer Bruder wurde verzärtelt und vorgezogen, für die Tochter hatte die Mutter kein gutes Wort übrig, im Gegenteil, sie übersäte sie mit hasserfüllten Blicken und kränkte sie, wo sie nur konnte. Es oblag meistens der Großmutter, sich um die Belange des kleinen Mädchens zu kümmern, was jene auch mit Herzensgüte tat. Der Vater der Patientin war schon in frühester Kindheit durch einen Autounfall ums Leben gekommen, so hatte man es ihr mitgeteilt. So regelte die Großmutter die Belange der Großfamilie, denn seit dem Tod ihres Schwiegersohnes war die damals schon depressive Patientin mit ihren beiden Kindern wieder in das elterliche Haus zurückgezogen. Hier lebte noch ihre ältere unverheiratete Schwester und der mürrische, in sich gekehrte Großvater, der der Gartenarbeit frönte und dem Alkohol zugeneigt war. Die meiste Zeit verbrachte er in seinem Gartenhäuschen, Sommer wie Winter, und kümmerte sich um seine Brieftauben, die er in alle Richtungen ausfliegen ließ. Nur zu den Essenszeiten nahm er den Platz am Familientisch ein.

Die Mutter meiner Patientin konnte einfach keinen liebevollen Kontakt zu ihrer Tochter herstellen. Am Essenstisch versuchte sie es zu vermeiden, Seite an Seite oder gegenüber von ihrer Tochter zu sitzen, vermied jeglichen Körper- oder Augenkontakt. Am Familientisch war der angestammte Platz meiner Patientin an Großmutters Seite zu deren Linken. Der Stuhl daneben blieb frei, das hatte jene, zum Schutz ihrer Enkelin, so eingerichtet. Großvaters Platz hatte sich über die Jahre an ihrer rechten Seite etabliert. Neben ihm regierte der Bruder, daneben hatte die Mutter der Patientin ihren festen Platz, der von ihrer älteren Schwester am folgenden Stuhl eingesäumt wurde. Die Essensrunden verliefen immer drückend und bei verkümmerter Kommunikation. Großmutter führte das Wort und spann so manchen Faden, tauschte sich aber vorwiegend mit ihrer Enkelin zur Linken aus. Die tiefe Verbindung zwischen den beiden blieb nicht ohne Wirkung auf die missgünstige Schwester der Mutter.

Diese Tante war auf ihre Nichte gar nicht gut zu sprechen und sie versuchte ihr täglich das Leben schwer zu machen. Die Schwester der Mutter war Großvaters Lieblingstochter. Mit ihr verbrachte er sehr viel Zeit in der Gartenlaube, wo man um die Wette trank, während er seine jüngere Tochter keines Blickes würdigte. War die Tante betrunken, nannte sie ihre Nichte Bastard und gab ihr grundlos Klapse auf den Kopf. Hinter dem breiten Rücken ihrer Großmutter fand sie Schutz. Diese trocknete die Tränen ihrer Enkelin und tröstete sie mit einer großen Tasse warmer Milch. Die Mutter der Patientin saß ungerührt am Tisch und sah durch ihre Tochter hindurch. Alle Aufforderungen der Großmutter, sich mehr mit ihrer Tochter zu beschäftigen, ließen sie kalt.

Nach ihrem zwölften Geburtstag kam eine schwere Zeit für meine Patientin. Der jüngere Bruder wurde von der Polizei geholt und in ein Kinderheim gebracht. Er hatte Opa bei einem Streit im Gartenhaus mit einem Stuhlbein blutig geschlagen. Auch die Tante hatte er attackiert, als sie ihrem Vater beistehen wollte. Die herbeigerufene Großmutter hatte vor Aufregung in der Gartenlaube einen Herzanfall erlitten. Die Schwester, also meine Patientin, befand sich an diesem Vormittag noch in der Schule. Ihre Mutter hatte sich bei dem Familiendrama im Speicher des Hauses eingesperrt.

Danach war das Leben der Großfamilie zerstört. Die Großmutter starb am nächsten Tag im Krankenhaus, der Bruder kam in ein strenges katholisches Kinderheim, ohne seine Familie wieder besuchen zu dürfen. Die Mutter der Patientin kam nach der Beerdigung der Großmutter für längere Zeit in ein psychiatrisches Krankenhaus. Ihre ältere Schwester übernahm nach dem Tod ihrer Mutter das Regiment im Haus. Nach der Beerdigung ihrer Großmutter versuchte sich meine Patientin mit einer Glasscherbe die Pulsadern aufzuschneiden, um wieder bei ihrer geliebten Großmutter zu sein. Die Abholung durch den medizinischen Notdienst wurde von bösen Worten der Tante begleitet. »Eines Tages wirst du erfahren, wer dein Vater ist, lass dich bei uns nicht mehr blicken, du Bastard«, schrie sie hinterher und

schenkte ihrem Vater, der von der Rauferei noch eine große Schürfwunde am Kopf hatte, die Kaffeetasse voll.
Die Aussage der Tante traf meine Patientin in ihrer schweren Stunde tief ins Herz. Sie war immer der Meinung, dass sie das Kind ihres verstorbenen Vaters sei. Sie kam nicht mehr in das Haus ihrer Familie zurück und musste ebenfalls in ein Heim, wo sie bis zu ihrem 18. Lebensjahr blieb. In diesem Jahr traf sie bei der Beerdigung ihres Großvaters auch ihre Mutter und ihren Bruder wieder, der in einer Pflegefamilie aufwuchs.
Die Mutter war wieder in das Haus der Familie zurückgekehrt und lebte unter der Knute ihrer dominanten Schwester, die sich um den Haushalt kümmerte. Die Beerdigung endete in einem Desaster. Die Mutter meiner Patientin hatte sich scheinbar betrunken und begann laut und hysterisch zu lachen, als man den Sarg ihres Vaters in die Erde senkte. Die Tante geriet sich bei dem Leichenschmaus, der am alten Familientisch stattfand, wegen der inständigen Bitte meiner Patientin, endlich das Geheimnis ihres wahren Vaters zu lüften, mit ihrem Neffen, der reinen Tisch machen wollte, dermaßen in die Haare, dass das Treffen völlig entgleiste und man sich total zerstritten trennte und sich für zwei Jahrzehnte nicht mehr sah. Der Name des Vaters kam immer noch nicht aufs Tapet.

Nun, nach zwanzig Jahren, liegt jetzt die Mutter meiner Patientin in einem Krankenhaus und ist sehr angeschlagen. Die Tochter kommt jeden zweiten Tag und bittet sie inständig, ihr doch ihren leiblichen Vater zu nennen. Sie versucht ihre Krebserkrankung als Druckmittel ins Spiel zu bringen, sie weint, tobt, doch die Mutter bleibt stumm, keine erlösende Information kommt über ihre Lippen. Nur bei ihrer Enkelin, die sie täglich besucht, wirkt die alte Frau gelöst. Um den drängenden Fragen der Tochter zu entkommen, spricht sie plötzlich in einer fremden, selbsterfundenen Sprache mit ihr. Meine Patientin schlittert dadurch gerade in eine schwere seelische Krise, die auch ihre Krebserkrankung negativ beeinflusst. Wie können wir versuchen, die

Mutter zur Nennung des Vaters zu beeinflussen, bevor sie ihr Geheimnis mit ins Grab nehmen wird?
Jetzt brauche ich deine Hilfe, Marianne, ich sehe an deinem Gesichtsausdruck, dass du mit mir tief in diese Anamnese eingetaucht bist, warum gibt die Mutter den Namen des Vaters nicht preis? Ich komme zum ersten Mal in meinem Beruf nicht mehr weiter«, kam es bedrückt über seine Lippen.
»Herr Doktor, während Sie von dem Familienstreit nach der Beerdigung erzählt haben, hatte ich plötzlich eine Eingebung. Ich glaube ganz fest, dass der verstorbene Großvater der Vater Ihrer Patientin ist, ich habe gespürt, dass er diese Tochter missbraucht und dann wegen ihrer Schwangerschaft verstoßen hatte. Das würde die befremdlichen Verhaltensweisen der Mutter ihrer Patientin erklären. Ich spürte auch, dass der Großvater mit seiner jüngeren Tochter, der Tante, noch lange Jahre ein Verhältnis hatte. Vielleicht hat der Bruder beide vor dem großen Eklat im Gartenhaus bei Intimitäten entdeckt, die Großmutter gerufen, mit der Situation konfrontiert und daraus hat sich diese schreckliche Abfolge entwickelt, die ja bis heute noch nicht erlöst ist«, gab ich ihm zaudernd meine Sicht der Dinge preis. Herr Doktor sprang auf wie von einer Tarantel gestochen. »Ich muss sofort anrufen, ich muss meine Patientin anrufen. Die Zeit läuft uns davon, die Mutter ist sehr krank, entschuldige mich«, rief er, nahm seinen Mantel, Hut und Autoschlüssel und weg war er.

Meine Vision hatte den richtigen Nährboden. Der Doktor hatte telefoniert, war schnellstens zu seiner Patientin gefahren. Dort hatte er sie vorsichtig mit den auferstandenen Fakten konfrontiert, wie er später erzählte. Wie aus der Pistole geschossen, nahm seine Patientin die Diagnose an, telefonierte mit ihrem Bruder, der diese Geschichte sofort bestätigte. »Ich wusste es die ganze Zeit, hatte es mir aus den Bemerkungen meiner Tante und meines Bruders zusammengereimt. Mein Großvater ist mein leiblicher Vater, ich muss sofort zu meiner Mutter, lassen Sie uns fahren!«, rief sie aufgeregt und sie fuhren los ins Krankenhaus.

Drei Stunden später war der Doktor wieder zurück und berichtete: »Die Mutter, die schwer darniederlag, konnte wegen der aufregenden Besuche ihrer Tochter im Krankenhaus seit Tagen nicht mehr schlafen. Als die Tochter an ihr Bett stürzte, lag sie friedlich atmend in ihren Kissen. An ihrer Seite saß die Enkelin, die zärtlich ihre Hand streichelte.
›Arme Mutter, warum hast du denn nichts verraten, wie hätte ich dich getröstet und deine Angst vor mir verstanden‹, sagte die Patientin und streichelte ihre eingefallenen Wangen.
Und stell dir vor, Marianne, die Mutter, die vor Angst tagelang in einer fremden Sprache kommuniziert hatte, machte plötzlich die Augen auf und sagte in klarer, ruhiger Sprache zu ihrer Tochter: ›Du bist so schön, du siehst aus wie deine Großmutter, zu der ich bald gehen darf. Sie ist unsere Heldin, sie hat alles gewusst und nicht zugelassen, dass du in ein Heim gekommen bist. Sie hat dich sehr geliebt. Es tut mir so leid, dass ich dich nach der Vergewaltigung nicht annehmen konnte. Bitte verzeih mir.‹ Dann schloss sie ganz ruhig ihre Augen und verstarb. Die Enkelin berichtete, dass ihre Oma genau zu dem Zeitpunkt mit einem tiefen Seufzer ruhig wurde und sich zu einem Schläfchen nach hinten legte, als ich mit meiner Patientin nach deiner Eingebung telefonierte und der Name des Vaters aufgedeckt wurde.«

»Die Versöhnung mit der Mutter haben wir hinbekommen. Jetzt kommt der schwere Teil, Marianne, die Aufarbeitung und mentale Aussöhnung meiner Patientin mit dem Großvater, auch im Auftrag ihrer Mutter. Wie schön, das ich dich mit deiner angeborenen Intuition und deinem großen Interesse für den leidenden Menschen in meinem Leben habe«, sagte der Mediziner und klappte seine Krankenakte zusammen.
»Für die Seele des Großvaters müssen wir auf die Gnade Gottes hoffen. Ich werde als Fürbitterin für ihn viele Gebete zum Himmel schicken, aber jetzt kommt erstmal mein Magen dran! Ich habe Hunger wie ein Wolf! Feierabend, Herr Doktor,« antwortete ich und stob zur Tür hinaus.

Hand aufs Herz

Kennen Sie das Gefühl, liebe Leser, wenn man sich etwas so zu Herzen nimmt, dass es schwer wird und anfängt zu schmerzen? Wenn es auch der abgeklärten Schwester Seele nicht mehr gelingt zu trösten? Da hat mir meine Schutzpatronin, Frau Holle, doch wieder vom Briefträger ein ganzes Schutzpaket zukommen lassen.

Liebste Seelenschwester Marianne,
a) iss die nächsten Tage nur salzarme, vegetarische Kost.
b) Bürste deinen barocken Körper trocken ab.
c) Drücke jetzt, wo du dich schon mal im Evakostüm befindest, die beiden Akkupressurpunkte neben deinem Nabel.
d) Trinke einen kräftigen Schluck von deinem Hagebutten-Herzwein, den du im Sommer mit Branntwein angesetzt hast.
e) Nimm nun einen Esslöffel tröstenden Bienenhonig zu dir.
f) Bereite dir eine große Kanne Herzfroh-Tee, den kennst du noch nicht. Geh in die Apotheke und hole dir 20 g Melisse und ein paar Wollkrautfäden. Mische alles zusammen und gib davon 1 Teelöffel in eine Tasse. Trinke für die nächsten sieben Tage morgens eine Tasse mit heißem, abgekochtem Wasser aufgebrüht und abends eine kühle Version vor dem Schlafengehen.

g) Da du ja alleine lebst und deine Kätzlein das nicht bewältigen können, bitte einen freundlichen Nachbarn um Hilfe und lasse ihn seine rechte Hand auf deine schmerzende Herzstelle legen. Nimm du dann mit deiner linken Hand seine Linke und versuche seinen Puls zu erfühlen. Leg deine rechte Hand wiederum auf das Herz deines Gegenübers und fühle es klopfen. Verharret so für einige Minuten. Leg zur Beendigung der Zeremonie deine rechte Hand auf den Scheitel deines Gegenübers und löse die Verbindung sanft auf und dein trauriges Herz wird wieder froh.
Seelenschwesterliche Grüße, auf ein gutes Gelingen!
Deine Morgane Holle

Liebe Leser, die ersten fünf Ratschläge habe ich sofort befolgt und ich kann sie Ihnen nur wärmstens empfehlen. Mit Absatz g (wie glücklich) hatte ich meine Probleme. Kann es sein, dass Frau Holle gestern etwas angeschickert war?
Am heutigen Tage brachte ich es einfach nicht übers Herz, den jungen Briefträger, sie schrieb ja von einem männlichen Gegenüber, um die empfohlene zwischenmenschliche Dienstleistung zu bitten. Meine männlichen Nachbarn hätten sich diese Verschlingungsübung, zu einer sitzenden Acht mutierend und mit dem segnenden Abschiedsgruß auf ihren lichten Scheiteln, bestimmt verboten.
Ihre Lebensgefährtinnen hätten sie gar missverstanden, was nicht heißen soll, dass ich den weisen Ratschlägen meiner Frau Holle misstraue. Ich würde Ihnen raten, liebe Leser, auf alle Fälle auch diese letzte Übung, ob mit männlichen oder weiblichen Mitwirkenden bei Notfall versteht sich, auszuprobieren. Ich werde mir jetzt ein Gläschen Holundersekt gönnen und dieses Ritual von Herz zu Herz mit meiner Tochter Daniela ausführen, natürlich nur, wenn sie das Herz dazu hat.

Am Anfang war das Wasser

»Das Wasser ist ein besonderer Saft unseres Lebens, die Philosophen nennen es Bausteine des Lebens. Und wir sind Geschöpfe des Wassers, die als Mikroteilchen im weiten Ozean das erste Licht der Welt erblinzelt haben. Jeder menschliche Organismus besteht fast zu 70 Prozent aus Wasser.«
»Ja, warum gluckern wir dann nicht wie eine Wärmflasche, Herr Doktor?«, fragte ich meinen Lehrmeister nach diesen interessanten Ansagen, als er gerade dabei war, die Wassertemperatur der großen runden Wanne für eine spezifische Anwendung zu bestimmen.

»Nichts ist's mit Schwappen, du musst dir für das Wasser im Körper eine Konsistenz von Gelatine vorstellen, sonst würde ja alles von Zelle zu Zelle davonschwimmen«, meinte er. Geduldig nahm er auf dem Badewannenrand Platz, um seinem Lehrling eine weitere Lektion zuteilwerden zu lassen. So viel Zeit musste sein. »Mein wissbegieriges Fräulein, das anteilige Wasser in unseren Körperzellen setzt sich aus Eiweiß, Salz, Zucker, Fett und Aminosäure zusammen. Diese Säure umrahmt die zeitgenössisch hochaktuelle Erbsubstanz DNS. Auch der Blutfarbstoff und alle ihm zugeordneten Partikel bestehen auf ihren Platzkapazitäten im großen Flüssigkeitspool«, führte er weiter aus.

»Halt, halt, das muss ich mir gleich vor Ort notieren, Herr Doktor, meine Gehirnwindungen haben noch nicht alle Andock-Plätze eröffnet«, rief ich besorgt und holte mir schnell mein schlaues Heft, um ja keine Essenz dieses Referats, das ich in keinem meiner Schulbücher vorfinden würde, hopsgehen zu lassen.

Während der Arzt den Inhalt seines Entsäuerungs- und Aufbaubades (80 g Natriumbicarbonat ergänzt mit 20 g Magnesiumsulfat) dem Wasser des Wannenrunds anvertraute, fuhr er geduldig mit seinen Ausführungen fort:

»Intelligent und konsequent füllt das pure Wasser, H_2O genannt, alle Lücken zwischen den chemischen Strukturen. Für die Dynamik des Proteins ist Wasser als Hauptprotagonist anzusehen. Ohne die kleinen Biomoleküle des H_2O wären die Abwehrkörper unseres Immunsystems gar nicht in der Lage, sich in ihre einzigartige dreidimensionale Form zu entfalten, wie du es ja unter meinem Mikroskop sehen konntest, Marie.«

Ja, da spitzte Marie die Lauscher und ein Bleistift hatte es sehr eilig, alles zu Papier zu bringen, während die Patientin vor dem Badevergnügen von der Spezialmassage der Arztehefrau, Osteopathin von Beruf, profitierte.

»Die Moleküle von Zucker sind hydrophil, sie lösen sich in Wasser liebend gerne auf, während Öl sich von Wasser trennt und sich ausgesprochen hydrophob, also abweisend zu Wasser, ver-

hält, bitte dies zu notieren!«, mischte sie den Vortrag ihres Mannes auf.
»Wasser ist zwei Teile Wasserstoff und ein Teil Sauerstoff, aber da existiert noch ein drittes Teil, das dieses Geheimnis ausmacht, und wir ahnen, was es ist, nicht wahr, Marie«, scherzte dieser augenzwinkernd zu mir herüber.
Mit diesem unsachlichen Themenknick, wie sie es immer zu nennen pflegte, hatte Frau Doktor so gar nichts im Sinn. »Ich werde dieses metaphysische Terrain schon mal verlassen, wir sprechen uns noch am Mittagstisch!«, versprach sie ahnungsvoll. Sie hasste die auf Ganzheit getrimmten, philosophischen Auswüchse ihres Mannes, verachtete das von ihm erbaute Refugium einer Sternwarte, deren Existenz ihr viel von der Zeit stahl, die sie mit ihm zu verbringen gedachte. Da hatte dieses Mädchen mit einem riesigen Wissensdurst und den vertrauensseligen blauen Augen gerade noch gefehlt. Es schien Herrn Doktor ja förmlich zu beflügeln, zu dem vorgeschriebenen Lehrplan noch einige, bis dahin streng gehütete Thesen und Ergebnisse väterlich mit seinem Lehrling zu teilen.
So war Marie schon eingeweiht, dass er dem Wasser eine eigene Seelenstruktur unterstellte, deren heilsame Energien unseren erschöpften Körpern eine bessere Versorgung mit neuen Informationen ermöglichen würden. Er war der festen Meinung, dass man einem noch unberührten Badewasser, dank dessen empathischer Grundstruktur, zwackende Sorgen und seelisch belastende Fakten über eine gedanklich erstellte Brücke übermitteln und in den Armen der Neriden abladen könne. Seele und Körper würden entlastet und der Immunstatus des Patienten erheblich verbessert.
Frau Doktor schüttete ihre Sorgen und die weit hergeholten Thesen ihres Mannes, so ihre Worte, lieber in ein Gläschen Wein, manches Mal auch in zwei oder gleich in eine ganze Kummerflasche. Eigene Erfolgserlebnisse konnte sie bei der osteopathischen Dual-Behandlung eines streikenden Muskels oder Nervs einkassieren. Essenz: Der Schmerz verursachende Muskel, sprich

der weinende Part, ist nie der Auslöser, sondern nur der kausale Beantworter des gegenüberliegenden Partners. Also muss dessen Fehlhaltung zuerst erkannt, durch eine Massage entlastet und der schmerzende Teil gegenüber durch eine Salbung und vorsichtige Handauflegung getröstet werden, um eine Heilung in Gang zu bringen.

»Das lässt sich doch auf das Heilungsprinzip einer seelischen Verletzung im zwischenmenschlichen Bereich umlegen, Kinder«, assoziierte Herr Doktor postwendend nach der Darlegung seiner Gattin, die dafür bei Verlassen des Raumes nur ein spitzes »Paperlapapp« hinterließ. Der Scheidungsbescheid zu dieser dritten Ehe lag bald auf seinem wuchtigen Schreibtisch. Die rückhaltlose Hingabe zu seiner Patientenklientel, seine Studien und die damit konstant verbundenen neuen Erkenntnisse, von der Partnerin nicht gespiegelt, hatten wohl zu einer erheblichen Dezimierung seiner Manneskraft geführt, was uns Madame gar nicht ladylike bei der Abschiedszeremonie auf dem Teetablett servierte.

Heute fällt mir die Ähnlichkeit eines »Kalten-Mutter-Syndroms« bei der Wahl dieser dritten Ehefrau auf. Dieses Musterprinzip konnte ich damals noch nicht mal erahnen, Gott sei Dank. Ich hatte einen väterlichen Mentor gefunden, fühlte mich seelisch geborgen, geistig gefördert und menschlich beschützt, wie ich das schon unter dem Schutzmantel der Priester und Lehrer, die mich periodisch auf meinem Lebensweg begleiteten, erleben durfte.

Bei den guten Geistern der Arztpraxis – eine menschenfreundliche Sekretärin, eine hellwache, pfiffige Laborantin und ich aufgewecktes Kerlchen – stießen die Ausführungen unseres Doc, wie ihn die älteren Semester nennen durften, immer auf offene Ohren. Schlugen sich die verordneten Rezepturen und Behandlungen in den Heilungsprozessen unserer Patienten positiv nieder, fungierten wir ja als Zeugen.

Das Element des Wassers und seine Verwendbarkeit in der Medizin war eines der Lieblingsthemen unseres Chefs und er wusste dieses auch anzuwenden:

November

Jeder Patient, ob jung oder alt, bekam den guten Rat, sich morgens vor dem Frühstück eine »Aqua cotta, auch Arme-Leute-Suppe genannt«, zuzubereiten, um den Energiefluss des Tages anzukurbeln. Nach einer warmen Dusche lässt man sich zuerst kaltes Wasser über die Hand- und Fußgelenke laufen. Dann nimmt man einen halben Liter Wasser, in das man einen Esslöffel Olivenöl gegeben hat, kocht dieses kurz auf und trinkt davon ein großes Glas in kleinen Schlucken, möglichst noch heiß. Am zweiten Tag kocht man ein Stück geschälten Ingwer und den Saft einer halben Zitrone mit frischem Wasser auf. Am dritten Tag wieder Wasser mit Olivenöl und so weiter. Diesen Wechsel sollte man beibehalten, auch bei einem nach ein paar Tagen einsetzenden Wohlgefühl.

Durch das Aufkochen entsteht in den Wassermolekülen ein veränderten Schwingungsfeld, das den gesamten Molekularbereich des Körpers ankurbelt. Aufstehn, Jungs, weckt da der Magenpförtner die verschlafenen Darmzotteln. Das Olivenöl schmiegt sich gut gelaunt an die Magen- und Darmwände, die Ingwer-Essenzen erhöhen die Durchblutung und verjagen alte Bakterien aus den oberen Etagen auf ihre angestammten Arbeitsplätze in den Kanalregionen. Der alkalische Zitronensaft, ja, Sie hören richtig, entsäuert Magen und Dünndarm, was die eingetroffenen Virenmonster vom Vortag, auch das sensible Schweineretro-Virolum, die Flucht ergreifen lässt. Das basische Umfeld ist so gar nicht ihr Milieu. Sie bevorzugen seit Jahrhunderten, sich in den Domizilen eines sauren Urgrunds niederzulassen, ein Real-estate-Phänomen, sozusagen.

Ein Spezialrezept unseres Medizinmannes, einen trinkbaren Wasserkräuter-Aufguss, um einer beginnenden Erkältung die Stirn zu bieten, möchte ich Ihnen, liebe Leser, nicht vorenthalten: Sie geben 25 g frische Ingwerwurzel, geschnitten, 1 Stück Zimtstange, gebrochen, 6 Gewürznelken, 1 TL Koriandersamen, eine halbe Zitrone, in Scheiben geschnitten, in ein kochfestes Glasgefäß und übergießen das Ganze mit 600 ml kochendem Wasser. Lassen Sie es ca. 15 Minuten ziehen. Dann das duftende Gebräu abseihen und mit etwa 40 g feinstem Akazienhonig verfeinern. Möglichst heiß trinken, den Rest über den Tag verteilen. Kann ruhig immer wieder erhitzt werden. Das wird Ihnen guttun und Sie vielleicht an kuschelige Kindheitstage erinnern. Ich weiß, wovon ich spreche.

»Ernähren Sie sich gesund. Trinken Sie täglich mindestens 1 ½ Liter gutes Wasser. Bringen Sie Ihren Körper täglich für ein halbe Stunde zum Schwitzen, ob durch sexuelle Handlung, Gymnastik, unvermeidbare Hausarbeiten, Laufen, Gehen, um dadurch Giftstoffe abzubauen. Machen Sie sich kalte Wickel oder Güsse nach Dr. Kneipp, kalt und warm im Wechsel, um die Durchblutung anzuregen. Laufen Sie barfuß über eine Morgenwiese, um

Ihren Organen einen erfreulichen Anstüber zu versetzen. Nehmen Sie beizeiten ein Wohlfühl-Vollbad, vertrauen Sie Ihre Gedanken dem gütigen Element des Wassers an und Sie ersparen sich im Vorfeld Depressionen und Medikamente. Für alle Akut-Fälle stehe ich Ihnen natürlich gern mit Rat, Tat und auch medikamentöser Hilfe zur Seite, versteht sich. Und vor allem, vergessen Sie nicht zu lächeln, auch wenn Sie mal nichts zu lachen haben.«
So höre ich die präventiven Grundratschläge meines Lehrmeisters nach all den Jahren immer noch in meinem Ohr klingen. Diese Hausaufgaben hatte er seinen Patienten bei ihrem Antrittsbesuch auf den Weg zu einer neuen, mitverantwortlichen Partnerschaft gegeben.
Vehement trat er bis zu seinem Ableben für die These ein, dass sich zwischen der Flüssigkeit des Wassers und dem darin Platz nehmenden Patienten eine Beziehung entwickele, auf die das Wasser kausal reagiere. Er nannte das den Gedächtniseffekt. Diese Auszeichnung konnte sich nur noch der Rotwein seines Vertrauens, Chianti rosso, auf das Etikett schreiben.
Um die komplizierte Technik der Thermolumineszenz zu erlernen, die er im Refugium seiner privaten Sternwarte anwandte und studierte, sah ich mich als angehende MD-Assistentin noch nicht ganz gereift, wollte mir das Eintauchen in diese Dimension nach meiner Prüfung aber nicht entgehen lassen. Kollegen schmunzelten oder lästerten über die Eindrücke und Ergebnisse, die unser verehrter Dottore freudig mit ihnen austauschen wollte. Auch die Heilerfolge des Doktor Kneipp, die in unserer Praxis zu erfreulichen, positiven Ergebnissen geführt hatten, wurden in den Sechzigerjahren von vielen Gremien und Ärzten nicht ernst genommen.
Er lieferte eines Tages mit strahlender Miene den fotodokumentierten Nachweis, dass Wassermoleküle den klaren Strukturaufbau bei Berieselung mit harmonischer Musik, in unserem Fall war es Mozart, oder einer sympathischen liebevollen Stimme verändern. Ich war dazu als Versuchskaninchen ausgesucht wor-

den. Im Sichtfeld des Mikroskops hatten sich die liebevollst besprochenen und mit feinster Musik beschallten Moleküle in verschieden gestaltete, wunderschöne Kristalle transformiert, die sich uns fast konturenarm präsentierten. Meine Augen wurden groß und größer, mein Herz schlug wie wild und meine Hände zitterten, als ich mit meinen siebzehn Jahren Zeugin dieser »Metamorphosis Aquarius« werden durfte.

Die heißen Unterlagen kamen in einen coolen Safe. Für eine Veröffentlichung hielt Herr Doktor die Zeit noch nicht reif, wie er es immer betonte. Wir, die überzeugten Angestellten und unsere aufgeklärten Patienten, konnten von der Entdeckung dieses Phänomens nur noch profitieren.

Das wohlige Wasserreservoir einer großen runden Wanne, mütterlicher Architektur, ein Baustein vielfältiger Behandlungsmethoden, fungierte als empathisches Medium, um zurück zum Urquell des fließenden Lebens zu gelangen. Das hatte sich unser Meister als Ziel gesteckt und dieses auch oft erreicht.

In meinen persönlichen Heilungsritualen spielen neben ausgewogener Ernährung mit echten Lebensmitteln auch das Tanken von frischer Luft, Schwimmen im offenen Meer, morgendliches Tautreten, Wechselduschen, wohlige Wannenbäder mit Kräutern, Mineralien, duftenden Ölen, oder mit Milch und Honig angereichert, eine große Rolle.

Entspannen, sorgenvolle Gedanken selbstkritisch betrachten und dem Wellenverlauf mit auf die Reise geben. Eingebettet in melodische Töne, bei erträumten glucksenden Quellen und rauschenden Wogen neue Lebensziele aktivieren.

Danach geht es in eine frisch bezogene Bettstatt, ein Kätzchen am Kopfende, eines auf dem Bauch. Mit einem dankbaren Nachtgebet heilige ich einen bereits geschenkten Tag und bitte um einen guten neuen, der sich schon in seine Warteschleife begeben hat. Jetzt heißt es nur noch, sich wie ein Murmeltier vertrauensvoll in die Obhut des getreuen Bruder Schlafes zu begeben.

Kaum in Mesopotamien angekommen, spricht Gottvaters Stimme: »Marianne, sammle das Wasser unter dem Himmel an besonderen Orten, dass ich endlich das Trockene sehe!«
»Für heute hab ich mein Leben schon in trockene Tücher gepackt, morgen ist auch noch ein Tag, Chef«, brummele ich schlaftrunken in mein duftendes bayerisches Lavendelkissen.

Nix denaturi – condo survivo

»Ist deine Seele müde, dein Körper geschwächt und dein Energiefluss zum Kosmos abgebrochen, verwandelt sich ein getrunkener Nektar im Körper zu Gift. Ist deine Seele wach, dein Körper erstarkt und dein Energiefluss zum Kosmos im Fluss, verwandelt sich eingenommenes Gift zu Nektar.«
Dieser Spruch meines medizinischen Lehrmeisters aus frühen Jahren korrespondiert mit einem Plan meines Großvaters Franz Xaver. Der Gärtner aus Leidenschaft hatte zu Lebzeiten eine Überlebensparzelle erfunden, die mit einem Hühnerstall, einem zugehörigen kleines Gewächshaus mit funktionalem Komposthaufen auf einem Raum von 350 Quadratmetern zu begeistern wusste. Alles in einem, autark, sollte so jeder Erbauer seine Familie mit Gemüse, Obst, Eiern und selbst gemachtem Brot, einschließlich Suppenhuhn, mit dem Nötigsten versorgen können. Biologisch und chemiefrei nach eigenem Dünken, versteht sich. Ein Hühnerhaus wird mit einem Treibhaus zusammengelegt. Das Ganze wird von einem Gartengrundstück umsäumt, das mit einer nützlichen Kräuterspirale zu überraschen weiß. Auf 350 Quadratmetern werden neben dem einmaligen Doppelhausprojekt Stauden, Blumen, Kräuter, Spalier-Obst, Salat und Gemüsepflanzen beheimatet.
Da können wir ja gar nicht mithalten mit unserer Stadtwohnung in Balkonienland, höre ich Sie seufzen. Vielleicht gründen Sie

mit Ihren Familienmitgliedern, Freunden oder auch Nachbarn eine Condo-Interessen-Nutznießungs-Gemeinschaft und ergattern sich in Wohnbereichsnähe ein angemessenes Fleckchen Erde. Oder wie wäre es mit einem gemeinsam angemieteten Landhaus mit Garten fürs Wochenende, dessen Miete und Kosten man sich teilt?

Als ich um 1989 in Prag zu Dreharbeiten für »Martha und ich« verweilen durfte, konnte ich feststellen, dass unsere tschechischen Stabmitglieder und Schauspielkollegen, ergänzend zu ihren Wohnungen, immer noch stolz ein Bauernhaus auf dem Lande, das sie zärtlich Datscha nannten, vorzuweisen hatten. Auch wenn man es sich mit Freunden teilte, blieb doch noch für den Einzelnen des Kollektivs ein guter Ertrag übrig. Man war autark, die biologische Qualität der Ernte vom Besten.

Ich merke schon, liebe Leser, das Wort Kollektiv hat sie etwas erschreckt. Sie scheinen davon gar nicht angetan. »Erst studiern, dann probiern«, hätte meine liebe Mutter Agnes jetzt dazu gesagt und mit dem Experiment erst eimal angefangen. Ihr Vater Franz Xaver führte in den Nachkriegsjahren eine große Gärtnerei, die alle Familienmitglieder kräftig in die Arbeitspflicht zu nehmen wusste. Mit dem Musterexemplar seines Überlebens-Biotops erfüllte er sich eine fixe Idee.

Vom weißen Blatt Papier auf einen grünen Wiesengrund – geheimnisvoll auf den Spuren des Grafen Rumford: Er erfand nicht nur eine kräftigende Armensuppe, er stellte im Jahre 1790 für entlassene Soldaten pro Person Parzellen von etwa 300 qm zur Verfügung. Ein Sack Kartoffeln, ein Sack Weizenkörner, Pflanzenstecklinge und Samen als Morgengabe, Holzmaterial für ein selbst erbautes Gartenhaus – und die erste existentielle Wurzelung fand wieder statt.

Der Traum fast eines jeden Gartenbesitzers ist ein Treibhaus. Zu Weihnachten frische grüne Gurken, zu Ostern wohlschmeckende Tomaten und saftige Pfirsiche und schon zu Pfingsten mundende Honigmelonen. Von märchenhaften Orchideen, verführenden Kamelien und sinnbetörenden Gardenien ganz zu schweigen.

Wunderschöne Schmetterlinge, markige Palmenbäume, reich mit Kokosnüssen bestückt, die von grünen Meerkatzäffchen zu Boden befördert werden. Autsch! Hat es mich doch schon wieder in surinamische Sehnsuchtsgefilde verschlagen. Sorry, Großvater, ich bleib schon auf dem praktischen Steinboden deines kostengünstigen Condos. Gleichmäßige Wärme und Feuchtigkeit bescherten nach Monaten einen reichen, gesunden Gabentisch. Die praktische Zusammenlegung des Treib- und Hühnerhauses zog viel Gutes nach sich. Die Eierproduktion der Hühner wurde im Winter durch die Existenz deines warmen Stalles sehr gefördert. Auch die Pflanzen nahmen die Ausdünstung der Tiere und den abgegebenen Odel-Gehalt ihres Misthaufens als aufbauende Sonntagsration gerne in ihr Tagesbudget auf.
»Das wäre die erste Vereinigung zu einem bewussten, konstruktiven Zweck, wie du diese Fusion immer benanntest. Dein Konzept stattetest du nicht mit einem üblichen frei stehenden Satteldach aus, sondern du kreiertest ein frei nach Süden stehendes Pultdach. Dafür hattest du deine Gründe. Die Westwand blieb komplett fensterlos und konnte so von außen mit Spalierobst wie deinen gut schmeckenden Birnen- und Apfelsorten bekleidet werden. Die Ostseite bot sich ebenfalls dafür an. Die Fläche wurde auch von einem Hühnerausschlupf mit angehender Leiter genutzt. Eine Eingangstüre hattest du zweckmäßig auf die Mitte der Nordseite gelegt. Bei meinem Eintritt befand ich mich zuerst im Gewächshaus, das eine Innenmauer abtrennte, die wiederum mit einer Türe in den Hühnerstall versehen war. In den oberen Teil der Trennungswand hattest du ein kippbares Fenster installiert, das dann nachts mit einer Klappe geöffnet wurde. So profitierte das dankbare Hühnervolk, neben der Pflanzenausströmung, auch von der wohltuenden Wärme des Treibhauses. Zum Ausgleich wurden die Pflanzen kostenfrei mit der gedüngten Luft des Hühnermisthaufens beschenkt. Soziale Marktwirtschaft, wie du sie verstandest, mein unvergessener Opa-Schatz! Für die Hälfte des Hühnerstalles hatte unser Großvater natürlichen Erdboden belassen und zum Scharrraum für die Hühner-

sippe erkoren. Auf gedrechselten Holzlatten nahmen die Hühner ihre Sitzplätze gerne ein. Das war spitze, denn die gelegten Eier wurden von einer kurvigen Eileiter zart aufgefangen und vorsichtig nach unten weitertransportiert. Die zweite Hälfte des Hühnerstalls war dem anfallenden Dungmist vorbehalten, der jeden dritten Tag auf dem Komposthaufen entsorgt wurde. Nach einem Jahr war dieser gereift und vergoren wieder zur Einbettung und Düngung der Pflanzen bereit.

Die Innenmauer des Warmhauses war von oben herab bis zur Mitte mit selbst gebastelten Holzregalen bestückt worden. Hier konnten Pflanzen überwintern oder sich nach einer Umtopfung eine wohlverdiente Ruhephase gönnen. Ein Tisch von etwa drei Metern Länge, auf dem Anpflanzung und Pikierung, aber auch die Lagerung und Mischung des Tierfutters stattfanden, hatte darunter seinen Platz gefunden. Kohle oder Holzscheite, auf dem Boden eines alten, aber treuen Badeofens zum Glühen gebracht, bescherten heißes Wasser, das mit Hilfe eines einfachen Wasserrohrsystems umgeleitet wurde. Schon war das Heizproblem auf unkomplizierte Weise gelöst.

Ein gerader Weg mit einer Breite von etwa 80 cm, der auch mit einem Wasserschlauch abgespritzt werden konnte, ausgelegt mit selbst gebrannten Ziegelsteinen, gab den beiden Räumen eine klare Note.

Großvaters Gebäudekomplex wies mit einer Länge von 8 Metern und einer Breite von 5 Metern eine Gesamtfläche von 40 Quadratmetern auf. Dem verbleibenden Areal von ca. 290 Quadratmetern wurden ein Wassersammlungsplatz, daneben ein selbst gemauerter Backofen und eine imposante Kräuterspirale zugeteilt.

Stangenbohnen rankten sich um die Wette. Karotten, Sellerie, Kohlrabi, Fenchel, gelbe und rote Rüben bildeten ihren Saum. Schwarz- und Petersilienwurzel fungierten als Wächter. Schnittlauch, Estragon und Petersiliengrün, inmitten von Salat-, Zucchini-und Gurkenpflanzen, besserten deren Geschmack schon während der Zeit des Wachstums auf. Paprikastauden mit stattlichen Früchten, neben einer ertragreichen Tomatenkolonie an der Südseite des Condos, deren Umfeld von satten, orangefarbenen Ringelblumen, auch gegen hungrige Insekten und Schnecken, im Zaum gehalten wurde. Eine Porree-Sippe, Rettiche und Radieschen kuschelten sich auf der Ostseite an eine stattliche Rharbarberfamilie, »amerikanische Riesen« genannt. Auf dem Komposthaufen hatte der Opa eine wohlhabende Melonen- und Kürbisplantage gegründet.

Und jetzt ein spezieller Geheimtipp aus Opas rotem Büchlein: Ein Frühkartoffelfeld wurde im Monat März mit bereits im Keller vorgekeimten Kandidaten bestellt. Die Keime wurden nach oben gelegt, die ein oder andere Kartoffel auch dreigeteilt. Im Juni landeten die erstgeernteten wohlschmeckend schon auf unseren Tellern. Bis Mitte August wurde geerntet, danach umgegraben, leicht mit Hühnerdung vermischt und, Simsalabim, das abgeerntete Frühjahrsfeld in ein Erdbeerfeld verwandelt.

Die Setzlinge wurden im Abstand von 30 cm gepflanzt und dabei quadratisch angeordnet. Opa nahm dazu die Sorte »Waldkönig«, die besonders saftige Früchte auswies. Bereits Ende Oktober überraschte das neu gegründete Früchteparadies mit köstlichen Erträgen. Die Erdbeerpflanzen wurden vor frostigen Nächten ausgegraben und in das Gewächshaus zum Überwintern verfrachtet. Zur Aussaat im Frühjahr wurde nun zuerst wieder den Kartoffeln der Vorrang gegeben. Monokultur lag nicht im Vokabular unseres Chefgärtners.

Da gab es ja noch einen großzügigen Spender auf der Westseite des Geländes. Ein selbst gepflanzter, groß gewordener Nussbaum, der sich zusammen mit Sträuchern von schwarzen Johannisbeeren, Himbeeren, Stachelbeeren, einem Quitten-, Apfel- und Pflaumenbaum in bester Gesellschaft befand.

Das Ganze will ja auch betrachtet werden: Darf ich Ihnen die durch einen kleinen dekorativen Zaun separierte Südseite dieses Geländes vorstellen?

Die gesamte restliche Fläche ist unter anderem auch dem Hühnervolk als Freigelände gewidmet.

Unsere gemütliche Holzbank gibt einen offenen Blick auf Opas ganzen Stolz, die reichhaltige, duftende Kräuterspirale, frei. Man nimmt schöne gebrannte Ziegelsteine und legt diese in einem ersten Rundbogen von 2,50 Meter Durchmesser aus. In diesen streut man eine Lage von feinem Kies. Darauf kippt man Gartenerde, die feucht gehalten werden sollte. Der zweite Rundbogen besteht aus drei aufeinanderliegenden Ziegeln mit einem Durchmesser von 1,20 Metern, die ebenfalls mit Kies, Eierschalen und Gartenerde aufgefüllt wird. Der Kiesanteil ist dieses Mal höher. Die dritte Ebene besteht aus einem Schlusskreis mit einem Durchmesser von 30 Zentimetern.

Der Parterrebereich wäre für die Pfefferminze, die Zitronenmelisse, die Petersilie, die Borretschpflanze und das Basilikum reserviert. Der 1. Stock würde Majoran, Thymian, Salbei und Rosmarin vorbehalten sein. Das Krönchen der dritten Etage kann eine Kapuzinerkressepflanze sein, deren Ausläufer sich dann nach unten ausbreiten könnten, wohltuend für die Pflanze, dekorativ fürs Auge.

Jetzt hätte ich Ihnen fast die Südostseite des kleinen Paradieses vorenthalten. Da bildete gefüllter Flieder im Wechselspiel mit Jasmin, Heckenrose und Ginster eine Zaunreihe und wusste mit einem Duftreigen sondergleichen zu überraschen. Ein junger, kräftig blühender Holunderbusch schmiegt sich an erfahrene Schlehdornzweige, deren strotzende rosa Blüten auf reichhaltige Saftgewinnung schließen lassen. Die Südostecke war einem fülligen Goldrutengebüsch in voller Blüte vorbehalten, die ganze Südseite von einer duftenden Lavendelhecke eingesäumt. Auf seine Goldrute, die er liebevoll »meinen Solidaga« nannte, hielt mein Großvater große Stücke. Der Tee aus den getrockneten Blüten wirkt entwässernd, die geheimnisvolle, beruhigende Wirkung dieses Blütenextrakts legt sich begütigend um die Seele herum. Das war unserem Opa schon in jungen Jahren von seiner Mutter Corona, einem Nahrungs- und Kräuterweib, gelehrt worden. Während Johanniskraut durch das enthaltene Rotöl eine Lichtempfindlichkeit auslöst, spielt diese bei der Goldrutenpflanze so gar keine Rolle. Man kann sie sich ruhig, leicht und luftig, einverleiben. »Trinkst du diesen Tee morgens, mein Kind, legt dir dein Schutzengel für den Rest des Tages die Hand auf die Schulter«, pflegte mir mein Opa nach einem glücklichen Ferienaufenthalt vor meiner Heimreise tröstend ins Ohr zu flüstern. Ich werde mir jetzt feinen Goldrutentee aufbrühen, Papier und Bleistift besorgen und mich auf das Gartenbänkchen meiner Kindertage pflanzen. Dann werde ich versuchen, liebe Leser, das Überlebens-Biotop meiner Kindheitserinnerung für Sie noch einmal skizziert auftauchen zu lassen.

»Ja, das Bestehende ist die Natur und alles kehrt zur Natur zurück!«

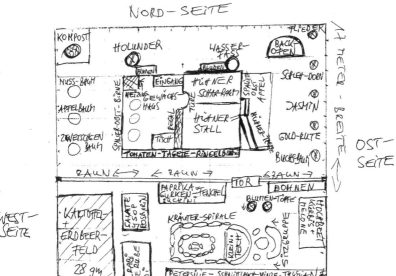

Dezember

So wie jeder Krieg einmal ganz klein begonnen hat,
so beginnt auch der Frieden im Kleinen.
Nicht sich wehren gegen Gewalt
bringt letztlich Frieden,
sondern unser eigenes friedliches Leben.
(Mahatma Gandhi)

Wir bleiben
(Christian Reinisch)

Es war einmal ... So beginnt das Märchen von denen, die auszogen, weil sie das Fürchten gelernt hatten. Es war einmal, etwa drei Tage vor Weihnachten, spätabends. Über den Marktplatz der kleinen Stadt kamen ein paar Männer gezogen, sie blieben an der Kirche stehen und sprühten auf die Mauer: »Ausländer raus!« und »Deutschland den Deutschen!« Steine schlugen in das Fenster des türkischen Ladens schräg gegenüber der Kirche, dann zog die Horde ab. – Gespenstische Ruhe.
Die Gardinen an den Bürgerhäusern waren schnell wieder zugezogen. Niemand hatte etwas gesehen.
»Los kommt!«
»Es reicht, wir gehen!«
»Wo denkst du hin?«
»Was sollen wir denn da unten im Süden?«
»Da unten ist zumindest unsere Heimat, hier wird es immer schlimmer.«
»Wir tun, was an der Wand steht: Ausländer raus!«
Tatsächlich, mitten in der Nacht kam Bewegung in die kleine Stadt. Die Türen der Geschäfte sprangen auf. Zuerst kamen die Kakaopäckchen, die Schokoladen und Pralinen in ihren Weihnachtsverkleidungen – sie wollten nach Ghana und Westafrika, denn da waren sie zu Hause. Dann der Kaffee palettenweise, der Deutschen Lieblingsgetränk. Uganda, Kenia und Lateinamerika waren seine Heimat.
Ananas und Bananen räumten ihre Kisten, auch die Trauben und Erdbeeren aus Südafrika. Fast alle Weihnachtsleckereien

brachen auf. Pfeffernüsse, Spekulatius und Zimtsterne, die Gewürze in ihrem Inneren zog es nach Indien. Der Dresdner Christstollen zögerte noch, man sah Tränen in seinen Rosinenaugen, als er zugab: »Mischlingen wie mir geht es besonders an den Kragen.« Mit ihm kamen das Lübecker Marzipan und der Nürnberger Lebkuchen. Nicht Qualität, nur Herkunft zählten jetzt.
Es war schon in der Morgendämmerung, als die Schnittblumen nach Kolumbien aufbrachen und die Pelzmäntel mit Gold und Edelsteinen in teuren Chartermaschinen in alle Welt starteten. Der Verkehr brach in diesen Tagen zusammen.  Lange Schlangen japanischer Autos, vollgestopft mit Optik und Unterhaltungselektronik, krochen gen Osten. Am Himmel sah man die Weihnachtsgänse nach Polen fliegen. Auf ihrer Bahn gefolgt von den feinen Seidenhemden und Teppichen des fernen Asien.
Mit Krachen lösten sich die tropischen Hölzer aus den Fensterrahmen und schwirrten ins Amazonasbecken. Man musste sich vorsehen, um nicht auszurutschen, denn von überall floss Öl und Benzin. Es floss aus Rinnsalen zu Bächen zusammen in Richtung Naher Osten.
Aber man hatte ja Vorsorge getroffen. Stolz holten die deutschen Autofirmen ihre Krisenpläne aus den Schubladen. Der Holzvergaser war ganz neu aufgelegt worden. Wozu ausländisches Öl? Aber die VWs und BMWs begannen sich aufzulösen in ihre Einzelteile. Das Aluminium wanderte nach Jamaika, das Kupfer nach Somalia, ein Drittel der Eisenteile nach Brasilien, der Na-

turkautschuk nach Zaire. Und die Straßendecke hatte mit dem ausländischen Asphalt in Verbund auch immer ein besseres Bild abgegeben als heute.

Nach drei Tagen war der Spuk vorbei, der Auszug geschafft, gerade rechtzeitig zum Weihnachtsfest. Nichts Ausländisches war mehr im Land. Aber Tannenbäume gab es noch. Auch Äpfel und Nüsse, und – Stille Nacht durfte gesungen werden. Zwar nur mit extra Genehmigung, denn das Lied kam immerhin aus Österreich.

Nur eines wollte nicht ins Bild passen: Maria, Josef und das Kind waren geblieben – drei Juden, ausgerechnet.

Wir bleiben, sagte Maria. Wir werden nicht aus diesem Lande gehen. Wir werden den Weg zurückgehen, den Weg zurück zur Vernunft und Menschlichkeit.

Epilog

Mein Glaube an eine konstante, positive Veränderung des menschlichen Bewusstseins, mit einer Auferstehung der ethischen Grundsätze, ist tief in meiner Seele verankert. Die Anstrebung des inneren Friedens und der Aussöhnung, mit der Regel, dass alles, was ist, in der polaren Welt seine Berechtigung hat, weil es einfach ist, hat jetzt in meiner Lebensstufe oberste Priorität bekommen.

Mahatma Gandhi, den ich sehr verehre, preist als Ausgangsposition den Frieden im Kleinen an. Er zieht ein eigenes friedliches Leben dem Sich-wehren gegen Gewalt vor. Er ist der festen Meinung, dass Kriege so lange stattfinden, bis der kleine innere Frieden in den einzelnen Menschen wieder hergestellt wird. »Verurteilst du Kriege, wird es sie geben, sooft wie du Gewalt bekämpfst, wirst du sie erleben und so lange man glaubt, im Recht zu sein, wirst du Unrecht begegnen und wenn keiner in den Krieg ziehen würde, dann könnte auch keiner mehr möglich sein«, so seine Worte.

Ich denke jetzt mit meinen fast fünfundsechzig Jahren schon mal nach, wie ich meinen Lebensabend im Kreise von lieben, gleichgesinnten Menschen und vielerlei Getier, eingebettet in ein gesundes natürliches Umfeld, gestalten werde. Kulturelle Aktivitäten und freudiger Dienst am Nächsten werden für mich bis zu meinem vorbestimmten letzten Tage eine Selbstverständlichkeit sein und mein Leben weiterhin lustvoll verschönern.

»Erkundigt euch, welchen Weg eure Vorfahren gegangen sind, fragt nach eurem richtigen Weg und dann beschreitet ihn. So findet ihr Ruhe für euer Leben«, rät der Prophet Jeremia.

Dem ist nichts mehr hinzuzufügen, liebe Leser, außer einem Rezept für einen himmlischen Brotaufstrich aus der Götterfrucht des Olivenbaumes.

Wir nehmen in Olivenöl vorgedünstete drei Knoblauchknollen und drei kleine angebratene Zwiebeln, 1 kleinen in Alufolie vorgebratenen Apfel, 50 g fein gemahlene Mandeln, jeweils 1 TL von gehacktem Schnittlauch, Petersilie und Dill und geben es mit 300 g entsteinten grünen Oliven in den Mixer. Wir würzen mit 2 EL Zitronensaft, 1 EL Honig, Salz und Pfeffer nach Gusto.

Liebe Leser, danke für Ihr Vertrauen. Mit den besten Wünschen bis zum nächsten Mal.

Ihre Marianne Sägebrecht

Herzlichen Dank an:

Meine Tochter Daniela für ihre unschätzbare Hilfe, ihre treffenden Ratschläge und ihre ungeteilte Liebe und Aufmerksamkeit. Tanja Frei für Vertrauen, seelische Kooperation und mutiges Entwirren von nicht enden wollenden Sprachschleifen. Michael Heininger für seine langjährige Treue und inspirierende Zeichnungen. Josef Brustmann für Freundschaft und die umfassende und liebevolle Laudatio; möge unsere CD »Lieder und Texte vom Sterben fürs Leben« vom Glück beschienen sein. Christian Reinisch für die erhellende Weihnachtsgeschichte »Wir bleiben« auf S. 284. Seelenschwester Cosy Piero für ihr Gedicht, das sie mir zu meinem Schlussspurt gewidmet hat (Seite 212). Sophie Filgis für das Gedicht »Die Rose« auf Seite 225. Thorsten Otto für Mitarbeit und Einfühlungsvermögen. Viktoria Seitner für ihr Vertrauen und ihr kräuterpädagogisches Referat auf Seite 244 ff. Hilde Fuchs für das Rezept auf Seite 247 und ihre kulinarische Zuwendungen, damit ich während der harten Schreibphase nicht vom Fleische fiel. Meine Schwester Renate für Geduld und Zuspruch. Andy Merkle für seelische Unterstützung und Mutmache. Monika Bauernfeind für ihren Zuspruch und die liebevolle Hege meiner Tiere. Gisela Hornig für ihre mutige Unterstützung und ihren seelischen Gleichklang. Hans Jörg Stähle für Beistand und Verständnis. Brigitte Fleissner-Mikorey, Sabine Jacnicke, Marlene Ehard, Lydia Eggs, Anne Heidenreich, Maria Wildmann, Wolfgang Heinzel, Anton Jakimik und alle guten Geister des Verlags. Die Inspiration für das August-Märchen findet sich übrigens in einer Geschichte aus Tausendundeiner Nacht.